조선의
마지막
문장

조선의 마지막 문장

조선조 500년 글쓰기의 완성 이건창

明美堂 이건창 지음 ― 송희준 엮어 옮김

글항아리

이건창李建昌은 철종 2년(1852)에 태어나 광무 2년(1898)에 세상을 떠난 인물로, 48세의 길지 않은 삶을 살았던 소론계少論系 강화학파江華學派에 속하는 문인이다. 자는 봉조鳳藻(鳳朝), 호는 영재寧齋 또는 담녕재澹寧齋이다. 당호는 명미당明美堂으로, 정자程子의 "바탕이 아름다우며 명철함을 다한다[質美明盡]"의 뜻을 취한 것이다. 전주가 본관인 그는 정종定宗의 아들 덕천군德泉君의 후손으로 강화도 사곡에서 태어났다.

그는 어릴 때 조부 이시원李是遠(1790~1866)에게 글을 배웠는데, 글자를 아는 것이 말하는 것보다 앞섰다고 한다. 10세에 이미 사서삼경을 통독했다. 1886년 병인양요 때 이시원이 순절하자 조정에서 정문을 세우고 충정忠貞이란 시호를 내리며 별시를 봤는데, 이때 이건창은 15세의 나이로 문과에 합격했다. 즉 그는 우리나라에서 가장 어린 나이에 문과에 합격한 사람이다. 19세에 옥당에 들어가면서 환로가 시작됐고 23세에는 서장관으로 중국에 다녀왔다.

그의 문학적 업적은 높이 평가되어 창강滄江 김택영金澤榮(1850~ 1927), 매천梅泉 황현黃玹(1855~1910)과 함께 구한말의 3대 문장가로 꼽힌다. 일찍이 김택영이 고려시대와 조선시대의 우수한 고문가 9명을 뽑았던 가운데 들어가 여한구가麗韓九家에 속했을 정도다. 그는 문장 중에서도 당시 유행하던 세속의 글[俗文]에는 아랑곳하지 않고, 옛날 순수하고 강건한 체를 가진 선진의 문장[古文]을 애써 추구했다.

「명미당시문집서전明美堂詩文集敍傳」에 의하면 이건창은 과거 시험에 합격한 이후 본격적으로 고시문古詩文을 익히는 데 몰두했다. 그리하여 문장에서 일가를 이룰 것을 스스로 기약했고, 시인時人과 나란히 불리는 것을 달갑게 여기지 않았다. 그런 노력의 결과 그가 중국에 갔을 때 황각黃鈺·장가양張家驤·서부徐郙 등 명가들이 한 번 보고는 탄식하여 말하기를 "이 사람이 중국에서 태어났다면 마땅히 우리가 이 벼슬자리를 양보해야 할 것이다"라고 했던 것이다. 이에 이건창은 조선조 500년의 문장가 중 제일인자가 되겠다고 마음먹었고, 자신의 작품이 중국 역대 어느 명문장가에 뒤지지 않는다고 생각했다. 문장을 짓는 일에는 수많은 수련과 공부가 뒤따랐다. 창작에 임할 때면 밥을 먹어도 맛이 있는 줄을 모르고, 갖옷의 소매를 가지고 옷깃인 줄 알았다. "다른 일을 다 폐하고 적막한 곳에서 오직 전념하고 고심해야만 훌륭한 작품의 창작이 가능하다"고 말하곤 했던 것이다.

곧은 성격 탓으로 이건창의 벼슬길은 순탄하지 않았다. 그는 벼슬의 출처관出處觀을 천고의 옛 성현들이 가졌던 가치관에 두고 실행하려 했다. 외세에 의한 구한말의 어지러운 정치 상황과 국내의 당파 싸움, 세도 정치에 의한 폭정 등 소용돌이치는 복잡한 사회에서 명철보신하기 위해 최선을 다했기 때문에 출처에 대하여는 각별히 신중을 기했다. 그러나 한번 벼슬에 나아가면 목적을 반드시 성취하고 난 뒤에야 그만두었다. 그리하여 몇 차례 암행어사가 되었을 때에는 목숨을 걸고 관찰사나 군수들의 비리를 낱낱이 파헤쳤던 것이다.

26세 때 충청도 암행어사로 부임했을 때는 권력자의 칼날이 목숨을 노리고 있었지만, 이에 아랑곳하지 않고 충청도 관찰사 조병식趙秉式을 기어코 탄핵했다. 조병식은 중앙의 고위 관료를 통해 압력을 넣기도 하고 또 자신이 직접 나서서 꽤 많은 뇌물을 주며 달래보기도 했다. 그러나 이건창은 일체 돌아보지 않고 오직 바른 길만을 향해 나아갔다. 그 결과 머나먼 벽동에 귀양을 가게 되었다. 그 뒤 42세에 보성으로, 45세에 고군산도 등지로 여러 번 귀양을 가게 된 것도 이러한 곧은 처세에서 나온 결과였다.

이처럼 부정 비리를 파헤쳐 곧고 청렴한 자세로 벼슬살이에 임했지만, 곳곳이 부패한 당시 상황에서 이는 외로운 투쟁이었다. 그가 벼슬에 임하는 태도가 이러했기에, 당시 근신近臣으로 있으면서 외직에 나가 탐욕을 부리는 자가 있으면, 고종이 "만약 네가 악행을 개선하지 않으면 내가 장차 이건창과 같은 암행어사를 보낼 것이니, 너는 후회가 없도록 하라"라고 말했다 한다. 이처럼 초기에 이건창에 대한 고종의 관심은 각별했다. 이건창이 처음 벼슬을 시작할 때 그의 나이 19세로 조정에서 최연소였다. 하루는 임금께서 대전에 앉아 멀리 건창을 바라보고는 사람을 시켜 나이를 물어보게 했다. 그리고는 임금께서 웃으시면서 "이 사람이 나와 동갑이구나" 하였고, 또 생일을 물어보고는 "달[月]은 나보다 앞서는구나" 하였다 한다.

이건창에게 또 하나 주목해야 할 것은 그의 가문이다. 그는 전주 이씨 덕천군파이니, 그의 선대에 굵직한 인물이 즐비하다. 직계 조부만 따져봐도 이경직李景稷(1577~1640), 이정영李正英(1616~1686), 이대성李大成(1651~?), 고조부 이충익李忠翊(1744~1816), 증조부 이면백李勉伯(1767~1830), 조부 이시원이 모두 우뚝한 인물이며, 그외 방계로 이경석李景奭, 이광려李匡呂, 이광사李匡師, 이긍익李肯翊 등 수없이 많다. 이처럼 화려한 문벌을 자랑하던 소론 가문은 영조 때 노론이 권력을 장악하면서 몰락하고 만다. 가문에 대한 자부심이 대단했던 이건창은 몰락한 가문을 일으키려고 무던히 애를 쓴다. 그는 당파 싸움이 당파 간에 깊은 원한의 골을 만들어 나라 전체를 병들게 한다고 생각했다. 그런 것을 바로잡아보려는 의식에서 편찬한 것이 『당의통략』이다. 그러나 이건창도 당파의식에서 완전히 벗어나지는 못했으니, 그의 글을 통독해보면 소론을 은근히 두둔하고 있음을 느낄 수 있다. 그가 지은 글의 대상 인물이 대부분 소론계 사람이라는 것이 이를 증명한다.

이 책은 이건창의 180여 편 산문 가운데 50여 편을 뽑아 우리말로 풀고 간략한 해설을 붙인 것이다. 문장 이론, 논설과 평론, 충성과 절의, 가족과 나에 대하여, 백성들의 삶을 논하다, 효부와 열녀 등으로 나누어 서술했는데, 이를 통해 이건창의 탁월한 문장과 인간적 삶의 애환을 느낄 수 있을 것으로 믿는다.

제1부 문장 이론

"오직 나의 마음이 스스로 나의 글을 질정해볼 수 있을 따름이다. 나의 마음에서 촉발하고 나의 마음에서 감동했는데도 오히려 나의 마음에 흡족함이 없다면 이것은 매우 유감될 만한 일이다."

이건창은 훌륭한 문학을 창작하기 위해 문학 이론의 수업에 매진했고, 그렇게 하여 꿰뚫고 터득한 것을 창작에 적용했다. 그는 오직 공부하는 데만 골몰했기에, 세상일과 집안일에 어둔했고 당시 선비들로부터 웃음거리가 되었다고 한다. 훌륭한 문장을 짓고자 한다면 만사를 폐하고 여기에 전념해야만 성취할 수 있었던 것이다. 이건창은 과거에 급제한 이후 본격적인 문학 공부와 창작에 힘을 쏟아서, 조선조 500년 역사에서 문장에 있어서만큼은 최고가 될 것을 스스로 기약했으며, 다른 문인들과 이름을 나란히 하는 것을 달갑게 여기지 않을 정도로 자부심이 대단했다.

1부에서는 그가 생각하는 문학 이론과 그것이 작품 창작에 어떻게 적용되는가에 관련된 글을 뽑았다. 문학 이론에 대한 전문적인 저술을 따로 남기지 않았기에, 여러 문장에 흩어진 것을 모았다. 「작문 이론에 답하는 편지」에서는 문학 창작의 이론과 원리를 정채롭게 전개하고 있어서, 유수한 문학 이론에 못지않다. 「전설傳說」은 사람의 전기문·묘지명·행장 등을 어떻게 지을 것인가에 대한 견해를 밝힌 것으로, 그의 문학관을 이해하는 데 매우 중요한 글이다. 전기문을 쓸 때 그 사람의 행실만을 나열할 것이 아니라, 정신적인 특징과 독특한 풍모를 잡아서 기술해야만 성공적인 작품이 된다고 말한다. 「정매하과록서征邁夏課錄序」는 당시 학자들의 학습 경향, 특히 과거 시험으로 인한 학습의 폐단을 이야기하면서 바람직한 방향을 제시하고 있다. 「구안실기苟安室記」는 순정한 고문을 추구하는 황현의 창작 태도를 찬미하고, 아울러 당시 유행하는 성리학의 어록체가 고문의 최대 강적이라고 주장한 글이다. 「김우림의 시론에 대한 글을 지어 임유서에게 주다」는 김택영의 시가 당시 성리학자들이 추구하는 설리시를 지양하며, 생각·기상·색깔·음소·리듬·운치 등을 두루 구비한 훌륭한 시라고 평했다. 「자하시초발紫霞詩鈔跋」은 선풍적 인기를 끌었던 신위의 시선집에 대한 발문이다. 신위의 시는 이건창의 안목에는 차지 않았는데, 이유는 화려한 문구 나열에 치중한 점 때문이다. 「영모재기永慕齋記」는 똑같은 글을 찍어내는 문단의 매너리즘을 비판하고 있다. 이외의 몇 편의 글을 통해서 좋은 글의 조건에 대해 논하고 있다.

글을 어떻게 지어야 훌륭한 문장이 될까?

작문 이론에 답하는 편지答友人論作文書

작문作文에 대해 물으시며 비법을 보여주기를 바라는 편지를 받아보니, 제가 어떻게 대답해야 하겠습니까. 마땅히 삼가 사양하면서 "어리석은 제가 감히 명령을 따르지 않겠습니까?"라고 해야 할 것입니다. 제가 어리석고 비색함은 그대 자신이 일찍이 다 알고 있는 것입니다. 종전에 그대와 이 문제에 대해 이야기할 때 무어라고 말했습니까? 어찌 마침내 제가 어리석다는 것으로 사양을 하겠습니까? 사양한다면 이것은 만만하고 소홀하게[漫忽] 여기는 것입니다. 그러므로 마땅한 도리로 "작문에 어찌 비법이 있겠습니까? 독서를 많이 하고 많이 써보는 것뿐입니다"라고 고하였습니다. 옛날에 문장가치고 독서와 작문을 많이 해보지 않은 자가 없듯이, 지금도 이 일에 뜻을 두는 자라면 그렇게 해야 함을 모르는 이가 없습니다. 그러므로 제 말을 기다릴 것이 있겠습니까? 이것 또한 만홀히 여기는 것입니다.

그럼에도 그대가 육백 리 밖의 먼 곳에 있으면서 편지를 전하기 위해 전담 심부름꾼을 보내어 물어봄이 이와 같으니, 그대의 정성이 부지런하고도 지극하다 하겠습니다. 제가 사양하거나 방자하게 대답하면 둘 다 옳지 않을 것이니, 그동안 글을 지으면서 고생하고 어려웠던 경험을 그대를 위해 펴 보이는 걸로 답변을 드릴까 합니다. 비록 그대의 고명에 보탬이 되지는 않겠지만 제 실정을 다 드러냄으로써 지극하게 물어주시는 은혜를 저버리지 않는다면 다행이겠습니다.

뜻은 어떻게 얽는 것인가

무릇 글을 지음에는 반드시 먼저 뜻[意]을 얽어야 합니다. 뜻에는 처음과 끝이 있고 중간 뼈대가 있습니다. 처음과 끝이 대략 갖춰지고 중간 뼈대가 갖춰지면 곧 빠른 속도로 붓을 놀려 써내려갑니다. 이때 다만 뜻이 연속하고 관통하게 하여, 분명하고도 쉽게 알아볼 수 있도록 해야 합니다. 어조사 따위의 쓸데없는 말을 구사할 겨를이 없으며, 속어 사용을 꺼릴 겨를이 없습니다. 다만 바른 뜻을 놓쳐버리는 것과 하고자 하는 말을 싣지 못했는가를 염려해야 합니다.

언어를 다듬다

뜻이 확립되고 나면 언어를 다듬어야[修辭] 합니다. 무릇 언어를 다듬는 데는 조화롭고 아름다우며 정결하고 정미롭게 하고자 할 따름입니다. 앞의 한 구절을 다듬을 때는 뒤의 한 구절을 생각하지 말고, 위의 한 글자를 다듬을 때는 아래의 한 글자를 생각하지 말아야 합니다. 그리하여 비록 천만 글자로 이루어진 장문일지라도 한 글자를 놓는 데 전전긍긍하여, 마치 짧은 율시 한 편을 짓듯이 해야 합니다. 글자를 사용함에는 쌍행으로 하는 것도 있고 단행으로 하는 것도 있으며, 네 글자가 한 구절이 되는 것도 있고 3·5 글자가 한 구절이 되는 경우도 있습니다. 그러므로 글자를 놓을 때 어느 형태를 사용할 것인가를 먼저 선택해야 합니다. 쌍행으로 써야 할 것을 단행으로 쓰지 못하는 것은 마치 단행으로 써야 하는 것을 쌍행으로 쓰지 못하는 것과 같습니다. 네 글자로 한 구절을 이루는 것과 3·5 글자가 한 구절을 이루는 것의 관계도 이와 같습니다.

　무릇 언어를 구사함에는 고인의 뜻을 취해 말을 만드는 이도 있고, 자기가 뜻을 창조해 말을 만드는 이도 있습니다. 고인의 뜻을 취해 말을 만드는 이는 말을 어렵게 구사해 사람들이 대번에 보고 알지 못하게 해야 하고, 자기가 뜻을 창조해 말을 만드는 이는 말을 쉽게 구사해 사람들에게 의혹됨이 없게 해야 합니다. 또 고인의 뜻을 취하고 아울러 고인의 말까지 취할 경우에는 반드시 그 이름과 고서古書의 이름을 써서 자기의 글과 구별되게 하여 혼란함이 없게 해야 합니다. 그렇게 하지 않으면 진부한 글이 되거나 표절한 글이 됩니다.

적의敵意로 하여금 주의主意를 공격케 하라

　뜻을 얽음에 있어서도 마땅히 먼저 선택해야 할 것이 있으니, 주된 뜻[主意]이 있으면 반드시 여기에 대적하는 뜻[敵意]이 있어야 합니다. 장차 주된 뜻을 가지고 문장을 지으면서 마땅히 대적하는 뜻을 사용한 한 문장을 별도로 만들어, 저것[敵意]으로 이것[主意]을 공격해야 합니다. 그러면 주된 뜻은 갑옷처럼 방어하고 대적하는 뜻은 병기처럼 공격하니, 갑옷이 견고하면 병기는 저절로 꺾일 것이고, 누차 공격해 여러 번 꺾이면 주된 뜻이 승리하게 됩니다. 그러면 곧바로 대적의 뜻을 거두어 포로로 잡아들임으로써 주된 뜻이 더욱 높이 밝게 드러날 것입니다. 만약에 주의가 적의에 승리하기도 하고 패배하기도 하거나 혹 승패에 현격한 차이가 나지 않으면, 이것들은 모두 훌륭한 글이 되기에 부족합니다. 그렇다면 곧바로 주된 뜻도 함께 버려야 합니다.

뜻이 확립되고 말이 다듬어지면 글 짓는 것이 끝났다고 할 수 있습니다. 그러나 또한 뜻과 말을 가지고서 헤아려 알맞게 하고 비교해 재어보는 일을 해야 합니다. 이에 긴 것은 짧게 하고 짧은 것은 길게 하며, 엉성한 것은 긴밀하게 하고 긴밀한 것은 엉성하게 해야 합니다. 또한 느슨한 것은 촉급하게 하고 촉급한 것은 느슨하게 하며, 드러나는 것은 숨기고 숨은 것은 드러나게 해야 하며, 허한 것은 실하게 하고 실한 것은 허하게 해야 합니다. 즉 머리가 꼬리를 돌아보고 꼬리가 머리를 돌아보며, 앞에서 뒤를 부르며 뒤에서 앞을 호응해야 합니다. 혹 놓아주기도 하고 사로잡기도 하며, 혹 치기도 하고 꺾어버리기도 하며, 혹 묶기도 하고 나누기도 합니다. 이처럼 형태가 다양하여 한 가지로 개괄할 수 없고, 내용이 명료하여 여러 가지로 나눠지지 않으며, 형태와 내용이 적절하게 서로 알맞아야 합니다.

강화도에 있는 이건창의 생가. 그곳에 들어서면 가장 먼저 명미당明美堂이라는 글씨가 보인다. 바로 이건창의 당호인데, 조부 이시원이 병인양요 때 순국하면서 시대의 소임을 다하라는 가르침을 남겼고, 이를 지키기 위해 지은 것이라 한다. 당호 옆에 '매천梅泉'이라는 낙관이 선명하다. 김택영과 함께 이건창의 절친한 시우詩友였던 매천 황현의 친필 글씨다. 부드럽게 곡선 진 글씨가 두 선비의 꼿꼿한 삶 속에 스며든 속정을 나타내는 듯하다. 나이 스물에 호남에서 서울로 올라온 매천은 이건창을 만나 그 자리에서 뜻이 통한 이후 평생을 문우로 지냈다. 그는 이건창의 부음을 듣고 천 리 길을 한걸음에 달려와 통한의 시를 남겼다.

말과 뜻이 서로 넘침이 없어야

말은 뜻에 맞아야 하고 뜻은 말에 맞아야 합니다. 말이 뜻에 맞지 않으면 말이 공교하나 뜻을 옹졸하게 할 수 있고, 뜻이 말에 맞지 않으면 뜻이 비록 정돈돼 있으나 말을 어지럽게 할 수 있습니다. 옹졸한 연후에 더욱 공교롭게 되고 어지럽게 된 뒤에 더욱 정돈되니, 구절마다 공교롭게 하다보면 반드시 뜻을 해치게 되고, 언어마다 바르게 하다보면 반드시 말에 누가 됩니다. 말과 뜻이 조화되어 병들지 않음이 알맞음이 되고 알맞음이 법이 되니, 법이 정해진 뒤에 작문하는 일을 여기서 마쳤다 할 수 있습니다.

그러나 또한 어찌 자기 글을 잘되었다고 자부할 수 있겠습니까? 지은 글을 글상자에 던져두고서 눈으로 전혀 보지 않으며, 또한 가슴에서 깨끗이 씻어 없애버려서 마음에 담아두지 않습니다. 그렇게 하룻밤 또는 이삼일 밤을 잔 뒤에 다시 그것을 취하여 봅니다. 내가 나의 글을 좋아하고 연모하는 정이 느슨해진 뒤에 나의 글 보기를 마치 남의 글 보듯이 엄정하게 하면, 옳은 것은 즉시 옳게 보일 것이고 그른 것은 즉시 그르게 보일 것입니다. 그때 그르게 보이는 것이 있다면 버리기를 주저하지 말아야 합니다. 만약 옳게 보였다면 고인의 글 중 당唐나라의 것, 송宋나라의 것, 혹은 근세 명가의 작품을 취해 나의 글과 섞어놓고 읽어봅니다. 이에 나의 글을 귀중하게 여기는 마음이 생긴 뒤에 고인의 글을 가지고 비교해보면 합당한 것은 즉시 합당한 점을 볼 것이고 합당하지 않은 것은 즉시 합당하지 않은 점을 볼 것이니, 만약 합당하지 않으면 그 작품 버리기를 어려워하지 말아야 합니다. 반드시 오직 스스로 보아도 옳고 고인의 것과도 합당한 것이 있은 뒤에야 나의 문장 짓는 일이 끝나게 되는 것입니다.

소리가 울려도 리듬이 없는 글은 죽은 것

무릇 글을 짓는 일은 생각을 얽는 것이 어려울 뿐만 아니라, 생각을 얽어 서술함에 잊고 놓쳐버림이 없는 것이 어려운 문제입니다. 글을 여러 번 써보고[書寫] 여러 번 읽어보는 것[聲讀] 또한 어려운 일입니다. 무릇 글을 씀에 있어서는 정치하게 하기 위해 반드시 습자지를 끼워 해자楷字로 씁니다. 또 반드시 주묵朱墨으로 구두점을 찍어서, 증감增減하고 교체할 곳을 보이게 해 혼란되지 않게 해야 합니다. 무릇 글을 읽을 때는 반드시 천천히 심구尋究하고 익숙히 사념해야 합니다. 그러면서 씹어보고, 깨물어보고, 삶아 익히기도 하고, 단련하기도 하고, 당기기도 하고, 떨어뜨리기도 하고, 흔들기도 하고, 끌기도 합니다. 그리하여 그 글을 억양抑揚하고 곡절曲折하며 선회旋回하고 반복해봄에, 소리가 울려 아름다운 리듬이 있어야 합니다.

글을 써놓은 것을 볼 때 눈을 현란하게 만든다든지 읽어봄에 소리가 울리지만 아름다운 리듬이 없는 글은, 서사와 성독이 조화를 이루지 못한 것입니다. 서사와 성독이 조화를 이루었는데도 그러한 병폐가 있는 것은 문장에 하자가 있는 것이니, 반드시 빨리 고쳐야 합니다. 무릇 글을 지어놓고 반드시 열 번 서사하고 열 번 성독하여, 이런 하자가 없고 난 뒤에야 끝나게 되는 것입니다.

현란함이 아닌 울림이 있는 문장을 짓는 이는 세상일에 어둡고 조롱받는 자여야만 한다. 보통 사람들이 추구하는 감각적인 것들, 이를테면 음식을 맛보는 것에서도 즐거움을 느낄 겨를이 없다. 이 그림 속의 선비처럼 오로지 외롭게 궁벽한 방에 들어앉아 고매한 기운 가운데 문장을 고치고 또 고쳐야만 원하는 글을 얻을 수 있는 것이다.

나의 마음에 흡족한 문장을 추구하라

천하는 넓고 후세는 요원해 나의 글을 알아줄 이가 드물 것이며, 비록 알아주는 이가 있다 할지라도 서로 만나기가 어렵습니다. 그러므로 글이 잘되었는지는 오직 나의 마음이 스스로 나의 글을 질정해볼 수 있을 따름입니다. 나의 마음에서 촉발하고 감동했는데도 오히려 나의 마음에 흡족함이 없다면 이것은 매우 유감스런 일입니다. 그러므로 나는 오직 나의 마음이 흡족해하는 문장을 추구해야 할 것이니, 어찌 천하 사람과 후세 사람들에게 바랄 것이 있겠습니까? 천하와 후세에도 바랄 것이 없는데 하물며 구구하게 한 시대의 사람들에게 칭예를 바라겠습니까? 오직 나의 마음에 흡족하면 내가 짓는 문장의 일은 끝이 난 것입니다.

세상일을 전폐하고 문장 짓는 일에 전념해야 한다

그러나 제가 문장을 짓는 데 겪은 고생과 어려움은 매우 심했기에, 제가 짓는 글은 다른 사람이 할 수 있는 것이 아닙니다. 반드시 세상일에 암매暗昧하고 집안에 어두워서, 세상에 나가서는 군공대인君公大人과 당시 선비들로부터 괴이한 웃음거리가 되고, 집에 들어와서는 집안 식구와 종들에게 기롱을 받는 바가 됩니다. 밥을 먹을 때는 맛이 있는 줄을 모르고, 갖옷의 소매를 가지고 옷깃으로 생각하기를 저의 어리석음과 같이 된 이후에 가능한 일입니다. 그렇지 않으면 실직하고 추방되어 적막한 곳에서 근심하며 아무 할 일이 없는 자로 지금 그대가 처한 것처럼 된 이후에야 가능할 것입니다.

대개 문장 짓는 일은 조금이라도 성취함이 있으면 다른 일을 모두 폐해야 합니다. 제가 겪은 고생과 어려움을 다 털어놓아 숨기지 않고, 다른 일을 다 폐하면서 걱정하지 않고 여기에 전념하고 전념하는 것은 또한 웃을 만한 일입니다. 그러나 제 어리석은 소견은 여기에서 벗어나지 않습니다. 입으로 바로 말을 하고 붓을 펼치기만 하면[矢口肆筆] 문득 문장이 되는 이는 천재로서 보통 사람보다 뛰어나기가 만 배이니, 또한 제가 능히 말할 수 있는 것이 아닙니다.

많이 짓는 것은 많이 고치는 것만 못하다

그대의 고명함은 진실로 뭇사람들보다 뛰어납니다. 그러나 보여주신 여러 글을 그윽이 살펴보니, 제가 위에서 언급한 '말을 다듬는 것과 문장을 짓는 데 정해진 법'에 있어서 오히려 미진한 것이 있는 듯합니다. 이것은 아마도 재주가 높고 성품이 거리낌이 없어서 뜻이 향하는 바에 따라 쏟아부어 그렇게 된 까닭을 유쾌하게 생각한 때문이 아니겠습니까? 그대가 "위숙자魏叔子*와 같은 무리는 고인 중의 의논 대상에 들어갈 수 없다"고 했는데, 이 설은 참으로 그렇습니다. 그렇지만 위숙자는 "많이 짓는 것은 많이 고치는 것만 같은 것이 없고, 많이 고치는 것은 많이 지워버리는[刪削] 것만 같은 것이 없다"고 말하였습니다. 이

---

*

위숙자 위희魏禧(1624~1681). 청나라 영도 사람으로 형 제서, 동생 예와 더불어 문장에 능했다. 당시 이들 삼형제를 영도삼위寧都三魏라 했다.

는 참으로 고인들이 전하지 못한 비법을 위숙자가 말한 것이니, 문장을 짓는 일에 매우 공로가 많은 사람이라 하겠습니다.

참으로 능히 하루에 한 번 고쳐서 일 년에 몇 편을 짓고, 또 몇 편 중에서 산삭하여 남겨두는 것이 몇 편이 되게 해야 합니다. 이와 같이 하기를 10년 동안 하면 진실로 한 권의 책이 될 것입니다. 이제는 더이상 고칠 것이 없고, 더이상 산삭할 것이 없는 글이 바로 내 마음에 흡족한 글이 됩니다. 한 권의 책을 쓰기 위해 10년의 세월과 바꾸었으니, 비록 수고스러웠으나 효과는 별것 아닙니다. 그러나 10년의 세월 동안 지은 문장으로 천만년 뒤에 효과가 나타나기를 도모한다면 이것은 매우 큰 이익이니, 이 점은 바랄 만한 것입니다.

이 비법은 그대에게 육백 리 멀리서 전담 심부름꾼을 보내는 부지런함이 없었다면, 제가 감히 가벼이 보여주지 않았을 것이니, 바라건대 형은 이 점을 살피십시오.

꽃

이 글은 여규형呂圭亨(1849~1922)에게 보낸 편지로, 작문에 대한 이론이 정채롭게 전개되어 있다. 여규형이 작문의 비법을 가르쳐주길 청하자 이건창은 자신은 우매하다며 겸손함을 보였지만, 사양한다면 책무에 소홀한 것이라며 다음과 같이 전개하고 있다.

작문에는 특별한 비법이 없다. 옛 문인들 가운데 훌륭한 이들은 다만 글을 많이 읽어보고 끊임없이 스스로 글을 지어보는 다독과 다작이 글쓰기 향상에 가장 좋은 방법이라고 했다. 비록 그렇다 하더라도 작문에는 법칙이 없을 수 없으니, 이것에 유의해야 한다고 강조한다.

작문에 있어서 제일 먼저 해야 할 것은 전체 이야기를 어떻게 얽을 것인가[構意] 하는 것이다. 즉 글의 윤곽을 형성함에 있어서는 오직 뼈대 그 자체에만 몰두해야 한다. 대체적인 윤곽을 잡는 것이다. 뜻을 얽게 되면 언어를 다듬는 수사[修辭]의 문제가 있다. 운문으로 할 것인지 산문으로 할 것인지, 또한 단문으로 할 것인지 다문으로 할 것인지의 문제다.

뜻을 얽는 것과 말을 다듬는 것이 끝나면, 이 둘을 헤아리고 비교해 알맞게 버무려야 한다. 그리하여 뜻은 말을 돌아보고 말은 글을 돌아보아 둘이 조화를 이루어야 하니, 이것이 작문에 있어서 법[法]에 해당한다. 이 과정에서 수많은 수정과 조탁이 있게 된다. 지은 글을 10번 읽어보고 10번 붓으로 써서 하자가 없을 때 비로소 좋은 글이 될 수 있다.

구한말 명문장가인 이건창은 글쓰기에 특별한 전수법이 있는 것이 아니라, 오로지 많이 짓고 많이 고치며 쓸데없는 것을 깎아내는 데 주저하지 말아야 한다고 힘주어 말하고 있다. 이런 과정을 통해 완성된 글은 고인의 훌륭한 문장 사이에 섞어놓아도 잘 어울리고 '나의 마음에도 흡족' 하다.

뺨의 수염을 그려야 좋은 문장

전설傳說

고故 재상의 묘지명을 지은 사람이 재상의 효도 · 우애 · 화목에 대해 성대하게 써놓았다. 혹자가 그것에 대해 헐뜯어 말하기를 "대신大臣은 나라의 기강을 바로 세우는 것을 중요한 일로 삼아야 한다. 그러므로 천하의 치란과 흥망에 관련된 것이 아니면 전술傳述할 것이 없는데, 어찌 이런 자질구레한 것을 기술했는가?"라고 하였다. 내가 듣고 감탄하여 다음과 같이 말했다.

이 사람은 비단 대신의 대체만을 아는 것이 아니다. 문장을 짓는 대체도 아는 자이다. 그러나 이는 대신에게만 해당되는 것이 아니다. 옛날에 문장으로 어떤 사람의 전기문을 쓰는 작가는 반드시 집안의 훌륭한 행실만을 기술해서는 안 된다. 전기문은 초상화를 그리는 것과 같다. 초상화를 그리는 사람이 귀 · 눈 · 코 · 입을 빼놓고 그릴 수 없다. 그러나 정신의 오묘함을 전하는 것은 아마도 귀 · 눈 · 코 · 입에 있지 않고, 왕왕 그 외의 것

조선시대 초상화는 털 한 오라기까지 세밀하게 그림으로써 인물의 정신적 존재
를 극대화했다. 이건창은 문장도 이와 같아 눈썹과 뺨의 수염 같은 독특한 개성
이 표현되어야 한다고 강조했다. 그림은 조선후기 저명한 성리학자이자 문신인
도암陶庵 이재李縡(1680~1746)의 초상화. 작자미상, 조선후기, 97.8×56.3cm, 국
립중앙박물관 소장.

에서 나오는 경우가 있으니 이른바 눈썹과 뺨의 수염 같은 것이 그것이다. 집안의 훌륭한 행실은 귀·눈·코·입과 같은 것으로 누구나 동일하게 가지고 있는 바이지만, 풍도와 정신이 깃들어 있는 눈썹과 뺨의 수염 같은 것은 자기만이 지니고 있는 독특한 점이다. 그러므로 사람의 전기문을 잘 쓰는 작가는 반드시 그 사람의 풍도와 정신에 맞추어서 뜻을 다해야 한다.

사람이 훌륭하게 되는 요인에는 또한 반드시 사람들이 그렇게 여기지 않는데도 자기 홀로 능히 그렇게 여기는 독특한 점이 있는 것이니, 그러한 후에 도道에 진척할 수 있다. 그렇지 않고 모든 사람이 하는 것처럼 동일하고 평범한 것에만 힘을 쏟는다면, 왕왕 그저 착한 사람이 되는 데 그칠 따름이다. 이것이 광견狂狷과 향원鄕原*이 나뉘는 까닭이다.

혹자가 또 따져서 말하기를 "그렇다면 집안의 훌륭한 행실은 진실로 서술할 것이 못 됩니까?"라고 하였다. 내가 "집안의 훌륭한 행실을 기술하지 않으면, 이것은 초상화에 귀·눈·코·입을 그리지 않는 것과 같다. 귀·눈·코·입을 그리지 않으면 사람이라고 할 수 없으니, 초상화라 할 수 있겠는가? 집안의 훌륭한 행실을 기술하지 않으면 전기문이라 할 수 있겠는가?"라고 대답하였다.

*
광견과 향원 광견은 광자狂者와 견자狷者다. 광자는 뜻이 지나치게 크고 고원해 행동이 말을 따라가지 못하는 사람이고, 견자는 뜻이 크지 않지만 자기의 절조를 잘 지켜내는 사람이다. 즉 광자는 중도에 지나친 사람이고 견자는 중도에 모자라는 소극적인 사람이다. 그러나 양자는 보통 사람보다는 훨씬 뛰어나며 중도의 도로 나아갈 수 있는 이들이다. 반면 향원은 겉으로 모든 사람에게 호감이 가는 언행을 하면서 실제로는 나쁜 짓을 하는 이중인격자다. 공자와 맹자는 그들을 사이비로 지목해 가장 미워했다.

'평범한 사실의 나열은 글이 아니다. 특징적인 점을 포착해 집중적으로 묘사해야만 성공한 작품이다. 이목구비를 그릴 게 아니라 눈썹과 뺨의 세밀함을 살려 그 사람의 가장 특징적인 면모를 드러내라.'

이것이 이건창이 전기문 · 묘지명 · 행장 등을 지을 때 따르는 글쓰기 방법으로 그의 문학관을 이해하는 데 매우 중요한 근거가 된다. 이 글은 혹자와의 문답으로 구성돼 있지만, 실은 자문자답이다. 혹자가 '재상의 묘지명에는 훌륭한 행실 외에 나라의 치란과 흥망도 서술해야 하지 않겠는가' 하고 질문하자, 이건창은 '문장의 대체에 대해 아는 사람이구나' 라고 칭찬하며 위와 같이 자신의 견해를 피력했던 것이다.

이 원리는 또한 사람이 도를 닦아 위대한 인물이 되는 것에도 적용된다. 즉 누구나 공통되게 소유하고 있는 평범한 점 말고 자기만의 독특한 개성이 있어야 한다. 누구다 다 하는 평범한 것만을 지녔다면 선인善人이나 향원이란 칭호를 듣는 데서 끝난다. 반면 독특하고 개성 있는 광자나 견자 같은 사람이 되어야 성인聖人으로 나아갈 수 있다. 광자는 뜻만 너무 크고 행실은 따라주지 않는 사람이며, 견자는 적극적이지는 못하지만 도리에 어긋나는 짓을 하지 않고 절개를 지키는 사람이다. 그렇지만 이 둘은 일반 사람보다는 훨씬 뛰어나다.

質質과 문文이 조화를 이루는 글

질재기質齋記

이백증李伯曾이 패주貝州*에 있는 나를 방문했다. 나는 백증과 이별한 지 수십 년 만에 만났기에 서로 보고 매우 기뻐했다. 또 이날 나는 사면의 소식을 듣고서, 흔연히 기뻐하며 근심하고 괴로워하는 마음이 없었다. 봄비는 자욱이 내리는데, 우리는 저녁때까지 한가하고 여유롭게 환담을 나누었다. 또한 간간이 책장에서 시와 고문 여러 편을 꺼내 읽어보고는 매우 즐거워했다.

그러다가 백증이 갑자기 용모를 고치고서 다음과 같이 말했다.

"나는 오랫동안 밖으로 벼슬을 구하러 다니면서 얻은 소득은 극히 적으며, 노모를 제대로 봉양하지 못해 매우 만족스럽지 못하다. 장차 고향으로 돌아가려 한다. 또 문식文飾을 제거하고 질박한 곳으로 향할 것이다.

*
패주 보성의 옛 지명.

그리하여 첩첩 산골짜기 가운데 자취와 형체를 숨기고 나의 궁핍함을 잊어버릴 것이다. 그런 의미에서 나의 당호를 질재質齋라 이름 붙였으니, 그대는 이에 대하여 기문을 지어주지 않겠는가?"

그 이야기를 듣고 나도 모르게 슬픈 모습을 하고 애석해하는 마음이 들었다. 백증의 말이 과연 믿을 만하다면 언제 다시 백증을 만날 수 있을지 모르겠다. 비록 만난다 할지라도 백증은 문식을 제거한 상태이기 때문에, 내가 그의 글을 읽어보고 즐거워하는 것이 어찌 오늘과 같이 될 수 있겠는가?

백증의 글은 금수錦繡이다. 가령 금수를 만드는 사람으로 하여금 하루아침에 베틀을 바꿔 포백布帛을 만들게 한다면, 그 두 가지 일 중에 어느 것이 더 좋은지 모르겠다. 백증이 만든 포백이 구경하는 사람들의 눈에 만족스럽지 못하면 일은 잘못될 것이다. 내가 바야흐로 보건대 백증이 이렇게 처신한 것이 애석하다. 어찌 무정하게 가만히 있을 수 있겠는가?

비록 그러하지만 이 문제는 비단 백증만 그런 것이 아니다. 나처럼 졸렬하고 비루한 사람도 다행히 문예文藝에 종사해 스스로 구구한 이름을 날린 것이 오래되었다. 그사이에 세월은 흐르고 인사가 바뀜에 따라 완전히 고금의 차이가 없을 수 없는데, 하물며 백증에게 있어서랴?

옛날에 자공子貢이 극자성棘子成에게 말하기를 "문文은 질質과 같고 질은 문과 같으니, 호표虎豹의 살가죽이 견양犬羊의 살가죽과 같다"고 했다. 자공이 한 말이 매우 자세했음에도 불구하고 나는 읽어보고 오

〈공산무인도〉, 최북, 종이에 담채, 31.0×326.1cm, 조선시대, 개인 소장.

때론 고요하고 적막한 풍경이 무서울 정도로 강렬한 정서를 품고 있는 경우가 있다. 이건창에게 낙향을 고백한 백증의 시가 요염함의 극치에서도 그 시심詩心을 다 불태우지 못했듯, 최북의 텅 빈 산 속엔 안개 뒤로 가려 보이지 않는, 응시하는 눈이 숨어 있다.

히려 마음에 환히 깨닫지 못했다. 백증이 이미 스스로 거취를 정하고 머뭇거리는 것이 없으니, 그는 반드시 자공의 말에 대해 이해하고 있었을 것이다. 그러니 내가 어찌 백증을 위해 말할 것이 있겠는가?

비록 그러하나 백증이 최근에 지은 글을 보니 더욱 박변博辨하고 기려奇麗했으며, 의사는 마음대로 펼쳐서 평범한 것에 절충하지 않았다. 그러므로 사람이 갑자기 그의 글을 보면 멍한듯 놀라게 되고, 조금 있으면 매우 재미가 있어 손에서 놓을 수 없게 되니, 그의 글에서 갑자기 문식을 제거했다고 말할 수 있겠는가?

초목의 꽃은 반드시 빛남과 요염함이 극도에 달한 이후에 시들며, 시든 이후에 떨어지고, 떨어진 이후에 열매를 맺는다. 지금 백증의 글은 빛나고 요염함이 지극한데도 오히려 선명하여 시들려고 하는 뜻이 없다. 이 사실을 가지고 헤아려보면 내가 백증을 위해 애석해한 것은 지나친 염려였다. 오히려 나는 다행으로 생각한다. 우선 이 점을 써서 「질재기」로 삼는다.

이기李沂의 당호인 질재에 대한 기문이다. 이기는 벼슬을 그만두고 고향에 은거해 부모를 봉양하면서 숨어 살겠다고 했다. 그는 지금까지 추구했던 화려한 문식을 없애고 질박한 곳으로 나아가겠다고 하면서 당호를 질재라 했다. 이에 대해 이건창은 매우 염려했다. 고향에 가서 질박하게 지내면 다시는 도회지로 나오지 않을 것이므로 서로 만날 수 없는 아쉬움이 있기 때문이다. 그러나 이것은 오히려 작은 문제다. 더 큰 문제는 그가 짓는 글에 대한 것이다. 이기는 본래 화려한 문체로 글을 짓는 작가인데, 하루아침에 그것에서 벗어나 질박하게 글쓰기를 한다면, 이기 고유의 아름다운 글이 창작될 수 있겠는가 하는 염려다.

사람은 세월이 오래 지나면 가치관과 인생관이 바뀌게 마련이다. 이기의 변화는 그에게만 해당하는 것이 아니고, 이건창 자신에게도 해당된다. 이건창은 『논어』에서 자공이 말한 "문은 질과 같고 질은 문과 같으니, 호표의 살가죽이 견양의 살가죽과 같다"고 한 뜻을 이제야 알겠다고 하였다. 이기의 글은 초목의 꽃이 만발하여 극도에 달했음에도 오히려 시들려는 의사가 보이지 않는다. 즉 문에서 질로 가지 않고 문을 그대로 유지하고 있다. 이것이 질이 문과 같고 문이 질과 같다는 뜻이다. 그러므로 이건창이 이기가 질만을 추구해 문장답지 않은 글을 지을까 염려한 것은 기우에 지나지 않았고, 이것이 자기로서는 다행한 일이라고 했다. 결과적으로 이건창은 문장은 질이 중요하긴 하나 문이 있어야 한다고 주장하고 있다.

쉽고 단순해져야 정밀한 것이 온다

정매하과록서征邁夏課錄序

옛날에 소자첨蘇子瞻(소동파)이 과거 시험에 대해 의논하여 말하기를 "문장의 입장에서 말한다면 시詩와 부賦는 무용하고 책策과 논論은 유용하며, 사람의 입장에서 말한다면 시·부·책·논 모두가 똑같이 무용하다"고 하였다. 그 말이 좋으니, 소식이 자못 큰 것을 내다본 안목이 있다. 그러나 그가 "책과 논의 문장은 규구規矩·법도法度·성병聲病·대우對偶가 없기 때문에 배워서 쉽게 성취할 수 있으나, 상고하여 정밀하게 하기 어려운 점에 있어서는 옛날 격식의 시와 부만 같은 것이 없다"라고 한 말은 잘못된 것이다. 근세의 고영인顧寧人*도 "경의經義의 명분은 비록 바른 것이라 하더라도, 배움이 없는 허술한 사람이 하기에 편리한 문장이다. 시와 부는 비록 작은 기예이지만 고금에 통

* 고영인 고염무(1613~1682)의 자가 영인이다. 중국 명말청초의 사상가. 명말 당시 양명학이 공리공론을 일삼는 데 환멸을 느끼고 경세치용의 실학에 뜻을 두었다. 대표 저서에 『일지록日知錄』 『천하군국이병서天下郡國利病書』 등이 있다.

소동파의 시는 서정성보다 철학적 사변이
강하고 그의 인간적 기질 또한 왕안석의
신법을 거부하며 "독서가 만 권에 달해도
율은 읽지 않는다"고 할 만큼 타협을 싫어
해 이건창과 통하는 면이 있다. 이건창은
소동파가 과거 시험을 의논한 "문장의 입
장에서 말한다면 시와 부는 무용하고 책
과 논은 유용하며, 사람의 입장에서 말한
다면 시詩·부賦·책策·논論 모두가 똑같
이 무용하다"는 글은 자못 내다보는 바가
있지만 "책과 논의 문장은 배워서 쉽게 성
취할 수 있으나, 상고하여 정밀하게 하기
어려운 점에서는 옛날 격식의 시와 부만
한 것이 없다"고 말한 것은 잘못됐다고 비
판하고 있다.

달하여 환히 알지 않으면 불가하다"고 하였다.

대저 소자첨은 책과 논에 뛰어난 사람이고 고영인은 경술經術에 독실한 사람으로, 그들의 말이 이와 같다면 어찌 시와 부는 과연 숭상할 만한 것이 있겠는가? 노성老成한 사람이 나라를 도모하고 운영하는 논의는 항상 변화되는 것을 꺼리고, 처사들이 세상을 바로잡는 의논은 항상 세속의 그릇됨을 싫어하니, 저들(소식과 고염무)은 또한 그들의 시대 상황과 지위에서 그렇게 말했을 따름이다. 그러나 시와 부로 선비를 선발하는 과거 시험에는 시대마다 흥성과 변혁이 있으며, 책과 논 또한 항상 시험 과목으로 개설되지는 않는다. 그러나 오직 경의만은 당나라로부터 송나라를 거치며 유지됐고, 왕개보王介甫(왕안석)에 이르러서는 과거 시험 과목 모두를 없애버렸지만 경의 한 과목만은 남겨두고서 수재과秀才科를 학구과學究科로 바꾼다고 했다. 그 법이 잠깐 개변됐다가 다시 답습되어 명나라에 이르러 더욱 성대해졌으니, 팔고문八股文* 십팔방문十八房文*이 천하에 통행하며 지금까지 이르고 있다.

우리나라는 비록 중국의 과거 제도를 그대로 사용하지는 않았지만 의의疑義의 이름을 그대로 답습하고서도 쌍기雙冀*가 남긴 과거 제도를 폐하지 못했던 것은 왜 그런가? 그 명분은 참으로 바르나, 과거 제도의 법을 참으로 고칠 수 없었기 때문이다. 시와 부가 실학實學에 대적할 수

*
팔고문八股文 명나라와 청나라에서 과거 시험에 응하는 문체.
십팔방문十八房文 과거 시험에 시험관이 18개 방으로 나누어 교감勘校하는 제도.
쌍기 중국 후주에서 고려에 귀화한 쌍철의 아들. 956년(광종 7) 후주의 시대리평사試大理評事 재임 시 사신 설문우薛文遇를 따라 고려에 와서 신병 때문에 체류하다 귀화해 원보 한림학사元補翰林學士가 되었다. 958년 당나라 관리 임용 제도를 따라 과거 제도를 창설했으며 수차 지공거知貢擧가 되었다. 이것이 한국 과거 제도의 효시다.

없으니, 비유하자면 궤짝을 사고 구슬을 돌려주는 격으로 궤짝이 구슬은 아닌 것과 같다. 경의가 비록 무용하지만 오히려 그것이 성인이 말씀하신 나머지이니, 비유하자면 도낏자루를 잡고 도낏자루를 벌목하면 도낏자루 재목감을 취하는 방법을 가까이하게 되는 것과 같다.

대개 유자儒者의 학문에는 두 가지가 있으니, 성리학과 문장학文章學이다. 문장학에도 두 가지가 있으니, 고문과 시문이다. 시문의 학문에는 두 가지가 있으니, 경의와 시부다. 그렇다면 시문은 유학에 있어서 재차 갈라진 지류支流이며 별파를 이은 것이다. 그리고 경의는 오히려 시문의 적자가 되고, 시부는 또한 시문의 서자가 된다. 그런데 어찌하여 경의를 버리고 시부를 과거 시험에 설치했는가? 그러므로 내가 '과거 제도를 고칠 수 없었기 때문이다'라고 말하는 것이다.

또 이른바 '배워서 성취하기가 쉽다'든지 '배움이 허술한 사람이 하기에 편리하다'고 한 말은 경의에만 그러한 것이 아니다. 곧 고문은 더욱 배우기 쉽고 더욱 편리하니, 그것은 일정하게 정해진 규구나 법도가 없기 때문이다. 고문만 그러한 것도 아니다. 성리학은 더욱 배우기 쉽고 더욱 편리하니, 그것은 반드시 고금에 통하며 변론에 밝고 학문이 넓어서 자랑할 필요가 없기 때문이다.

성리학은 최고의 지극한 학문으로 거기에는 두 가지가 있으니, 독서하여 앎에 이르는(致知) 것과 마음을 보전(存心)하여 본성을 키우는(養性) 것이 그것이다. 독서하여 치지하는 것을 두고 내가 감히 편리하고 배우기 쉽다고 말할 수가 없다. 그러나 존심하여 양성하는 것에 근본을 두는 학문은 천하의 일 중에서 지극히 간략한 것이다. 그러므로 또한 시문에 비해 고문이 더욱 쉬우며 시부에 비해 경의가 더욱 쉬운 정도

강화군 양도면 건평리 교회 건물 맞은편에 위치한 이건창 묘. 비석 하나 없이 외롭게 서 있다. 현재 앞집에 사는 노인 한 분이 구청의 지원금을 받으면서 보살피고 있는데, 그의 말에 따르면 직계 후손이 없어서 찾는 이 없이 늘 쓸쓸하다고 한다. 야트막한 봉분이 파벌에 휩쓸리지 않고 제자도 기르지 않은 채 혼란한 시대를 직필한 대문장가의 삶을 드러내고 있다.

인 것만이 아니다. 참으로 소자첨과 고영인의 학설처럼 오직 편리한 것을 축출하고 번잡하고 어려운 것을 숭상한다면 송나라의 수재과와 학구과, 명나라의 십팔방과가 한유韓愈와 유종원柳宗元의 자리를 탈취했을 것이고, 한유와 유종원이 자사子思와 맹자의 도통을 물리쳤을 것이다. 그렇게 되면 건괘乾卦의 양지良知와 곤괘坤卦의 양능良能은 만물의 부모가 되기에도 부족함에 이르니, 오히려 건괘와 둔괘屯卦가 64괘의 우두머리에 자리하게 될 것이다.

아! 천하의 법도를 정함에 있어서는 지극히 쉬운 것보다 좋은 것이 없으며, 고금의 사변事變을 통하는 데는 지극히 편리한 것보다 중요한 것이 없다. 지금 다만 무법無法을 병통으로 여기고 거친 것이라 하여 헐뜯는다면, 이것은 시문 한 가지만을 위해 변론한 것이다. 그러나 그 학설의 폐단이 극도에 이르면 장차 천하의 학문을 무너뜨릴 것이니, 이것을 분별하지 않을 수 없다.

요즘 동생들과 날마다 『노론魯論』 가운데서 한 구절씩 뽑아 각각 나누어 한 편씩 글을 짓는 공부를 했다. 나는 본래 시문을 익히지 못했고 지은 글 또한 오히려 의의疑義에 가까웠다. 동생들은 아직까지도 과거 시험을 공부하고 있다. 그러나 그들은 과거 시험에서 말하는 법도를 사용하지 않고 전적으로 자기 뜻으로 서술하여 글을 지었다. 내가 처음에는 마음속으로 그것을 좋게 여기기도 했지만, 도리어 그들이 하는 행위를 힐난했다. 그러자 그들 모두가 "시문을 하찮게 여기는 것이 아니라 그것이 쉽기 때문이다"라고 하였다. 내가 일어나서 탄복하며 말하기를 "학문하면서 그것이 쉽기 때문이라면 도에 들어가는 기틀이 된다"라고 하였다. 그러나 또한 한갓 쉬운 것만으로 그쳐서는 안 된다.

학문에는 방법의 선택[擇術]이 있고 공부하는 일[用工]이 있다. 택술은 쉬움을 귀하게 여기니, 쉽지 않으면 바르지 않기 때문이다. 용공은 어려운 것을 귀하게 여기니 어렵지 않으면 정밀하지 않기 때문이다. 청컨대 이 점을 동생들과 서로 면려하기 바란다.

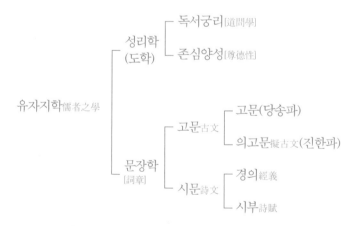

하과夏課는 조선시대에 무더운 여름철이면 어렵고 딱딱한 경전 공부를 잠시 멈추고 고문과 고시, 당송시를 외우며 시와 부 등 문장을 짓던 것을 말한다. 이 글은 동생들이 과거 시험 준비를 위해 시부와 경의를 읽어 습작한 것을 이건창이 책으로 만들고 거기에 서문으로 쓴 것이다. 그는 과거 제도의 문제점을 비판하며 유자의 학문을 다음과 같이 나눴다.

아래 도표에 나온 학문 중에서 이건창은 가장 쉽게 배울 수 있고 일상생활에 유용한 것은 성리학[實學]이라 했다. 성리학은 복잡한 문장 법

유자지학儒者之學
- 성리학 (도학)
  - 독서궁리[道問學]
  - 존심양성[尊德性]
- 문장학 [詞章]
  - 고문古文
    - 고문(당송파)
    - 의고문擬古文(진한파)
  - 시문詩文
    - 경의經義
    - 시부詩賦

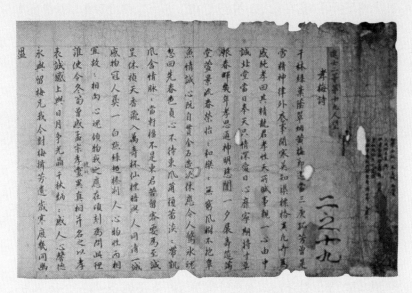

학봉 김성일의 과거 시험 답안지

조선 1564년, 38×96cm, 경북 안동시 서후면 금계리 856 운장각, 보물 제906호

명종 19년(1564) 학봉 김성일이 진사시에 19명 중 2등으로 합격한 시험 답안지이다. 답안지의 오른쪽 처음은 시험자 자신의 이름과 본관을 적고 다음으로 아버지, 할아버지, 증조 할아버지, 외할아버지의 품계를 차례대로 적었다.

칙이나 규율을 익힐 필요가 없으며 또 공부를 하고 나면 인간이 되기 때문이다. 성리학 중에서는 독서궁리讀書窮理보다 존심양성存心養性이 더욱 쉽고 생활에 유용한 것이다. 문장학에서 있어서는 시문보다 고문이 배우기가 쉽고 편리하다. 고문에는 일정한 격식이나 엄격한 규율이 없기 때문이다. 결과적으로 시문이 가장 배우기 어려우며 일상생활에 편리한 점도 없다.

시문 중에서도 시부보다는 경의가 상대적으로 쉽고 편리하다. 경의는 성인의 말씀을 논술하는 것으로 비록 원재료의 찌꺼기라 할 수 있지만, 성인이 되는 길로 가는 연습이기 때문이다. 반면 시부는 운율, 성병, 대구 등 복잡한 법칙 때문에 가장 배우기가 어렵고 일상생활에 유용한 점도 없다. 그럼에도 불구하고 시대를 막론하고 시부 아니면 경의로 과거 시험을 보고 있다. 소식과 고염무는 시부와 책론策論, 경의의 무용론을 주장했지만 그들 또한 끝내 이것으로 과거 시험을 보는 것을 고칠 수 없었던 것은, 인재 선발에 있어서 보통 사람이 하기 어려운 것으로 해야 한다는 고정관념을 부정하지 못한 것이다. 기득 세력은 고치고 변화하는 것을 싫어한다.

이런 비판 다음에 이건창의 동생들이 과거 시험 습작 공부에서 시문으로 짓지 않고 오로지 자기 뜻으로 서술하는 고문으로 글을 지었다는 대목이 나온다. 학문을 함에 쉽고 재미있는 방법으로 하면 도에 들어가는 기틀이 된다며 이건창은 이를 흡족히 여겼다. 쉬운 것을 중하게 여겨 바른 것을 추구해야 하고, 그다음에 어렵게 하는 것을 중하게 여겨 정밀함을 추구해야 한다는 것이다.

순정한 고문의 추구

구안실기苟安室記

매천자梅泉子의 선조는 대대로 남원에 살다가 매천자 당대에 이르러 여러 번 이사했다. 남원에서 광양으로 옮기고 또 광양에서 구례로 옮겼다. 구례는 고을이 작고 땅이 척박하다. 매천자가 거주하는 백운산白雲山은 더욱 높고 험하며 바위가 많아서, 곡식과 채소의 생산이 겨우 주민에게 자급자족하게 할 정도다. 차와 목화는 풍부해 시장에서 다른 곡물과 바꾸어 먹는데, 이외에는 소득이 될 만한 것이 없다. 그 지세는 매우 외진 곳이지만 영남과 호남이 교차하는 곳에 있어 대로가 통과하고 있다. 그리하여 영호남에 어떤 일이 일어나면 이 지역이 요충지가 된다.

나는 비록 구례에 가보지는 못했지만 지도를 가지고 헤아려봤으며, 또 매천자가 지은 글, 예를 들면 「만수동기萬壽洞記」「백운거기白雲渠記」「구안실기苟安室記」에서 그 풍토를 읽어보니, 그 땅이 좋은 곳이 아님을 알 수 있다. 그렇다고 세상을 잊어버리고 난리를 피할 만한 오지도 아니다. 오직 매천자가 말한 것처럼 "감나무와 밤나무가 마을을 가리고 있는 것, 솔방울이 물 위를 덮고 있는 것, 횃대와 울타리에 닭이 울고 개가 짖는 것들이 백운동 가운데 있다"는 말과 "대나무 숲 빽빽한 곳에 때때로 시서詩書를 읽는 소리가 들려오니, 자못 사람으로 하여금 마음을 가볍게 한다"는 말들이 좋을 뿐이다. 이것은 매천자의 입장에서 의미가 있고 맛이 있다는 말일 따름이지, 반드시 즐길 만한 것이 이와 같다는 것을 의미하진 않는다.

매천자는 남쪽 지방에서 태어나 20세에 곧바로 뛰어난 명성을 얻었다. 자기 능력을 자부하고 당세에 진출하니, 논변이 탁월해 당해내는 이가 없었다. 현달한 관리들은 그의 눈에 들어오지 않았고 우뚝한 유자들은 그의 머리를 숙이게 하지 못했다. 매천자는 오직 고서를 탐구해 수천 년 전의 사람들과 신기神氣를 서로 왕래했다.

일찍이 그가 말하였다.

"문장이 고풍스럽지 못한 것은 시문이 유행하여 무너뜨렸고 강학講學하여 혼란하게 만들었기 때문이다. 무너뜨린 것은 오히려 고칠 수 있지만, 혼란하게 만든 것은 다시는 분간할 수 없게 된다. 선비는 오직 독서를 많이 하여 문장의 법을 통달하고 사물의 진위를 깨우쳐서 격물치지해야 한다. 이에 출사해 묘당과 조정에 등용되면 업적을 이루고 명절名節을 세울 것이며, 불우해도 산림에서 늙어 문장 짓는 법도를 잃지 말아야 한다."

그의 식견과 의론이 왕왕 참신하고도 통쾌해 화살로 과녁을 깨뜨리는 것 같고, 톱으로 썩은 부위를 도려내는 것 같다. 그가 육경六經의 주

매천 황현(1855~1910)의 초상화. 이건창은 뛰어난 논리와 직관으로 고서를 탐구해 수천 년 전의
사람들과 신기神氣를 통하는 듯했던 황현이 그 뜻을 펴지 못하고 낙향하고 만 것을 자기 일처럼 안
타까워했다.

요 의미와 성현聖賢의 마음씀에 있어서는 도리어 어떻게 대처했는지 모르겠지만, 그의 장점을 총괄해보면 한때의 기재奇才라 이를 만하다.

상아와 무소뿔 그리고 주옥이 비록 산과 바다에서 생산되지만, 그것을 구하고 구경하는 사람은 반드시 도회지에 있다. 이는 어찌 지극한 보배는 오지에 사는 빈천한 사람들에게 마땅한 바가 아니며, 물건의 아름다움을 바라보고는 알아차리며 값을 정하여 사는 자가 요컨대 사람이 빽빽이 모이는 번화한 거리에 있기 때문이 아니겠는가?

매천자는 뛰어난 재주로 10년간 사회에 진출하려고 시도했지만 겨우 진사가 됐을 뿐이다. 이에 귀향하여 스스로 만수동과 백운거로 도피해 숨었고 당호를 구안실苟安室이라 했다. 이는 아마도 조정의 재상들에게 그 책임이 있다고 나는 생각한다. 또한 구양공歐陽公의 이른바 '아무 보탬 없이 팔만 흔들고 다니는 한민閒民'인 나 같은 사람도 슬픈 마음을 가지지 않을 수 없지만 어찌해볼 방법이 없으니, 나는 참으로 매천자가 이런 집에서 그럭저럭 지내기를 원하지 않는다. 매천자가 자신이 지은 「구안실기」에다가 기문을 지어달라고 하므로 내가 느낀 바를 서술하여 응답하니, 또한 회남소산淮南小山의 여의餘意*다.

＊
회남소산의 여의 회남왕(淮南王) 유안劉安에게는 제자로 따르는 이가 많았다. 유안을 회남왕이라 하고 또 대산大山이라 하는 반면, 그 제자들은 소산小山이라 하였다. 소산은 회남왕의 저술을 사모하는 정을 그만둘 수 없어서 글을 지었다고 한다. 따라서 회남소산의 여의라는 말은 매천이 훌륭한 「구안실기」를 지었는데, 그것을 사모하여 또다시 이건창이 매천의 찌꺼기에 해당되는 글을 지었음을 의미한다. 대산은 매천이고 소산은 이건창이다.

매천 황현의 「구안실기」에 대한 기문이다. 황현은 이건창·김택영과 함께 구한말 삼대 문장가 중 한 사람이다. 이건창은 그와 교류가 잦았고 진정 서로를 위했다. 매천은 원래 남원에 세거했지만, 그 뒤 여러 차례 주거지를 옮기다가 말년에 구례 백운산에 은거했다. 매천 같은 당대의 기재를 이런 궁벽진 곳에 처하게 하고, 벼슬해서 기량을 펴지 못하게 한 것은 당대 재상들의 책임이 아닐 수 없다고 지적한다. 아무런 힘이 없는 이건창은 이에 대해 슬픈 마음만 달래볼 뿐이다.

이 글에서 주목할 것은 또한 매천의 고문관古文觀이다. 그는 당대의 문장이 고문의 문풍을 잃은 원인을 두 가지로 보았다. 하나는 과거 시험 공부에 대비하는 시문의 폐단이며, 또 하나는 강학을 추구하는 성리학으로 인해 어록체語錄體 글이 고문의 문체에 혼류하게 된 폐단이다. 매천은 시문이 고문풍을 붕괴시키는 것은 오히려 고쳐서 바로 할 수 있는 희망이 있지만, 성리학의 강학으로 말미암아 고문풍과 어록체가 뒤섞여버린 문체는 분별해내기 어려운 문제가 있다고 탄식했다. 매천과 이건창은 고문을 숭상하는 이들이었다. 그들은 순정한 고문에 가장 큰 폐단을 끼친 적이 강학을 통해 고착된 성리학의 어록체라고 보았다.

이 시대의 시인은 창강 하나로다

김우림의 시론에 대한 글을 지어 임유서에게 주다 金于霖詩論贈林有瑞圭永

숭양崧陽(개성)의 임유서林有瑞는 소호자韶濩子 김택영에게 시를 배웠는데, 소호자의 시를 손수 채록해 한 권의 책으로 만들어서 나에게 보여주면서 서문을 지어달라고 했다. 그때 나는 이미 소호자와 교유하고있는 상황이었다. 유서의 사람됨이 처음 보았는데도 면목이 맑았으며대화에 운치가 있었다. 이에 내 마음속으로 그를 훌륭하게 여겼고, 또한 소호자가 영재를 얻은 것을 기뻐하였다.

이로 인하여 생각하기를, 내가 소호자와 글로 사귄 것이 오래되고도 깊다고 할 수 있다. 그와 글을 짓지 않은 날이 없었고, 정이 지극해 잊을 수 있는 날이 없었다. 알 수 없는 것은 죽는 것이 누가 먼저일까 하는 문제이다. 그러므로 소호자가 나의 글에 서문을 짓지 않으면 내가소호자의 글에 서문을 짓게 될 것이니, 요컨대 마땅히 오래도록 전해지기를 기약해야 할 것이고 급급하게 지을 것은 없다. 다만 유서의 뜻에 느낌이 있어 문득 소호자의 시를 논하여 주니, 유서가 이 글을 가지고 돌아가 소호자에게 질정을 받아 나의 말을 그르다고 하지 않는다면, 이것을 계기로 유서의 시 공부에 진척이 있을 것이다.

일찍이 말하기를 천하의 학술에는 대략 두 가지 길이 있다. 속성을 추구해 스스로 일가견을 도모하려는 사람은 자기 재주의 장점을 가지고 독실하게 하는 것만 같은 것이 없고, 뭇사람들의 글을 융합해 명성을 일대에 알릴 수 있는 자는 시속의 치우친 곳에 나아가 개혁하여 바로잡는 것만 같은 것이 없으니, 이 두 가지에서 대소와 난이의 구별을 알 수 있다.

소호자는 매양 나의 시문에 대해 평가하면서, 이치를 말하는 데 장점이 있다고 했다. 문장에는 이치도 있고 말의 기운[語氣]도 있어 양자는 마치 경위經緯관계로 서로 필요한 것이다. 『시경』과 『초사楚辭』의 시 작품은 기사체紀事體와 더욱 달라서 다만 이치만으로는 공교로운 작품이 될 수 없으니, 내가 그런 점을 모르는 것은 아니다.

나는 어려서부터 평이하게 쓰는 것을 좋아해 그것이 오랫동안 지속되다가 습관이 돼서 지금은 방법을 바꿀 수가 없게 되었다. 지금 시를 짓는 사람들은 비단 나뿐만 아니라 모든 이가 스스로 이치가 우세한 곳에 의탁하여 시작함으로써 풍속이 저급해짐이 날로 심하니, 시다운 시가 없다고 해도 좋을 것이다.

영롱하고 초묘超妙한 생각, 웅심雄深하고 헌걸찬 기상, 화려하고도 빛나는 색깔, 용용春容하고도 준려駿厲한 음소, 격양激揚하고도 돈좌頓挫한 절주節奏, 유영悠永하고도 청소淸疎한 운치韻致, 한아閒雅하고도 유정幽靚한 자태 같은 것에다가 정신과 경치가 합쳐지면 감흥이 형상形象의 앞에 있게 된다. 그러면 사람이 이미 어디서 왔는지를 헤아리지 못하

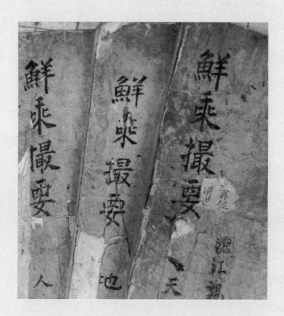

창강 김택영의 저술로 알려진 『선승활요』. 이건창은 창강을 구한
말의 몇 안 되는 시인이라고 평했다. "격양하고도 돈좌한 절주,
한아하고도 유영한 자태에 정신과 경치가 합쳐지면 감흥이 형상
의 앞에 있게 된다. 그러면 사람이 이미 어디서 왔는지를 헤아리
지 못하게 되고, 자기 또한 그렇게 된 것을 모르면서 그렇게 되는
것이다. 소호자 김택영만이 여기에 가깝다."

게 되고, 자기 또한 그렇게 된 것을 모르면서 그렇게 되는 것이다. 이렇게 시를 짓는 사람은 온 세상에 아무도 없으나, 오직 소호자만이 거기에 가깝다고 말할 수 있다.

대저 소호자의 시를 고인의 시와 나란히 놓아서 고하를 따지면 어떠할지 나는 모르겠다. 지금의 세대에 살면서 위미萎靡하고 천박한 시에서 벗어나려 한다면 소호자의 시를 읽지 않고는 불가능하다.

옛날 맹자가 도를 논하면서 고을 사람들이 모두 좋아하는 사람을 향원鄉原이라 지목해 풍자했다. 그러면서 맹자는 광자狂者는 함께 진취적인 일을 할 수 있는 사람이고, 견자狷者는 자기 의리에 맞지 않는 일을 절대로 하지 않는 사람이라 하였다. 소호자는 시에 있어서 초창기에는 광자와 견자로부터 출발해 중년 이후로는 점점 평이한 곳으로 나아갔으며, 나중에는 거의 형체와 흔적을 스스로 없애버리는 경지에 이르렀다. 그런데도 세상에서 소호자의 시를 논하는 자들이 오히려 세속의 것과 다르다고 비판하니, 이것은 소호자가 고을 사람들이 모두 좋아하는 향원이 아니라는 것이다. 그렇지 않으면 어찌 소호자 시의 진면목을 볼 수 있겠는가? 나는 소호자가 연경에 갈 때 송서送序를 지어 이 뜻을 말하였다. 지금 또 유서를 위하여 이것을 말함으로써 장차 나의 느낌을 표현하고자 하는 것이며, 감히 다른 사람을 위하여 차이를 따지고자 하는 것은 아니다. 신묘년 3월 5일에 짓는다.

이건창과 김택영은 구한말 삼대 문장가로, 두 사람은 일찍부터 문학으로 교류해 정이 깊고도 각별했다. 이들은 각자의 시문집에 서문을 쓰는 것을 부탁하되, 그것이 불후토록 남을 수 있는 훌륭한 글을 짓기를 기약했다. 이 글은 김택영의 문학 제자 임규영林圭永[자는 유서]이 김택영의 시집을 손수 베껴 책으로 만들어 명미당에게 서문을 구해 쓰게 된 것이다. 명미당은 김택영의 시가 세속의 것과 다르다고 극찬하면서 자신의 시 창작 이론을 담고 있어 주목할 만하다.

명미당은 먼저 문장 학술에는 크게 두 가지 종류가 있다고 전제했다. 하나는 속성을 이루기 위해 자기 문호를 영위하는 자로, 이는 자기 재주의 장점을 가지고 독실하게 추구하면 성공할 수 있는 경우이니 주로 과거 시험 공부를 위주로 하는 사람이 아닌가 한다. 또다른 하나는 뭇사람들의 견해를 융합함으로써 큰 명성을 펼치는 인물인데, 이 사람은 시속의 잘못된 편향을 고쳐 바로잡으니 김택영이 여기에 속한다. 그러면 여기서 명미당이 말하는 시속의 편향이란 무엇인가? 그것은 당시 대부분의 성리학자가 평이하게 이치를 설명하는 식으로 짓는 설리시說理詩를 말한다. 이건창은 산문을 창작하는 설리에는 뛰어난 재능(장점)을 지니고 있었다. 그 결과 시를 창작할 때에도 다소 설리적인 경향이 있었는데, 이런 단점을 일찍이 김택영이 꼬집어 지적한 바 있다.

문학의 창작에 있어 이치理致와 어기語氣는 양대 요소로 매우 중요하다. 그런데 성리학자들처럼 시를 설리적으로 쓰게 되면 말의 기운이 죽어버리고 만다. 이것은 이건창을 비롯한 대부분의 성리학자들 즉 당시 시를 짓는 이들의 폐단이었다.

그는 훌륭한 시를 짓기 위한 조건으로 영롱하고 초묘한 생각[思], 웅심하고 헌걸찬 기상[氣], 화려하고도 빛나는 색깔[色], 용용하고도 준려한 음소[音], 격양하고도 돈좌한 리듬[節], 유영하고도 청소한 운치[韻], 한아하고도 유정한 자태[態]가 있어야 한다고 보았다. 즉 생각, 기상, 색깔, 음소, 리듬, 운치, 자태는 좋은 시가 될 수 있는 구성 요소다. 여기에다가 정신과 경치가 더해지면 사물의 형상 앞에 감흥이 일어나서 시가 된다는 것이다.

이건창은 김택영의 시가 겉으로만 보기 좋아서 모든 사람이 다 좋아하는 향원의 시가 아니라, 일반 사람들에게 별로 주목을 받지 못하는 광자나 견자의 시에 해당한다고 했다. 주지하듯이 광자와 견자는 중도에 이르지는 못했지만 잘만 인도해 바로잡으면 군자가 될 수 있는 자질을 가진 사람인 반면 향원은 사이비로 근본적으로 잘못된 사람이라는 것이다.

자하의 시는 화려한 꽃에 불과하다

자하시초발紫霞詩鈔跋

자하紫霞 신시랑申侍郞(신위)의 시집은 수십 권인데, 내가 줄여서 만든 것은 몇 권으로 돼 있다. 숭양崧陽 김우림金于霖(김택영)이 일찍이 나에게 말하기를 "자하 시집이 지금까지도 간행되지 않았으니, 이것은 사대부들의 부끄러움이다"라고 하였다. 그러나 나는 자하가 시인 가운데 행운이 많은 사람이라 생각한다. 이미 장수하여 풍부한 양의 문집을 남겼고 죽은 뒤에도 이름이 더욱 유명해졌다. 사후 40년 동안 서울과 지방의 어리석은 사람과 소생에 이르기까지 모두 자하의 시를 입에 올릴 정도다. 관리들이 베껴 전해오는 필사본으로 내가 본 것만 해도 무려 백 가지가 된다. 그러므로 간행되고 간행되지 않은 문제는 꼭 말하지 않아도 된다. 다만 문제되는 것은, 그들이 모두 김우림처럼 자하 시를 참되게 이해했겠는가? 또한 자하의 시에 나오는 꽃다운 풀·복숭아꽃·꾀꼬리 소리·제비 그림자 등의 시구를 가지고 필부들이 모두 좋아하며, 드디어 그것으로 이야깃거리를 삼는 것이 아닌가 하는 점이다.

내가 보기에는 옛날 시인 중 대가로 불리는 사람들은 필부들이 좋아하지 않은 경우가 없었으며, 게다가 능히 참으로 그의 시를 알아주는 자가 있었으니, 또한 필부들이 모두 좋아하는 것이 대가를 병들게 하는 것은 아니다. 그렇다면 자하의 시는 근일에 우리나라 대가의 시에 속하는가 혹 그렇지 않은가?

자하 시의 근원은 대개 우리 집안의 참봉군參奉君* 어른에게서 나왔다. 그 뒤에 그는 중국에 들어가 옹담계翁覃溪(옹방강)를 섬기고 비로소 스스로를 소동파 경지에서 두보杜甫의 경지로 들어갔다고 자부하였다. 그러나 그의 시는 두보와 차이남이 매우 많다. 참 잘했구나! 서림西林 이처사李處士가 지은 「제참봉군문祭參奉君文」에 "거창하게 하는 것을 달갑게 여기지 않았는데, 하물며 남에게 보기 좋게 하는 것을 하랴"라는 평가의 말이여! 이 평가의 말을 적용한다면 옛 시인 중에는 오직 오류선생五柳先生(도연명)만이 해당하고, 비록 두자미杜子美(두보)라 할지라도 반드시 능히 그러했다고 할 수 없다. 그런데 이것을 참봉군에게 적용해도 부끄러운 안색이 있는 것을 보지 못하겠으니, 이것은 사람됨을 두고 말한 것이고 비단 시작품만을 이야기하는 것은 아니다. 나는 자하에게 있어서 시만을 가지고 논한다면, 대개 남에게 보기 좋게 하려는 것에서 벗어나지 않았고, 또한 거창하게 하려는 것에 넉넉한 사람이라고 생각한다. 나의 견해를 써서 장차 김우림에게 보여 어떠한지를 질정받으려 한다.

*
참봉군 강화학파의 일원이자 당시唐詩에 정진해 시단의 거봉이 된 이광려(1719~1782)를 말한다.

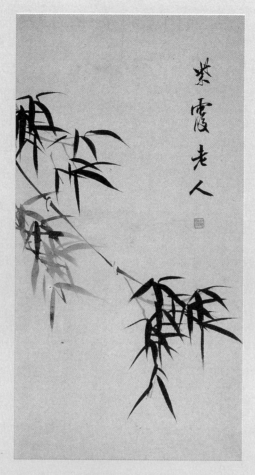

〈묵죽도〉, 신위, 79×41.5cm.

이건창은 자하 신위의 시를 그리 좋아하지 않았다. 그는 자
하의 시만을 가지고 보면 "대개 남에게 보기 좋게 하려는
것에서 벗어나지 않고, 또한 거창하게 하려는 것에 넉넉한
사람"이라는 등 낮춰 보았다.

자하 신위申緯(1769~1845)의 시초집에 쓴 발문이다. 발문을 청한 사람은 김택영으로, 그는 신자하의 시를 매우 좋아하여 『자하시집초』를 엮어 간행했다. 이건창도 자하의 시집을 초록했다고 이 글에서 밝히고 있다. 자하의 시는 당시에 선풍적인 인기를 끌어 사대부뿐만 아니라 여항의 어리석은 사람까지 암송하는 지경이었다.

이건창은 그러나 자하의 시가 한 시대를 풍미하는 것에 대해 그리 좋게 보지 않았다. 지금 사람들이 자하의 시를 암송하고 좋아하는 것은 대부분 화려하고 찬란한 시구이고, 정말로 좋은 점을 알아서 외우는 이들은 거의 없다는 것이다.

자하 시의 근원은 이건창의 조상 중 참봉군에게 두고 있다. 그 뒤 중국에 사신을 가서 옹방강을 만나 허여를 받은 뒤로 두보의 경지에까지 들어갔다고 자부했다. 그렇지만 이건창이 보기에는 자하의 시는 두보와 거리가 멀다. 특히 자하의 선생인 참봉군은 거창한 투식으로 시를 짓는 것을 달갑게 여기지 않았고, 남에게 좋게 보이기 위해 애쓰지 않은 사람이다. 그럼에도 불구하고 자하는 사람됨은 차치하고라도, 시에 있어서 자기 선생이 추구하는 것을 위배했다. 즉 남의 눈에 보기 좋게 쓰려 했고, 거창하고 화려하게 하는 데 힘을 쏟았다는 것이다.

이처럼 이건창이 자하의 시를 악평한 원인은 어디에 있을까? 또 이건창의 평대로 자하의 시는 화려한 문구만 나열한 것으로 별 가치가 없는 것일까? 이에 대해서는 쉽게 단정할 수 없다. 당시 김택영을 비롯한 많은 사람들이 자하시를 좋아하여 시초집을 만들었고 또 이건창이 "대가는 모든 필부가 좋아한다"고 말한 것을 보면, 단순히 헛된 칭송은 아니었을 것이다. 그럼에도 불구하고 이런 평가를 내리는 것은 아마도 집안 분위기와 관련이 있는 듯하다. 즉 이건창의 조부는 자하와 사이가 좋지 않았다. 이시원이 암행어사로 나갔을 때 개성유수로 있던 자하의 실정을 고발하여 귀양을 가게 한 것에서도 알 수 있다. 자하의 시에 대한 좀더 구체적인 분석이 있었으면 하는 아쉬움이 남는 글이다.

글 찍어내는 세태를 비판함

영모재기永慕齋記

한 구역을 차지해 그 사이에 전답도 만들고 집도 짓고 학교도 세우며, 또 그 뒤편에다 묘소를 쓴다. 형제가 분가해 나란히 살아 종족이 번창하고 자손이 성장해 세대가 길게 이어지니, 이것은 옛날 삼대三代*의 백성들이 영위했던 생활 방식과 같은 것이다.

주周나라 말기 유학游學이 성대해져서 선비들이 쉽게 고향을 떠나갔고, 또 진秦나라에서 농경지를 정리하고 예의를 폐지했으며, 살림을 분가해 내보내고 데릴사위로 처가에 나가 살면서부터 종법宗法이 크게 무너져 백성들 가운데 비로소 뿌리를 잊는 자가 생겨났다.

오늘날에 살면서 옛 도를 회복하기를 생각함에 진실로 마땅히 대대로 함께 모여 사는 것[世居]과 선영先塋을 두는 것[世葬]을 좋은 일로 여긴

*
삼대 중국 고대의 하夏·은殷·주周 삼대로, 성왕聖王에 의한 이상적 정치가 실현됐던 시대로 일컬어짐.

다. 내가 사방에 많이 다니면서 보니, 향촌의 취락과 사람들의 거주는 옛날 삼대와 같았지만 옛날의 도가 행해지고 있는 곳이 있다는 얘기를 들을 수 없으니 어찌된 것인가?

또 나는 자못 문장을 짓는 것을 스스로 즐기기 때문에 사람들이 소문을 잘못 듣고 글을 부탁하러 오는 일이 많다. 그들이 청하는 글의 제목은 들어서 말할 수 있으니, 모두가 모재某齋·모정某亭·모당某堂이고, 내용은 집이나 재실에 관한 것이 아니면 묘사墓舍에 대한 것이었다. 이런 글은 미리 전형을 만들어놓고 인명과 지명만 바꾸어넣는다면, 하루에 백 사람이 부탁해도 응할 수 있다. 이렇게 짓는 것은 삼대의 시서詩書에서는 볼 수 없었다. 후세의 이른바 고문古文이라는 것도 이런 식으로 글을 지어서 부탁하는 요구에 응하면, 전할 수 있는 훌륭한 문장이 되지 않았다. 그런데 도리어 지금 글을 짓는 사람은 이런 것에 익숙하지 못하면 세상에 알려지지 않으니, 나는 이것이 무엇을 의미하는지 모르겠다.

종족 병호炳浩가 패주에 있는 나를 방문해 영모재永慕齋라고 이름한 묘사에 기문을 지어주기를 부탁했다. 대개 영례永禮 두동斗洞에 거주하는 전주 이씨는 임영대군臨瀛大君 정간공貞簡公에서 계파가 나왔다. 정간공의 증손 운양공雲陽公이 남쪽으로 이주했으며, 운양공의 손자 지평공持平公은 임진왜란 때 순국했다. 그후 자손들이 떨치지 못했지만, 명성을 드러내지 않으면서 내면적인 덕을 많이 닦았다. 그리하여 기린처럼 인후仁厚한 덕성을 가져 자손이 번창했으니, 지금에도 볼만한 점이 있다.

그들이 사는 곳은 높은 산과 넓은 냇가로 좋은 경치를 이루고 있어

조망의 완상玩賞으로 끌어들일 수 있다. 게다가 자손들이 시사時祀*를 마치고 난 뒤에 재실에 모여 잔치를 열어서, 행위行葦의 풍속*이 이루어진다. 연소한 자 중 뛰어난 사람들은 또한 거기에 모여서 학업을 익히며 시를 노래하고 글을 외우는 소리가 끊이지 않는다. 이런 점들은 기록할 만한 것이다. 또 재실의 이름을 기어코 영모재라 했으니, 이 점에서 내가 종족들이 조상의 뿌리를 중시하는 점을 볼 수 있었다.

비록 그러하나 나는 그들에게 한마디 말을 해주기를 청한다. 『중용』에 이르기를 "어버이 섬기는 것을 생각할진대 사람을 알지 않을 수 없다"고 했다. 하물며 조상의 공열功烈을 사모해 문호를 회복하고 빛낼 것을 생각한다면, 어찌 힘쓰지 않을 수 있겠는가? 내가 호남지역을 보니 요즘 유학이 크게 진작되고 문장을 잘하는 선비가 왕왕 배출되고 있다. 그러므로 병호와 같이 뛰어난 재능을 가진 자가 어찌 사우師友에게 유익함을 추구해, 이것을 계기로 성현聖賢 호걸豪傑의 업적을 다 하지 않겠는가? 여기서 소기의 성과를 얻게 되면 그것이 영모재의 영광이 되고, 선조들은 크게 기뻐할 것이다. 그렇지 않고 다만 나와 같은 사람에게 기문만을 받아가서 좋지 못한 글을 재실에 걸어둔다면, 그것이 어찌 중요한 일이 되겠는가? 우선 이것으로써 그의 기문 부탁에 답한다.

*
시사 음력 2월, 5월, 8월, 11월에 가묘에 지내는 제사.
행위의 풍속 행위는 『시경』 대아 「행위편行葦篇」을 말한다. 이 시는 제사를 마치고 부모가 원로들을 연향燕享하는 내용이다.

호남 영례 두동에 사는 전주 이씨 재실에 쓴 기문이다. 향촌을 이루고 살며 선영을 두어 지키는 것은 종족의 전통을 따르는 것으로 누구나 하는 일이다. 이건창은 여기서 그친다면 종족으로서 훌륭한 전통을 계승한다고 보기 어렵다며, 옛날의 도를 실행해 조상의 뿌리를 잊지 않아야 한다고 말한다. 지금 기문을 부탁하러 온 이병호가 사는 곳은 이를 잘 시행하고 있으며, 향사를 마치고 재실에서 학업을 익히는 등 옛 도를 따르고 있다. 그러나 더 잘하려면 여기에 그쳐서는 안 된다. 즉 이병호는 뛰어난 재주를 가졌으니, 좋은 사우들과 교제해 성현 호걸이 이뤘던 사업을 추진해야만 영모재에 걸맞게 된다는 것이다.

특히 이 글에서 주목할 것은 명미당이 매너리즘에 빠져 있는 문단의 병폐를 비판한 점이다. 당시 사람들이 사대부 문인에게 글을 부탁할 때 거개가 재실이나 정자 아니면 당에 관한 것이었다. 그런데 글을 짓는 문인들은 이에 대해 고심해보지 않고 쉽게 쓴다. 즉 하나의 전형적 문틀을 만들어놓고 달라진 대상의 인명과 지명 등 몇 가지만 바꿔 비슷한 글을 짓는 것이 유행하고 있었다. 때문에 이런 식으로 글을 쓰지 않으면 오히려 세상에서 좋은 문장으로 인정받지 못하는 현상까지 나타났으니, 명미당으로서는 도저히 이해가 되지 않는 것이다. 『명미당집』 전체를 읽어보면 천편일률적인 글은 거의 없다. 이 점은 명미당이 어떤 글이라도 고심에 고심을 더해 무언가 특색 있게 쓰려고 한 것인데, 이는 당시 문단의 병폐에 대한 개혁의 목소리나 다름없다고 할 수 있다.

사모의 정이 간절할 때 훌륭한 문학이 탄생한다
망미헌기望美軒記

보성군의 옛 성곽 동남 모퉁이에 망미산望美山이 있다. 산의 모양이 좁고 길게 뻗었지만 매우 높지는 않으며, 소나무와 대나무·단풍나무·노송나무가 무성해 은은히 비추고 있는 모습이 사랑할 만하다. 군민들에게 전해오는 말에 "일찍이 어떤 선녀가 이 산에 내려온 적이 있기 때문에 이름을 망미산이라 한다"고 했는데, 산 아래에 연지천臙脂川이 있고 주렴담珠簾潭이 있는 것은 모두 이 때문에 붙여진 이름이라 한다.

생각건대 과연 그 전설대로라면 미산美山이라 이름을 붙이면 될 것이니, 어찌 '망望'이라는 글자를 덧붙였는가? 아마 옛날 소자첨蘇子瞻의 자가 자첨인 것처럼 좌천되거나 축출된 나그네가 일찍이 이 산에 와서 얼굴을 북쪽으로 돌려 임금 바라보기를 그치지 않아, 그로 인해 이름을 붙인 것이 아니겠는가? 그러나 지금 상황에서는 알 수 없는 일이다.

소자첨이 황주黃州에 귀양을 가니, 황주는 수도 변경汴京과 매우 멀었다. 그러나 그곳은 하구夏口와 무창武昌의 산천이 서로 얽혀 있는 아름다운 지역 사이에 있었다. 보성 같은 곳 역시 호남에서도 궁벽한 곳이다. 이곳의 바깥은 오직 큰 바다가 하늘에 닿아 있어 바람에 일렁이는 파도와 깊고 넓은 물결뿐이다. 그러므로 여기는 소자첨이 「적벽부赤壁賦」에서 말한 '하늘 한쪽 끝[天一方]'이라 할 수 있으며, 또 '아득하고 아득한 나의 회포[渺渺兮余懷]'라고 할 만하다.

이에 대하여 시험 삼아 논의해보겠다. 사람에게 천속天屬(친족)이 있으면 곧바로 천성[仁愛]이 있게 되니, 그 은애恩愛는 태어날 때부터 가지고 있음은 말할 것도 없다. 그러나 남녀 간에는 내외가 구분돼 있고, 군신 간에는 존비의 차이가 현격하다. 그러다가 어느 날 안으로 말미암아 밖에 의탁하고(혼인), 낮은 곳으로 말미암아 높은 지위에 참여하여(벼슬), 구별돼 있던 것이 합쳐지는 데 이르고(혼인), 소원하던 것이 친밀하게 된다(벼슬). 그가 하는 일은 인도人道에 없을 수 없으며 사람 마음에 누구나 원하고자 하는 것이다.

부부와 군신은 의리를 주된 것으로 하여 정으로 삼는 것이다. 천속의 밖에 있으면서도 그 애모의 생각이 좋은 향기로 또는 슬픈 마음으로 얽히고설켜서 일어남에 왜 그런지를 알지 못하고 종신토록 능히 스스로 이해하지 못한다. 비록 단장端莊한 것으로 예의를 삼고 정직한 것으로 절도를 삼았기에 만에 하나라도 잘 보이려거나 아첨하는 태도가 없지만, 그 스스로 견지하는 바는 이에 더욱 정이 깊음을 볼 수 있다.

그러다가 불행하게 혹 이것 때문에 남에게 성냄을 받거나 모욕을 받으며 참소와 기롱에 걸려들어 귀양을 가서 곤궁하게 되지만, 그럴수록 더욱 배우자와 임금을 잊을 수 없게 된다. 참으로 그렇지 않음에도 억

이건창이 귀양을 갔던 보성은 그림 속의 적벽부 풍경처럼 '하늘 한쪽 끝'과
같았으며 '아득하고 아득한 나의 회포'라고 할 만했다. 소동파가 「적벽부」를
지었던 것처럼 이곳에서 이건창은 사모의 마음과 간절한 정을 담아 시문을 지
었다.

지로 정을 연계시키기를 섭공薫公이 이른바 '어찌할 수가 없어서 마음을 편안히 가진다'는 말과 같이 한다면, 이것은 다만 이름을 헛되게 하고 외모를 가식적으로 하는 사람일 따름이다. 어디 그것이 대륜大倫으로 바꿀 수 없는 점이 있겠는가?

구중궁궐에 거처하며 칠장복七章服*을 입어 장엄하고도 화려한 임금은 어떠한 사람인가? 그런데 감히 사사로이 그를 미인이라고 말해 홀연히 하늘같이 존귀한 존재와 아버지같이 존엄한 존재임을 잊어버린다. 그리고는 여항 가요와 남녀가 서로 좋아하는 노래 가사로 비유하기도 하고 잘못을 지적해 탓하기도 하니, 이것은 신하로서 너무 무례하고 거만한 태도가 아니겠는가?

대개 애모의 깊은 정은 언어와 문자, 성음聲音과 빛깔[色澤] 사이에 나타나는 것이 반드시 이와 같이 된 연후에 곡진히 다했다고 할 수 있다. 이것이 굴원屈原의 「이소경離騷經」이 『시경』 삼백 편의 작품을 계승한 까닭이며, 태사공太史公(사마천)이 『사기』에서 "「이소경」은 일월과 빛을 다툰다"고 했던 것이며, 소자첨의 「적벽부」 또한 이와 같은 것이다. 진실로 그렇지 않으면 곧 조석으로 임금의 곁에 있지만 애모의 마음을 가진 이가 드물 것이다. 하물며 하늘 한쪽 끝의 아득하고 아득한 곳에 있는 나에게 있어서랴?

내가 임씨林氏 집에 거처했는데, 그 집은 망미산 모퉁이에 있었다. 그 집이 원래 당호가 없었는데, 내가 산 이름을 가지고 당호를 붙이고

*
칠장복 왕이 혼례나 즉위식, 제사 등 중요한 행사 때 구장복을 입었던 반면, 세자는 칠장복을 입었다. 구와 칠은 옷에 들어가는 모양의 숫자를 말하는 것으로 칠장복은 모양이 일곱 개 들어간다.

또 기문을 지어 스스로 말하고자 하는 것을 서술한다.

이건창이 1893년에서 1894년 사이에 전남 보성에 귀양 가서 지은 기문이다. 그는 임씨의 집에 우거했는데, 그 집은 망미산에 있었다. 이건창이 그 집의 당호를 산 이름을 따서 망미헌이라 붙이고 기문을 지은 것은 주인의 요청이 있어서가 아니라 완전히 자발적인 것이었다. 다시 말해 망미라는 당호에서 임금에 대한 사모의 정을 표출하고, 이 기문을 통해 인생에 대해 논하고 싶어 의도적으로 지은 것이다.

이 산을 망미산이라 이름한 것은 소동파가 황주에 귀양을 가서 서울에 있는 임금(미인)을 한없이 바라봤던 것처럼, 어떤 귀양객이 여기서 그렇게 했기 때문이었을 거라는 게 이건창의 생각이다. 여기서 귀양객은 바로 이건창 자신을 가리키는데, 자신이 바로 서울에 있는 임금을 한없이 바라보고 있다는 뜻으로, 소동파의 입장과 동일하다. 이때까지만 해도 임금에 대한 사모와 나라의 정치에 대한 열정이 매우 강했다는 것을 알 수 있다.

이 글에서 이건창은 신하가 임금에게 버림받았을 때 임금에 대하여 우러나는 간절한 정과 그로 말미암아 훌륭한 문학이 창작되는 원리에 대해 피력했다. 일반적으로 혈연관계(천속) 즉 부자나 형제 같은 경우 친애하는 정이 태어날 때부터 자연히 생기고, 또 부득불 헤어져 있으면 친애의 정이 더욱 간절해진다. 그러나 천속이 아닌 부부간이나 군신 간에도 그런 친애의 정이 있을 수 있으며 때로는 천속보다 더 강할

임금을 한없이 바라는 마음은 이건창으로 말미암아 문학을 짓는 힘이 되게 해주었다.
고종 임금은 생전에 이건창에게 '보는 사람으로 하여금 한 글자를 볼 때마다 한 방울
의 눈물을 흘리게 하라"며 글짓기를 부탁하는 등 신뢰를 나타냈다.

수 있다. 그러다가 귀양을 가게 되면 더욱 간절하게 되어 소동파처럼 임금을 미인에 비유해 "아득하고 아득한 나의 회포여, 미인을 바라보니 하늘 한쪽 끝에 있구나" 하게 된다는 것이다.

이것이 바로 문학의 발생 요인이며 훌륭한 명작이 출현하는 계기이다. 귀양을 가서 지은 굴원의 「이소경」을 『시경』 못지않게 뛰어난 작품으로, 사마천을 일월과 빛을 다툰다고 찬미했던 것이다. 소동파의 「적벽부」 또한 마찬가지다. 그러므로 이건창의 「망미헌기」 역시 그런 차원에서 봐야 할 것이다.

마음心을 떠난 학문은 논할 수가 없다

상발산성이부대영서上鉢山成吏部大永書

앞서 왕림하셔서 『학안學案』* 한 가지 일로 부탁하며 거듭 깨우쳐주시고, 그 뒤에 직접 얼굴을 대하기도 하고 편지로 보내기도 한 것이 서너 차례가 됩니다. 어리석은 제(건창)가 만부당 감당하지 못할 것을 스스로 생각하니, 부끄러움을 이기지 못하겠습니다. 그러나 또한 그윽이 어르신이 특별히 돌아보아주시는 것에 감격해, 전날에 여러 원로 선생의 글로 공부를 한 적이 없긴 하지만, 이런 일로 은혜를 받아 전부터 하려던 마음에 보상을 받는 계기로 삼고자 했습니다. 일에 참여하는 영광은 감히 바라는 것이 아니었습니다. 그렇지만 또한 이 일과 책을 편찬하는 일은 다를 수 있다고 생각합니다. 이미 선배들의 책장에서 몇 권을 빌려 다소 교정을 더하니, 지나치게 분수에 넘치지는 않는 것 같았습니다.

*
학안 학파의 원류 및 학설을 소개하고 논한 책.

그러므로 처음에는 감히 이 일을 고사하지 않았습니다. 그러다가 보여주신 2책을 보니 분류하여 초절抄節한 것이 거칠고 엉성한[草率] 것을 면하지 못한 곳이 많았습니다. 아마도 이것에 근거해 후세에 전할 만한 책을 만들기는 어려울 것으로 판단해, 원집原集 전체를 초절하여 보태려고 했습니다. 그러던 중 여행길에 비 때문에 길이 막혀 우선 문순공文純公(이황)·문간공文簡公(성혼)·문성공文成公(이이) 세 선생의 글을 가지고 며칠 동안 공손히 읽어보았습니다. 그 글들은 땅이 만물을 지고 바다가 만물을 적시는 것[地負海涵]같이 광범위하여 종묘宗廟와 백관百官의 깊은 아름다움*을 모두 느껴 알 수가 없었습니다. 읊조리고 외우는 나머지 부앙하며 흐느껴 울고, 개연한 마음으로 노魯나라를 버리고 어디로 가겠는가라는 탄식*이 있게 되었습니다.

　대개 오늘날의 중국은 옛날의 중국이 아닙니다. 도를 전수한다는 여러 선비 즉 육삼어陸三魚* 같은 사람들 이하에 대해 그 학술의 깊고 얕은 것을 상세하게 언급할 수는 없습니다. 그러나 그들의 의론議論과 저술을 보니, 명나라 설공薛公과 호공胡公* 같은 여러 분들에게 훨씬 미치지 못합니다. 하물며 그들의 출처관과 행위가 어찌 선유들의 준칙에 모두 합치됐겠습니까? 도를 전하는 데에 있어서도 그러하다면, 도를 펼치고 지키는 데 있어서는 잘할 수 없다는 것을 자연 알 수 있습니다.

*

종묘와 백관의 아름다움 성현의 위대한 학문과 덕망의 아름다움을 이른다. 여기서는 이황·성혼·이이의 학문과 덕망을 말한다.

탄식 공자는 문화가 뛰어난 모국 노나라를 버리고 어느 나라에 가겠는가라고 하였다. 이것은 이건창이 문장에 있어서 뛰어난 우리나라를 버리고 어디에 가겠는가라는 말과 같다.

육삼어 육롱기의 호가 삼어다.

설공과 호공 미상. 아마도 설선薛瑄(1392~1464)과 호거인胡居人(1434~1484)인 듯하다.

우리나라 여러 선생의 경우는 비록 해외의 좁은 나라에서 태어났지만, 그 시기에는 일월의 밝은 빛이 하늘에서 돌고 있었고 오히려 동문동륜同文同倫한 성대한 시절이었습니다. 심지어 우리나라 열성조가 백성을 배양한 교화가 멀리 옛날보다 뛰어났습니다. 여러 선생이 이 시기에 때맞춰 배출돼 전후로 빛을 날렸습니다. 그들이 집에 거처하고, 조정에 서고, 자기를 다스리고, 타인을 다스리는 업적이 명백하고 정대하여, 하나하나 모두를 성인에게 질정해보아도 의혹이 없는 것이었습니다.

그들의 문장은 품부받은 재질이 같지 않고 혹 풍기風氣에 얽매여서, 세상에서 이른바 진한秦漢 당송唐宋의 문장에 반드시 합치되지는 않습니다. 그러나 심성의 오묘함을 변별하고 의리의 은미함을 밝혀내어 조정에 나아가서는 임금의 마음을 바로잡아주고 물러나서는 후학에게 열어 보였으니, 한마디의 문장과 한 글자라도 모두 천균千鈞의 무게를 가지고 있습니다. 그리하여 왕왕 보태려고 해도 할 수 없고, 빼려고 해도 할 수가 없으며, 터럭만큼의 잘못된 곳도 없습니다. 그런데 근세 중국의 유학자 중에는 능히 이런 경지에 이른 사람이 있는지 모르겠습니다.

저는 어릴 때 방탕하게 놀아서 이 학문에 종사한 적이 없습니다. 이에 그들 학문의 만분의 일을 엿보는 것은 다만 문자로서 말하는 것입니다. 그들의 회통會通한 점을 보아서 도기道器의 전체를 말하는 것을 어찌 다만 저 같은 이가 언급할 수 있겠습니까?

지금 중국 사람이 유학을 우리나라에서 구하는 것은 참으로 떳떳한 도리를 잡고 아름다움을 좋아하는 마음에서 나온 것이며, 조선을 다른 나라라는 것으로 한계를 짓지 않은 것이니, 처음부터 아름다운 일이었습니다. 그렇다 하더라도 유독 그들이 우리 유학을 보고서 과연 마음으로 항복하고 머리를 우러러서, 중국에는 이런 사람이 없다고 생각하고 유교의 도가 우리나라[東方]에 있다고 탄식하였는지에 대해서는 모르겠습니다.

만약 이와 같이 했다면 도학道學의 진면모를 보아서 지덕知德과 지언知言에 부끄러움이 없는 사람이 있다고 말할 수 있을 것입니다. 저 당경해唐鏡海라는 자가 과연 그렇게 할 수 있었는지 없었는지 모르겠습니다. 하물며 당씨唐氏가 죽은 지 오래되자, 그의 학문 나머지를 주워 모은 문도들이 과연 그렇게 할 수 있었는지 없었는지요? 당씨의 학문에 대해서는 상세하게 알 수 없습니다. 일찍이 상국相國 증국번曾國藩이 그의 아름다움을 성대하게 찬술한 「묘지명」에서 일대의 종사宗師에 비견하고 있으니, 그가 반드시 유속流俗의 사람보다는 현명했을 것입니다. 그러나 저의 어리석은 견해로 그가 지은 『학안』을 보건대, 의혹이 없을 수 없습니다.

일찍이 들어보니, 순 임금과 우 임금 이래로 마음[心]을 떠나 도道를 말하는 자가 없으며, 공자와 맹자 이래로 도를 떠나 경經을 이야기하는 자가 없습니다. 도를 떠나 경을 이야기하는 것은 한나라와 당나라의 비루한 유학자들 중에서 간혹 있었고 또 근세 중국의 선비들보다 더 성할 때가 없습니다. 『이아爾雅』와 『설문해자說文解字』의 학문을 서로 익히는 그들은 선성先聖의 의리를 내버리고 오직 자화字畵·음운音韻·명물名物의 같고 다른 점을 연구했으니, 이것이 그들이 말하는 경학經學입니다.

당씨가 지은 책 이름을 『학안』이라 하고 도학 밖에 별도로 경학의 조항을 세웠으니, 이것은 도는 도대로 경은 경대로 분리했던 것입니다. 그러나 이것은 또한 원나라 사람이 『송사宋史』를 지으면서 『도학전』과 『유림전儒林傳』을 분리해 둘로 만든 것에서 근원하니, 이런 실수는 오히려 당씨로부터 시작된 것이 아닙니다.

오직 마음에서 떠나서 도를 이야기하는 것은 저의 과루寡陋한 소견으로는 전에 들어본 적이 없습니다. 당씨의 책 첫머리에 실린 서문에서 문득 "천하 사람으로 하여금 심학의 바르지 못함을 환하게 알게 하여, 나의 하루의 마음을 쾌족하게 한다" 하였습니다. 또 끝부분에 별도로 심종心宗의 항목을 세워놓고 황홀荒忽하고 궤괴詭怪하며 어떤 사람인지 알 수 없는 여러 사람을 분류해놓고 있습니다. 대저 이 몇 사람들의 것을 심학이라 한다면 이른바 전도傳道 이하 제유들의 것은 진실로 심학이 아닌 것이 됩니다.

마음을 버려두고 학문을 한다면 저는 이른바 도라는 것이 쓸데없는 부스러기[瓦礫]에 있는지 허공에 있는지 알지 못하겠습니다. 또 도를 전수하고 보익하며 지키는 것을 장차 손발로 할 것인지 허리와 피골皮骨로 할 것인지 알 수가 없습니다. 더욱이 천하 사람으로 하여금 심학의 바르지 못함을 환하게 알게 한다고 하면서 오히려 "나의 하루의 마음을 쾌족하게 한다" 하였습니다. 이것은 천하 사람들의 마음이 모두 바르지 않고 자기 마음만 홀로 바르다는 것을 말합니까? 아니면 자기 마음은 천하의 마음이 아니고 별도로 마음 밖에 마음이 있다는 말입니까? 혹여 천하 사람들의 마음을 속여서 자기 마음을 유쾌하게 하는 데 힘쓰고, 어느 것이 바르고 바르지 않은지를 다시는 스스로 살피지 않는 것입니까? 아! 폐단으로 나타나는 것이 많습니다.

우리나라 성리학 발달의 근간이 된 『주자서절요』. 이황은 1543년(중종 38) 이후 처음으로 주희의 『주자대전朱子大全』을 접하였는데 시문과 사상이 무려 95책에 달했으며, 주희가 당대 학자와 공경대부·문인 등과 주고받은 서간문도 48권이나 되었다. 서간문은 단편적이긴 해도 주희의 학문과 사상이 함축돼 있기에 이황은 이를 연구했고, 그 결과 "학문을 하는 데에는 반드시 발단흥기지처發端興起之處가 있는 것인데, 그것은 문인門人과 지구知舊들 간에 왕복한 서찰로부터 시작해야 한다"고 하였다. 그리하여 『주자대전』의 1700여 편의 서찰 가운데 1008편을 뽑아 20권으로 만든 것이 『주자서절요』로, 이는 조선조 학자들이 애독한 책이다. 이 글에서 이건창은 일상생활에서 가장 유용한 학문은 성리학임을 강조하고 있다.

대개 불씨佛氏의 무리가 유교 성현의 나머지를 훔쳐서 윤리와 교화를 폐하고 정성情性에만 오로지 매진해, 종횡무진하며 제멋대로 하는 기교를 부림에 천하 사람들이 모두 휩쓸려 불교를 으뜸으로 삼았습니다. 이에 정자程子와 주자朱子가 그것을 근심하여 비로소 하늘에 근본하는 학문本天과 마음에 근본하는 학문本心으로 분별했습니다. 이런 말은 정자와 주자가 아니면 말할 수도 없거니와, 이런 이치는 그 둘이 아니면 해명할 수도 없습니다.

그러나 말의 뜻과 글의 뜻으로 추측해보건대, 어찌 일찍이 '심학은 유교가 아니다'라고 말할 수 있겠습니까? 다만 유교도 진실로 심학이기는 하지만, 이때 마음에 갖춰진 이치는 바로 하늘이 준 것이라는 말입니다. 그러므로 반드시 하늘로 근본을 삼는 것입니다. 그런데 저 석씨는 강충降衷의 대원大原*에 하늘이 있는 것을 모르고 이 마음이 만 가지 법을 생성한다고 말합니다. 비록 천지의 큰 것이라 할지라도 모두 마음으로부터 설정되기 때문에 반드시 마음으로 근본을 삼는다고 말한 것입니다. 그렇다면 석씨의 허탄하고 망령됨은 어찌 마음의 죄이겠습니까? 어찌하여 무게 있는 한마디의 말로 만고의 생령生靈들을 해쳤습니까?

저들은 장차 "우리는 누구를 두고 말한 것이다"라고 말할 것입니다. 이른바 '누구를 두고 말한 것이다'라는 것은 진왕陳王[曹植]을 두고 말하는 것이 아닙니까? 진왕이 잡학을 하는 것에는 반드시 소이연의 까닭

*
강충의 대원 사람의 선한 성性, 즉 인의예지를 품부하는 큰 근원이자 하늘을 말함.

이 있었지만 또한 "심학이라는 것을 어찌 배척할 수 있겠는가?"라고 말했습니다. 만약 심학을 배척할 수 있다면 이것은 요 임금의 조정에서 순 임금에게 전한 16자를 제거할 수 있는 것이며, 『맹자』를 폐할 수 있는 것입니다. 또한 정자와 주자를 비롯한 여러 선생의 학설도 남는 것이 거의 드물 것입니다.

이른바 『이아』와 『설문해자』를 공부한 사람이 된 이후에 순유醇儒가 될 수 있는 것이니, 천하에 이런 이치가 있겠습니까? 그러므로 저는 감히 당씨를 지덕하고 지언한 선비라고 생각하지 않으며, 그의 학문적 편견이 실로 과루한 유학자에서 벗어나지 못한다고 생각합니다. 다만 겉으로 정주程朱를 비롯한 여러 선생의 학문을 사모하고, 실상 없이 큰 소리쳐서 이름이 높아진 것일 따름입니다. 이와 같다면 그가 저술한 책이 어찌 족히 믿음을 얻어 먼 시대까지 갈 수 있겠습니까? 곧 우리나라의 여러 선생을 그 책에서 말하는 전도傳道의 지위에 올려놓는다면 어찌 만분의 일의 무게에만 해당하겠습니까?

저는 이 학문에 종사한 적이 없습니다만, 우연히 문장을 좋아하는 성향이 있었습니다. 이에 우리나라 여러 선생의 저술이 천하에 크게 유행하지 못하는 것을 깊이 개탄하고 애석하게 여겼습니다. 그리하여 목은牧隱과 점필재佔畢齋 이후 뛰어난 시문들을 모아서 한 질을 만들고, 그것을 중국 사람들에게 주어서 그곳에 널리 퍼지기를 부탁하려 했습니다. 대개 이런 의사를 둔 것이 오래됐습니다만 지금까지도 성사시키지 못했습니다. 그것은 이 일을 어렵게 여길 뿐만 아니라, 근세 중국의 글을 보니 날로 하강하고 있기에, 이 일로 번거롭게 수고를 끼칠 수가 없었습니다. 비유하자면 보배로운 구슬이 사방으로 통하는 길 가운데서 욕을 받는 것보다는 쪼개지지 않은 박옥의 상태로 길이 깊은 산속에서 있는 것이 나을 것입니다.

그렇더라도 문장은 하나의 기예일 따름입니다. 전해도 되는 것이고 전하지 않아도 되는 것입니다. 혹 전해져서 훌륭한 사람을 얻지 못해도 됩니다. 이에 반해 도학의 중요함과 의리의 정미함은 문장과 비교해 어떠하겠습니까? 저의 어리석은 생각으로는 지금 이 일을 그만두어 후회하는 일이 없게 하는 것만 못합니다.

엎드려 생각건대 집사께서는 일찍이 가학家學으로 배움이 있었고, 덕과 연세가 높아 후생 소자들이 모범으로 여기는 바입니다. 그러므로 한마디 말과 한 가지 행동이 혹시라도 전전긍긍하지 않음이 없어야 하니, 어찌 이 문제에 대해 세 번 생각해보지 않겠습니까? 제가 이미 두터운 은혜를 입었습니다. 우연히 보잘것없는 소견을 가지고 고하지 않을 수 없었습니다. 오직 집사께서는 시비를 가려보십시오.

～⋙～

이 글은 이부 성대영에게 올리는 편지인데, 성대영은 아마도 중국 사람인 듯하다. 성대영이 이건창에게 청나라 사람 당감唐鑑(자는 경해境海)이 편찬한 『학안學案』을 보여주면서 조선의 『학안』을 편찬해보라고 부탁한 것이다. 이에 이건창은 자신은 문학을 전공했고 유교를 본격적으로 공부하지 않았기에 그 일을 할 수가 없다며 사양하고 있다. 그러나 유학에 대한 개념뿐 아니라, 중국과 우리나라의 유학의 특색에 대해서는 자신의 견해를 분명히 밝히고 있다.

먼저 그는 당감이 편찬한 『학안』은 많은 문제점을 안고 있다면서 다음과 같이 비판한다. "심心을 떠나 따로 도道가 없으며, 도를 떠나 따로 경經이 있을 수 없다. 그럼에도 불구하고 그는 도학 밖에 별도로 경학의 조항을 내세웠다. 당감이 생각하는 경학은 『이아』와 『설문해자』 같은 책을 익히면서 자화·음운·명물을 연구하는 것이다. 그는 『학안』의 끝부분에 심종心宗이라는 항목을 두어서, 마치 이 책이 심학에 대한 학안처럼 느껴지게 한다. 당감의 이러한 편찬 태도는 모두 불교에 물든 소산이다."

이건창은 심학을 유학의 일부로 여겼다. 정주학은 만물의 이치의 근본을 하늘에 두는 학문이고, 불교는 마음에 두는 학문이다. 따라서 불교에 물들어 심학 중심으로 전개한 당감의 『학안』은 옳지 않다고 본 것이다. 이런 것을 보면 이건창이 유교, 그중에서도 정주학을 존숭했음을 알 수 있다. 특히 그는 이황·성혼·이이의 글을 읽어보고, 16세기 이후 조선 유학의 수준이 중국의 것보다 낮다고 생각했다. 이에 우리나라 역대 문인의 명문名文을 선집해 중국에 전파하려고 계획했지만, 성사되지는 못했다.

규방 여인이 풍아의 뒤를 잇는 아름다움

정일헌시고서貞一軒詩稿序

동성桐城 요내姚鼐의 말에 "옛날에 태사太似 이하의 시는 공자가 산삭한 『시경』에 채록되었다. 이에 후세 사람들이 부인들은 시를 짓는 데 마땅하지 않다고 한 것은 잘못이다"라고 하였다. 나는 요내의 말에 참으로 근거가 있다고 생각한다. 그러나 무릇 부인의 시는 당시 사람들 중에 혹 그 일을 찬미하고 그 뜻을 애달프게 여겨 시를 지어서 전하는 것이 대부분이다. 그러므로 반드시 모든 작품을 부인 자신이 지은 것이라고 할 수 없다.

또 옛날과 지금은 시를 짓는 취향이 다르다. 『시경』 서문에 "마음에 있으면 뜻이 되고, 말로 표현하면 시가 된다"고 했는데, 이것은 옛날 사람이 시를 짓는 취향이다. 후세에는 말로 표현하는 밖에서 시를 지으려고 하니, 그 형세가 공부를 하지 않고는 지을 수가 없다. 그러므로 천하에 시를 배우는 사람들이 왕왕 날을 다하고 일에 방해되게 하여, 도를 아는 사람들에게 비난받는 것을 면하지 못한다. 하물며 규방 내에서 옷을 짜고 음식 만드는 것에 힘쓰면서, 문사文詞와 성운聲韻에 참여해 풍아風雅의 뒤를 잇는 아름다움을 추구하는 것은 더욱 어려운 일이 아니겠는가? 그러므로 대개 부인이 시를 짓는 데 있어서 마땅하지 않다고는 말하지 못할 것이나, 다만 여가가 없다고 할 수 있다. 참으로 빼어나고 특이한 재주가 있으며 게다가 예로써 자신을 견지하고 덕으로 자신을 유지하며, 여공女工을 그만두지 않고 여사女事를 폐하지 않는다면, 그가 말로 표현하여 시를 짓는 것을 누가 막을 수 있겠는가?

정일헌貞一軒은 나의 고종사촌 누님으로 성씨成氏 집안에 시집간 유인孺人 남씨南氏의 호이다. 누님은 실로 상국相國 문충공 남구만南九萬의 후손이고 문간선생文簡先生 성혼의 집안에 시집을 갔다. 일찍 과부가 되어 시조부모와 시부모 양대를 섬기는 데 효순孝順함이 친딸과 같았으며, 시동생 어루만지기를 동생과 같이 하였다. 만년에 양자를 들였는데, 자애하기를 마치 자기가 낳아 기르는 것같이 하였다. 집을 다스림에는 순리循吏가 고을을 다스리듯 하고 노련한 장수가 병사를 다스리듯 하였다. 아침 일찍 일어나 저녁 늦게 쉬는 것을 수십 년 동안 했으며, 고되게 일하는 사람들의 어려운 것을 몸소 행했다.

그러면서도 그녀는 유독 시를 지을 줄 알았다. 시의 내용은 친정 부모에게 문안 인사를 가려 했으나 뜻대로 되지 않았던 마음, 시아버지의 장수를 축원하는 것, 양자가 현자가 되기를 바라는 것, 농사와 누에 치는 것의 풍년을 기뻐하는 것 등을 자술自述한 것이 대부분이다. 또한 때때로 출새강개出塞慷慨의 언사言辭, 유선요요遊仙窈窅의 음운音韻, 태극이기太極理氣의 순심醇深하고 전오典奧한 글 등을 지었으며, 싸늘한 등불, 차가운 비, 처량하고 가련한 모습은 전혀 보이려 하지 않았다. 아!

〈독서하는 여인〉, 윤덕희, 18세기, 비단에 담채, 20.0×14.3cm, 서울대박물관
소장. 이건창의 고종사촌 누이는 시부모를 모시고 자식을 돌보는 데 수십 년
을 보냈지만, 그러면서도 유독 시를 짓는 능력이 있었다. 당시 집안일을 도맡
는 여자가 시를 쓴다는 것 자체가 드물었으며, 보통 사대부 여인들처럼 처량
하고 가련한 모습의 글을 벗어난 점 역시 높이 살 만했다.

부인이면서 시를 잘하기가 이와 같고, 그 시 내용 또한 이와 같으니, 시가 부인에게 마땅하지 않다고 말하는 것이 옳겠는가?

나의 어머니께서는 성품이 간졸簡拙했으며 글을 몰랐는데, 사람을 허여하는 경우가 적었지만 유독 누님은 자주 칭찬했다. 누님이 일찍이 스승으로 우리 어머니를 섬기고 호칭을 어머니라고 했다. 우리 어머니 초상에 누님이 사언 50여 운으로 된 제문을 지어왔는데, 그 글에서 자기의 정을 표달表達하기에 충분했고, 또한 이것으로 누님이 우리 어머니를 대하는 마음을 징험할 수 있었으니 덕을 아는 사람이라 이를 만했다.

누님이 평생 지은 시는 비록 시가인 성씨와 친정인 남씨 집안의 사람이라 할지라도 볼 수 있는 사람이 드물었다. 그러나 유독 나는 그녀의 시를 볼 수 있었고, 보기만 하면 문득 몰래 외웠다가 물러나서 붓으로 써서 글상자에 갈무리했다. 올 여름 내가 벼슬하지 않겠다고 버티다가 왕명을 거역한 죄로 고군산도에 귀양 가게 되었다. 가는 길에 누님이 사는 도운산 아래를 지나게 되었기에, 그 집에 들러 당에 올라가 누님에게 인사를 드렸다. 누님은 옛날 일에 감격하고 지금의 일을 비통해하면서 주르륵 눈물을 흘리면서 나를 며칠간 머물게 했다.

누님의 아들 태영台永[名] 경존景尊[字]은 누님을 잘 섬겨서 누님을 기쁘게 해드렸고, 집안 일로 마음을 쓰지 않도록 한 지가 오래되었다. 누님은 근력이 아주 쇠약해지지는 않았지만 더이상 시를 짓지 않았으니, 즐기는 것이 시를 짓는 것보다 나은 바가 있었기 때문이다. 경존이 사사로이 나에게 다음과 같이 말하였다.

지난해에 토구土寇의 난리(동학난)가 있어서 우리 어머니께서 전 가족을 인솔하여 피난했다. 그때 갑자기 불 속에 시고를 던지면서 말하기를 "나의 육필 원고를 혹시나 도로에 떨어져 짓밟히게 해서는 안 된다"라고 하였다. 난리가 평정되자 태영이 다시 부본副本을 모아 한 권의 책으로 만들었다. 그리고는 "그대가 아니면 서문을 쓸 사람이 없다고 생각하고서, 장차 그대를 찾아 먼 길을 가서 서문을 받으려 했습니다. 그런데 그대가 불행하게 귀양 가는 길에 우리 집에 오셨으니, 저로서는 다행하게 그대를 만나게 된 것입니다. 감히 서문을 써주시기를 청합니다"라 하였다.

내가 말하기를 "그대의 이런 말이 없었더라도 나 또한 장차 글상자에 갈무리한 것을 가지고 후세에 전하려 했고, 또한 그 책을 간행하는 일을 도우려 했다. 그대가 마음을 쓰는 태도가 이미 지극하구나" 하고는 드디어 사양하지 않고 서문을 썼다.

누님이 한번은 내게 편지를 보내어 말하기를 "나는 한 미망인에 불과하고 서생인 아들 하나가 있다. 세상이 어지럽고 나라가 위태롭지만 이것을 감히 신경 쓸 바가 아니고, 오직 내 동생을 위해 밤낮으로 걱정한다. 『중용』에 말하지 않았던가? 나라에 도가 있을 때는 그가 하는 말이 족히 나라를 일으킬 수 있고, 나라에 도가 없을 때는 그의 침묵이 족히 용납될 수 있어야 한다고 했는데, 나는 내 동생을 위해 이 구절을 외운다"라 하였으니 누님이 나를 사랑함이 이와 같았다. 내가 떠나려고 할 즈음에 누님이 의연히 말하기를 "그대가 하는 일이 옳다. 그러므로 나는 '거듭 대가의 훈계를 듣고, 너의 누님의 말은 가슴에 새기지 마라重聽大家訓 不作女嬃言' 하는 시를 준다"고 했다. 이 말씀을 보면 누님이 통달한 식견을 가졌음을 알 수 있다. 내가 누님의 시를 능히 외우고, 누님의 시집에 서문을 썼지만 시집 가운데는 나에게 준 시가 한 수도 없으니, 이 점을 보면 누님의 법도에 미칠 수 없음을 더욱 감탄한다.

여성이 시작詩作에 몰두하는 것은 예부터 어려운 일이었다. 간혹 여성의 시집이라 전해지는 것이 있지만, 대부분 자기 작품이 아니고 당시 사대부 중에 그 여인의 아름다움과 비통함을 서술하여 시집으로 남긴 가짜인 경우가 많다. 더군다나 요즘 시를 지으려면 옛날처럼 발언發言하여 자연스럽게 되는 것이 아니고, 시를 전공하는 공부에 정력을 쏟아야만 가능하다. 그러므로 자연히 가사 일에 전념하는 여성이 시를 짓는 건 어려울 수밖에 없다.

하지만 이건창의 고종사촌 누님은 시부모를 잘 섬기고 집안일을 잘 처리하면서도 시집을 남겼으니 대단한 여성이라 하겠다. 누님의 시를 보는 대로 기록하고 갈무리해두었던 이건창은 누님의 양자가 서문을 구하자 이에 사양하지 않고 쓴 것이다.

변려한 세상의 문장을 꾸짖다

이건창은 고려와 조선의 천 년 역사를 빛낸 명문장가 10인에 속할 정도로 문장이 뛰어났다. 여한십가는 이건창의 문우文友인 창강 김택영의 저술에서 유래한 말이다. 이건창·황현과 함께 한말삼재韓末三才로 이름을 떨치며 한문학사의 대미를 장식한 창강은 기존에 문선文選류를 선별하는 기준에 불만이 많았다. 그는 1906년을 전후하여 고려와 조선의 아홉 문장가의 글 95편을 가려 뽑아 수록한 『여한구가문초』를 편찬했는데, 경술국치를 앞두고 중국으로 망명하면서 이를 고향 친구이자 제자인 왕성순王性淳에게 맡겨 출판을 의뢰했다. 이를 전달받은 왕성순은 여한구가에 김택영 1인을 보태고 첨삭해 『여한십가문초』(1921)라는 제목으로 완성시켰는데, 양계초에게 서문을 부탁해서 실었고 중국 문사 3명의 발문도 넣었다. 이 책은 현재까지 널리 읽히고 있으며, 1977년 민족문화추진회에서 국역되었다.

총 11권 1책으로 이뤄진 『여한십가문초』는 어떤 책일까. 여기서 김택영은 고문古文의 대표 작가로 다음 아홉 명을 꼽고 있다. 김부식金富軾, 이제현李齊賢, 장유張維, 이식李植, 김창협金昌協, 박지원朴趾源, 홍석주洪奭周, 김매순金邁淳, 이건창 순이다.

눈에 띄는 것은 김부식을 고문의 출발로 놓았다는 점, 이제현을 한유韓愈와 구양수歐陽修의 고문을 쓰기 시작한 사람으로 간주했다는 점이다. 안대회 성균 관대 교수는 「조선시대 문장관과 문장선집」(1997)이라는 논문에서 "기사記事를 주로 쓴 김부식과 이제현을 정식의 고문가로서 자리매김한 것은 김택영의 독자 적 안목"이지만 "김부식을 고문가로서 대서특필한 사실은 『삼국사기三國史記』 의 문체를 염두에 둔 것인데 논의의 여지가 있다"며 논평한 바 있다.

다음으로 『여한십가문초』는 김부식과 이제현을 부각시킨 반면 조선후기 이래 고문의 정맥을 이은 것으로 인정받은 이색을 제외시켜 눈길을 끈다. 창강은 그 근거를 이색이 정주程朱의 학문을 창도하고 고전에 주석을 붙이는 데 그치는 경향이 있다는 것과, 조선전기의 고문가들이 이색의 이러한 병폐를 계승했다는 것에 두고 있다. 전반적으로 김택영은 고려의 인물에 후한 점수를 줬고 조선전 기와 중기의 작가에게는 박했으며 자신과 동시대의 작가들에게 후했다. 아마 중화주의에 치우친 조선의 문장이 주체성을 회복한 시기가 조선후기 이래의 일 이라고 판단했기 때문일 것이다. 어쨌든 이렇게 창강에 의해 우리 고문의 전통 과 맥락이 독자적인 체계화를 이루었다.

또한 조선후기의 인물로 박지원을 고문가로 포함시킨 점도 눈에 들어온다. 이에 대해서는 이미 당대에 편자인 김택영과 심재深齋 조긍섭曺兢燮 사이에서 고문 논쟁이 붙기도 했다. 이는 심재가 내우외환을 중세적 가치를 담은 문장으 로 안정시키려는 반정反正의 효용에 무게중심을 놓고 문장을 추구했기 때문이 다. 두 사람 모두 김창협의 온건보수적인 문장관을 이어받은 점에선 비슷하지 만, 심재가 기려奇麗한 표현이 논리를 가리는 것을 크게 경계한 반면 창강은 문 장의 미학적 완성도 측면을 함께 고려했다는 차이가 있다. 박지원이 고문이냐

이 서간은 『여한십가문초』를 완성한 왕성순이 일가—家로 보이는 왕수환에게 보낸 편지다. 안부를 묻고 창강의 문집을 계속 부쳐달라는 부탁을 하고 있다. "황처사黃處士 계방季方이 보낸 창옹집滄翁集 두 질은 순조롭게 도착했으니 그 나머지도 계속해서 부쳐오기를 간절히 바랍니다"라는 구절이 보인다. 창강이 중국으로 망명한 뒤 국내에서 그에 대한 탄압이 이어졌음을 짐작하게 하는 대목도 추신으로 실려 있다,

"들으매 창강고가 종씨에게 30~40질이 있다고 하는데, 만일 팔리지 아니하면 몇 부를 보내주시기 바랍니다. 저의 마을 친구들이 한번 압수당한 후로는 소장한 존선고存先稿와 매천집은 얻을 수 없어 한탄스럽습니다."

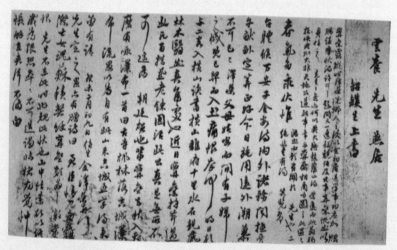

창강 김택영이 중국에 간 김윤식에게 보낸 편지.

아니냐 하는 논란과 관련해서 정민 한양대 교수는 『비슷한 것은 가짜다』에서 "타고 남은 재가 다시 기름이 되는 이치를, 불변의 옛것이란 어디에도 없음을, 새로울 때만이 예로울 수 있으며 새것과 옛것은 결코 별개일 수 없음을 문학적 실천을 통해 증명해 보였다. 그는 고문가이면서 고문가가 아니다"라고 정리한 바 있다.

여기서 말하는 고문이란 중당中唐시대의 한유와 유종원柳宗元이 제창한 것으로, 육조六朝 이래 그때까지 유행하던 변려문騈儷文은 기교를 중시한 나머지 허식에 흘러 내용이 허술하므로 『맹자』 『사기』와 같은 간결함·힘참·명쾌함이 깃든 문장으로 되돌아가는 일이야말로 산문의 이상이라고 본 데서 탄생한 글쓰기의 규율이자 장르이다.

창강이 활동하던 당시는 이용후생의 학문 분위기가 무르익고 양명학을 중심으로 허학虛學을 비판하는 담론이 나타났다.

이런 허학 비판이 문장 이론으로 이어졌으며, 한말의 '고문주의'는 현실을 직시하기 위해 고대로 돌아간다는 의분에 찬 역설로 여겨졌다. 이건창은 이러한 고문의 정신을 몸소 실천한 가장 대표적인 문장가였다고 창강은 평가하였다. 이건창 또한 창강의 문장이나 시문학을 높이 평가했는데, 그는 창강의 시와 자하 신위의 시를 비교하는 자리에서 화려하지만 깊이가 없는 자하와는 달리 창강의 시는 속세를 질정하고자 하는 탁월한 직설법을 구사한다고 비평한 바 있다.

■참고 문헌
안대회, 「조선시대 문장관과 문장선집」, 『정신문화연구』, 1997
이은화, 「심재 조긍섭의 고문론 연구」, 이화여대 박사학위논문, 1998
정민, 『비슷한 것은 가짜다』, 태학사, 2003

제2부 논설과 평론

"허물을 부끄러워하는 것을 말로 하지 말고, 그대가 선한 곳으로 나아가는 것을 안색에 나타내지 마라. 군자의 도는 남모르게 하지만 날로 빛나니, 말과 안색으로 하는 것은 귀하게 여길 것이 없다."

한문 장르에는 논論과 설說이 있다. 논은 어떤 문제에 대해 집중적으로 논의한 것이니, 요즘의 논문에 해당한다고 할 수 있다. 설은 하나의 주제 아래 자기의 주장을 편 것이다. 이 둘을 합치면 논설인데, 여기에 평론을 붙여서 2부의 제목을 '논설과 평론'이라 하였다. 이건창은 여러 편의 논과 설을 지었는데, 그중에서 대표적인 몇 작품을 뽑았다. 또 논과 설의 장르가 아니더라도 그에 해당하는 성격을 지닌 작품도 포함시켰다. 이건창이 문학 이론을 실제 작품에서 어떻게 구현하고 있는가를 볼 수 있는 곳이다.

「과설過說」은 사람이 허물을 고치는 것은 매우 좋은 일이나, 남에게 표시나지 않게 해야만 명철보신할 수 있다는 논지이다. 「응설鷹說」은 만물은 각기 분수와 역할이 있으니 매는 사납게 동물을 사냥하는 것이 본능이지, 점잖고 인자함이 매의 덕이 될 수 없다는 주장이다. 「맹민에 관한 논의」는 맹민의 처신이 옳지 않음을 비판한 것이고, 「종자고가 양웅을 논한 글 뒤에 쓰다」는 증공이 지은 「논양웅論楊雄」이 잘못되었다고 비판하는 글이다.

허물 고치기를
남에게 표시 나지 않게 하라

과설過說

어떤 사람이 자기 허물을 뉘우치고 고칠 것을 생각하는 바가 있어서 선생에게 물으니, 선생이 다음과 같이 대답하였다. 좋구나. 질문이여! 사람이 허물이 있지 않은 자가 드물고, 허물이 있더라도 그것을 아는 자가 매우 드물며, 또 허물을 알아서 후회하는 자가 더욱 드물고, 후회 해서 고칠 것을 생각하는 자는 거의 없을 지경이다. 그런데 그대는 보통 사람과 같이 되는 것을 부끄러워하고 허물을 고쳐서 사람들이 거의 하지 않는 경지에 나아가는 것을 도모하니, 그대의 과실은 고칠 것을 기다릴 것도 없이 고쳐졌다고 할 수 있다. 내가 무슨 말을 하겠는가? 비록 그러하지만 그대는 오히려 삼가야 한다. 세상 사람들은 자기와 견해를 같이하지 않는 것을 싫어하고 다른 사람의 훌륭한 점을 이뤄주는 것을 싫어한다. 그대가 옛날에 허물이 있을 때 헐뜯는 자가 참으로 많았으나, 오히려 그들도 그대와 같이 허물이 있었기 때문에 비방을 해도 심하게 하지는 않았다.

지금 그대가 허물을 고치려고 말하려는가? 그대는 깨끗하게 하여 스스로 결백한 모습을 하지 말 것이며, 스스로 고고하게 굴지 마라. 그대가 허물을 부끄러워하는 것을 말로 하지 말고, 그대가 선한 곳으로 나아가는 것을 안색에 나타내지 마라. 군자의 도는 남모르게 하지만 날로 빛나니, 말과 안색으로 하는 것은 귀하게 여길 것이 없다. 그렇게 하지 않으면 세상 사람들이 입술에 침을 바르고 이빨을 갈아 그대에게 칼날을 들이대고 함정으로 밀어넣으면서 "저 사람이 옛날에는 이런 말을 하고 이런 일을 하여 허물을 저지르더니, 지금 저렇게 고치는 것은 허위다"라고 할 것이다. 이와 같이 되면 그대가 허물을 고치려는 것은 착수도 하지 못해 비난하는 자들이 장차 열 배로 모여들 것이다. 그대는 오히려 삼갈지어다. 그대가 나에게 물은 것은 위기지학爲己之學*이었는데, 나는 위인지학爲人之學*으로 응답을 했으니, 나는 그대의 스승이 되기에 부족하다. 아!

제목 밑에 붙은 주석에 의하면 이건창이 17세 때 지은 글이다. 어떤 사람이 자신의 허물을 고쳐 선한 곳으로 나아가려는 방법을 묻자 그것에 답한 것이 이 작품이다. 물론 이건창의 자문자답이다. 사람은 누구나 허물이 없을 수 없다. 그러나 그 허물조차 아는 이가 드문데 알고

*
위기지학 자기의 수양을 위한 공부.
위인지학 출세하고 남에게 잘 보이기 위한 학문.

고치려고 하니, 보통 사람과는 다르다.

그렇다 해도 허물을 고치기는 하되, 삼가고 조심해 남에게 드러나거나 표시가 나지 않게 해야 한다고 경고하고 있다. 왜냐하면 자기가 허물을 지었을 때는 다른 사람도 같은 처지이기 때문에 별로 경계하거나 미워하지 않는다. 그러다가 허물을 고쳐 훌륭한 사람으로 바뀌면, 세상 사람들이 경계해 싫어하고 미워해 심하게 헐뜯는다는 것이다. 그러므로 허물을 고치는 것을 남모르게 하되 날로 빛이 나는 군자의 도와 같이 하라는 것이다.

이건창이 이 작품을 지은 동기와 의도가 무엇인지는 단정할 수 없다. 아마도 막 홍문관에 들어간 이건창이 당파 간의 치열한 싸움 속에서 스스로 명철보신하는 방법을 제시한 것이 아닐까 한다. 즉 너무 잘난 척도 하지 말고 너무 날뛰지도 말라는 것이다. 그러다가는 반대파의 공격을 받아 신변의 위험이 있을 수 있기 때문이다. 소론에 속한 이건창은 노론의 강한 압박 속에 많은 고충을 느꼈을 것이다. 그럴수록 더욱 삼가고 조심해야 한다. 때문에 질문자가 자기 수양을 위해 허물을 고치는 위기지학을 물었는데, 그 대답을 상황에 따라 적절하게 처세하라는 위인지학으로 했던 것이다.

잔인하지 않으면 매가 아니다

응설鷹說

봉황새와 난새[鸞鳥]의 덕은 무늬로서 드러나고 학의 덕은 맑은 소리로
드러나지만, 매의 덕은 공격적인 모습으로 드러난다. 원래 공격적인
모습이 덕이 되는 것은 아니다. 그러나 이미 봉황새 · 난새 또는 학이
되지 못하고 매가 되어서, 찬란한 날개와 아름다운 목소리를 가지지
못하고 날카로운 부리와 발톱을 가졌으니, 이것은 진실로 조물주가 매
로 하여금 공격적인 모습으로 만든 것이다. 조물주가 매를 공격하도록
만들었는데도 공격하지 않는다면, 이것은 또한 봉황새도 난새도 학도
될 수 없고 또한 매도 될 수 없는 것이다.

　마을에 매를 잡은 사람이 있어서 이자李子(이건창)에게 바쳤다. 이자
가 매를 가지고 사냥하기 위해 언덕에 올라 멀리 바라보고 있으니, 매
가 머리와 날개를 들고 신속하게 좌우를 두리번거리는데, 모습이 매우
사나운 듯하였다. 조금 있다가 꿩이 앞에 나타나자 매가 몸을 떨치며
추격하여 막 잡으려는 듯하다가 갑자기 곁눈질하고 주춤주춤 물러나

머뭇거리니, 꿩이 이미 재빨리 날아 달아나버렸다. 이윽고 토끼가 옆에서 나타났다. 이때 매가 다시는 몸을 떨치고 일어나 달려가지 않았다. 또 쏘아보는 시선이 더욱 느릿하고 물러나는 발걸음은 더욱 뒤로 가서 도리어 무엇을 두려워하는 것같이 하였다. 그사이에 토끼는 여유롭게 도망가버렸다. 이와 같이 하여 매는 종일토록 한 마리도 잡지 못했다. 이자가 말하기를 "이 매를 어디에 쓰리요?" 하고 날려 보내버렸다. 혹자가 말하기를 "이 매는 인자하고도 지혜롭습니다. 공격할 만한 데도 공격하지 않으니, 인자함이 아니겠습니까? 주인이 자기가 공격하지 않는 것을 보고는 반드시 장차 놓아줄 것이라는 것을 알았으니 지혜로운 것이 아니겠습니까? 그렇지 않았다면 또한 여기에서 공격하며 사냥하는 일이나 계속했을 것입니다"라고 하였다.

～✹～

만물에는 각기 하나의 장점이 있으니, 봉황새와 난새는 찬란한 무늬가 그것이요 학은 아름다운 목소리가 그것이다. 매는 어떠한가? 날카로운 부리와 며느리발톱을 가지고서 사냥할 수 있는 장점이 있다. 만약 매가 사냥하는 일을 하지 않아 제 역할을 못 한다면 더이상 매가 아니다. 그와 마찬가지로 사람이 자기 직분의 일을 하지 못하면 사람이 아닌 것이다.

어떤 사람이 매를 잡아 이건창에게 바쳤다. 이건창이 매를 가지고 사냥하러 나섰는데, 매가 사나운 본성을 발휘하지 못했다. 이에 이건창은 아무런 쓸모가 없다고 날려 보냈는데, 혹자가 말하기를 "이 매는

보통의 매라면 그림 속의 매처럼 그 힘이 기세등등한 모습을 보여야만
정상이다. 그런데 이건창이 마을 사람으로부터 받은 매는 힘을 잃은 듯
매 본연의 사나운 기질을 상실했다. 혹자는 이를 보고 '인자하다'고 말
할지 모르나, 이건창은 "제 역할을 못 하기 때문에 결코 덕이 될 수 없
다"고 비판한다.

인자하고도 지혜롭습니다. 공격할 만한데도 공격하지 않으니, 인자함이 아니겠습니까?"라고 했다. 이에 이건창은 어떤 대답도 없이 이 글을 마무리하고 있다.

그러나 무응답 속에는 매가 인자하지 않고 지혜롭지도 못하다는 뜻이 내포돼 있다. 이는 매가 제 역할을 하지 못했으며, 매에게는 결코 인자와 지혜로움이 덕이 될 수가 없기 때문이다.

그렇게 살면 인생 어려울 것이 없겠다

맹민에 관한 논의孟敏論

물건이 만들어짐이 있으면 훼손함이 있는 것은 사물의 이치이고, 만들어짐을 좋아하고 훼손됨을 싫어하는 것은 인지상정이다. 여기에 어떤 물건이 있다고 하자. 그것을 지키기를 반드시 삼갈 것이며, 손에 잡기를 반드시 견고하게 할 것이며, 어디에 놓아두기를 반드시 안정된 곳에 할 것이다. 그러다가 불행하게 혹 훼손되었다면 반드시 수리하고 고쳐서 다시 쓸 수 있도록 도모할 것이다. 만약 훼손되어 다시는 쓸 수 없게 되면 반드시 돌아보고 연연해하면서 아까워하는 말을 그만두지 않을 것이다. 이것은 뭇사람들만이 그러할 뿐 아니라 비록 성현이라도 그러하니, 그들이 사물의 이치에 통달하지 못해서 그렇겠는가? 이는 장차 나의 마음을 다하려 할 뿐이기 때문이다. 그러므로 선善은 물건을 아끼는 것보다 큰 것이 없고, 악惡은 물건을 함부로 다루는 것보다 큰 것이 없다. 노장老莊의 무리들은 사물과 단절해버리고서는 스스로 그것을 도라고 여긴다. 사람이 죽어도 슬퍼하지 않고 나라가 망해도 슬퍼하지 않으니, 이와 같은 사람은 이른바 비인정非人情에 해당한다.

나는 유독 '맹민孟敏이 떨어뜨린 시루를 돌아보지 않았으며, 그것에 대해 곽태郭泰가 현명하게 여긴 것'에 대하여 괴이하게 생각한다. 맹민에 관한 기록은 별로 보이지 않는다. 곽태의 경우는 곧으나 세속과 단절하지 않았고 은거했으나 어버이를 떠나지 않았으니, 이것을 보면 이 사람은 중도를 행한 군자인데 어찌하여 비인정의 사람(맹민)을 취했던가? 맹민의 말에 "시루가 이미 깨졌으니, 돌아본들 무슨 이익이 있겠는가?"라고 하였다. 맹민이 시루를 떨어뜨린 까닭은 장차 돌아보지 않으려 했기 때문이고, 돌아보지 않은 까닭은 장차 이 말을 하려고 했기 때문이다.

사람의 손·발·귀·눈·마음·입의 기관은 기약하지 않아도 서로 작용한다. 혹 한 가지라도 감촉함이 있으면 서로 발현하고 작동하여 잠깐 사이라도 틈을 주지 않으니, 이것이 평상의 이치다. 지금 시루가 자기 손에서 땅으로 떨어져서 그 소리가 귀에 들렸음에도 불구하고, 눈은 잠깐도 보지 않고 마음은 조금도 움직임이 없으며 입은 아까워하는 소리를 내지 않고서 갑자기 이런 비인정의 말을 했다. 그러면서 또 자기의 말을 이치에 매우 통달한 것으로 여기니, 이것은 손·발·귀·눈·마음·입의 기관이 서로 등을 돌리고 숨어서 통하지 않고 작동하지 않은 것이다.

그의 말은 또한 반드시 이치에 통달한 것이라 할 수 없다. 가서 내가 그 사람을 만났다면 장차 반론하여 "시루가 이미 깨졌으나, 돌아보는 것이 무슨 손해가 나는가?"라고 할 것이며, 또 "시루가 이미 깨어졌지만 돌아보지 않음이 무슨 유익함이 있는가?"라고 할 것이다. 이렇게 질문하면 맹민의 설명은 궁색해질 것이다.

본다고 해서 손해될 것이 없고 보지 않는다고 하여 이익이 될 바가 없음에도 불구하고 맹민은 홀로 "보는 것이 무익하다"고 말하니, 이것은 유익과 무익에 의도를 가지고 있는 자가 아닌가? 그러므로 맹민은 오직 사리에 거칠고 멍청한 상태로 '돌아보지 않을 것'을 다짐하는 사람이다. 맹민이 이런 마음을 가지고 다른 것에 적용한다면 무릇 천하 국가의 큰일과 인륜의 중대한 것에 있어서 어디에 간들 시루와 같이 무시해버리게 될 터이니, 그렇게 되면 어떤 일도 시루처럼 깨져 잘못되지 않는 것이 드물 것이다.

혹자가 말하기를 "그렇다면 맹민은 참으로 거칠고 멍청한 사람입니까?"라고 하였다. 나는 다음과 같이 대답했다. 맹민은 아마도 마음에 충격을 주는 바가 있어서 그러한 행동을 했을 것이다. 당시에 한漢나라 조정이 무너져가고 있었는데, 곽태의 무리가 천하를 횡행하면서 구제해보려고 했다. 맹민은 그것이 불가함을 알았기에 곽태를 위해 이런 말을 하면서, 이것은 무너져가는 큰 집을 하나의 나무로 받치려는 설과 같다고 생각했다. 설사 그렇다 할지라도 맹민 또한 공자가 "세상이 잊음이 과감하구나! 어려울 것이 없겠다*"고 지적한 것에 해당한다.

*

세상이…없겠다 『논어』「헌문편」에 나오는 말이다. 공자가 위衛나라에서 경쇠를 두드리고 있었는데, 삼태기를 맨 사람荷蕢者이 공자의 문 앞을 지나가면 "마음이 천하에 있구나! 경쇠를 두들김이여"라고 하였다. 그리고는 이어서 "비루하다. 너무도 단단하구나! 나를 알아주지 못하면 그만두어야 할 것이니, 물이 깊으면 옷을 벗고 건너며 얕으면 옷을 걷고 건너야 하는 것이다"라고 하였다. 그러자 공자가 "세상이 잊음이 과감하구나! 어려울 것이 없겠다"라고 하였다.

후한의 맹민에 대해 논설한 것이다. 맹민에 대해선 이건창이 이야기 했듯 뚜렷한 사적이 없고 오직 "시루를 메고 가다가 그것이 땅에 떨어졌음에도 불구하고 돌아보지도 않고 가버렸다"는 기록이 『한서』에 실려 있을 뿐이다. 이건창은 이것에 근거해 맹민의 사람됨과 출처관을 논했다. 맹민이 "시루가 깨졌으니 돌아본들 무슨 이익이 있는가?"라고 했는데, 이것을 보고 곽태가 현명하게 여긴 반면 이건창은 두 사람 모두를 비판했다. 사람이 물건을 만들었으면 아끼고, 쓰다가 훼손되면 수리해서 다시 쓰려는 것이 인지상정이다. 시루가 깨졌으면 고쳐 써야 한다. 또 시루가 떨어질 때는 소리가 날 것이며, 그러면 귀로 듣게 되고 눈으로 보게 돼 있다. 그럼에도 불구하고 맹민은 거칠고도 멍청하게 보지도 듣지도 못한 채 가버렸다는 것이다.

실제로 맹민은 멍청한 사람이 아니다. 맹민의 이러한 행동은 당시 한나라 조정이 멸망의 길로 치닫자, 이제는 구제하려 해도 되지 않는다는 포기의 상태를 표현한 것이다. 그러므로 이 말은 천하를 구제해보려 애쓰는 곽태에 대한 충고다. 이런 맹민의 의식 태도를 두고 이건창은 "잊어버림이 너무 과감하다"고 한 공자의 말을 인용해 비판하고 있다. 다시 말해 맹민은 세상을 쉽게 잊어버리려는 도가류에 속하는 사람인 것이다. 이상주의자이자 강력한 현실주의자인 이건창에게 이런 시각은 용인될 수 없었다.

문장이 최고의 도는 아니다

증자고가 양웅을 논한 글 뒤에 쓰다書曾子固論揚雄書後

심하구나. 증자고曾子固의 그릇됨이여! 그가 양웅揚雄을 논하면서 기자箕子에 비견했다. 또 "양웅이 왕망王莽을 만날 즈음에 떠날 수 없는 점이 있었고, 반드시 죽을 필요도 없었으며, 왕망 밑에서 벼슬하는 것이 욕되지만 관직에 나아갔다. 떠나지 않은 것은 녹봉을 생각해서가 아니고, 죽지 않은 것은 죽음을 두려워해서가 아니며, 왕망에게 벼슬하는 것이 욕되지만 관직에 나아갔던 것은 부끄러움을 모르는 것이[無恥] 아니다. 양웅 자신의 마음속에 있는 줏대를 왕망이 능히 바꿀 수 있는 것이 아니다"라고 하였으니, 심하구나. 증자고의 오류여!

양웅이 떠나지 않은 것은 녹봉을 생각해서가 아니고 무엇이겠는가? 그가 죽지 않은 것은 죽음을 두려워해서가 아니고 무엇이겠는가? 왕망에게 벼슬하는 것이 욕되지만 나아갔던 것은 무치가 아니고 무엇이겠는가? 증자고는 양웅을 위해 무치를 숨겨주려 하고 있다. 만약 "양웅은 무치한 것이 아니다. 오직 녹봉을 생각했기 때문에 부끄러운 줄 알면서도 능히 떠나지 못했고, 오직 죽음을 두려워했기에 부끄러워하면서도 능히 죽지 못했던 것이다"라고 말한다면 이것은 말이 되는 것이다. 그런데 녹봉을 생각한 것도 아니고 죽음을 두려워한 것도 아니며 또 무치도 아니라고 말하니, 나는 그가 어찌 양웅을 위해 해명하는지 모르겠다.

기자는 주紂 임금에게 있어서 친족의 신하이니, 참으로 떠날 수 없는 점이 있었다. 그가 비간比干과 함께 주 임금에게 간했을 때, 주 임금이 비간을 죽이고 기자는 죽이지 않았다. 그러나 기자가 진실로 스스로 죽을 수는 없었다. 이에 주 임금이 감옥에 가두게 명하니, 기자는 감옥에 나아가게 되었다. 기자가 노예가 된 것은 그가 거짓 미치광이 노릇을 하다가 그런 것이니, 주 임금이 기자를 노예로 만든 것은 아니다. 비록 주 임금이 노예로 만들었다 할지라도 이 또한 임금이 명령하여 노예가 되게 했으니, 거기에 나아가지 않을 수 없는 것이다.

그런데 양웅은 어찌하여 떠나지 않았으며, 어찌하여 죽지 않았으며, 어찌하여 벼슬하러 나아갔던가? 그러나 양웅을 논하는 자들이 "그가 떠나고 떠나지 않은 점을 꼭 논할 필요는 없으며, 또 그가 죽고 죽지 않은 것도 논할 필요가 없다. 오직 그가 벼슬하러 나아간 것이 옳은가 옳지 않은가를 논하면 된다"고 한다. 왕망이 온갖 권모술수를 써서 전한前漢의 황제를 몰아낸 점과 양웅이 한漢나라의 신하가 되었다가 배반하고 왕망을 섬긴 일은 모두 추악한 일이라는 것을 사람들이 알고 있다. 양웅은 비인간적인 사람이다. 그런데 자고가 어찌 그 사실을 숨길 수 있겠는가?

한편 자고가 '양웅 자신의 마음속에 있는 줏대'라고 말한 것은 과연 무엇인가? 아마도 그것은 이른바 '도道'가 아니겠는가? 대저 일찍이 한나라의 신하가 되었다가 배반하여 악역인 왕망을 섬겼으니, 양웅의 마음속에 줏대가 있는 것인가? 이것은 참으로 무치일 따름이다. 어찌 무치하면서 도를 실행하는 사람이 있겠는가? 아니면 양웅의 마음속에 있는 줏대가 참으로 그렇지 않은 것인가? 이것은 양웅의 도를 양웅 스스로 바꾼 것이고, 또 왕망에 의해 바뀌지는 것을 기다릴 것도 없는 것이다. 그런데 증자고는 '왕망이 능히 바꿀 수 있는 것이 아니다'라고 말하였으니, 나는 '능히 바꿀 수 없다'는 것이 어떤 것인지 알지 못하겠다.

기자는 거짓 미치광이가 되어 감옥에 나아가고 노예가 되었다. 감옥에 갇히고 노예가 된 것은 욕된 일이고, 거짓 미치광이가 된 것은 지조를 바꾼 것이다. 그렇지만 기자의 도는 욕될수록 더욱 빛나고 지조를 바꿀수록 더욱 그 정도를 잃지 않았으니, 이 점이 그가 명이明夷*가 되는 까닭이다.

양웅은 왕망에게 벼슬하여 대부大夫가 되었으니, 대부의 벼슬이 욕된 것이 아니다. 그가 스스로 말하기를 "나는 기자와 달라서 『태현경太玄經』을 잡았네. 탕연하게 뜻을 펼쳐서 사물에 구속됨이 없네"라고 하였다. 『태현경』을 잡아서 뜻을 펼쳤으니 일찍이 바꾸지 않은 것이다. 즉 양웅의 도는 영광스러운 것으로 더욱 욕되었고, 『태현경』을 잡음으로 더욱 지조를 바꾼 것이다. 그러므로 나는 오직 암군[夷]은 보았지만,

*
명이 『주역』 명이괘明夷卦에 의하면 "어진 이[明]가 암군暗君을 만나 손상되는[夷] 상이다"라고 하였다.

양웅은 사마상여司馬相如의 작품을 통해 배운 문장력을 인정받아, 성제成帝 때 궁정 문인의 한 사람이 되었는데, 화려하면서도 성제의 사치를 꼬집는 풍자도 잊지 않았다. 『해조』 등의 산문과 『법언』 등의 학술서를 남겼지만, 왕망王莽이 정권을 찬탈한 뒤 새 정권을 찬미하는 문장을 써 지조 없는 인물로 비난의 대상이 되기도 하였다. 이건창 역시 양웅은 문장을 잘 짓는다고 이름이 났으나, 이 문장들은 도를 분별하지 못하고 이룬 것이라며 그를 경계했다.

이른바 어진이[明]는 어디에 있는지 모르겠다. 양웅이 이른바 '몸을 굽혀 도를 편' 사람은 기자라고 한 것은 옳다. 그러나 양웅은 도를 굽혀 몸을 폈으며, 또 도를 망하게 하여 몸을 보존한 사람이다.

증자고는 또 "갈아도 닳지 않고 물들여도 검게 되지 않는다"는 공자의 말을 인용했는데, 이 또한 기자 같은 사람이라야 가능하다. 양웅의 경우는 이미 갈아서 닳아졌으니, 누가 그를 견고하다고 하겠는가? 이미 물들어 검게 됐으니 누가 그를 희다고 말하겠는가? 지금 닳은 물건을 잡고서 변명하기를 "이것이 비록 닳았지만 그의 견고함은 능히 바꿀 수 없다"고 말하고, 또 검게 물든 물건을 잡고 "이것이 비록 검게 물들었지만 그 흰 것은 바꿀 수 없다"고 한다면 누가 그렇게 여기겠는가? 또 양웅이 왕망에게 벼슬한 사실에 대하여 역사책을 상고해보니, 왕망이 양웅을 위협한 것이 아니고 양웅 스스로 벼슬했을 따름이다. 이와 같다면 양웅은 스스로 닳아지고 스스로 검게 물들어진 사람일 따름이니, 또한 갈고 물들이는 것으로 해명할 수 없다.

또한 증자고가 새로운 나라를 찬미한 문장에 대해 그만둘 수 없어서 어쩔 수 없이 그랬다는 것은 어디에 근거한 말인가? 그가 왕망의 밑에서 벼슬한 것은 중요한 문제이고 새로운 나라를 찬미한 것은 경미한 문제이다. 이미 중요한 일을 그만둘 수 없었다면, 경미한 것을 그만둘 수 없다고 한 이 말은 그럴듯하다. 그러나 오직 양웅이 왕망에게 벼슬한 중요한 문제에 대해 죄를 준 연후에 새 나라를 찬미한 경미한 죄를 놓아준다는 것은 가능하다. 만약 자고가 양웅의 죄의 중요한 것을 가지고 도의상 그렇게 함이 마땅하다고 말한다면, 그 경미한 것에 있어서 또한 어찌 도의상 그렇게 하는 것이 마땅하다 생각지 않겠는가? 그런데 도리어 향당에서 자기 몸을 아끼는 자도 하지 않는 것이라고 생각하는가?

또 새 나라를 찬미한 것이 경미하다고 생각할 수 없다. 양웅이 왕망에게 벼슬한 것은 녹봉을 생각했을 따름이며, 죽음을 두려워했을 따름이다. 녹봉을 생각하고 죽음을 두려워하면서 벼슬한 사람은 오히려 스스로 부끄러워하는 것이 마땅하고 역대로 그래왔다. 그러나 글을 지어 악역의 왕망을 찬미한 데 이르렀으니 참으로 무치한 것이다. 이것 또한 그만둘 일이 아닌가?

한편 양웅이 『태현경』을 지을 때는 왕망이 아직 나라를 찬탈하지 않았다. 왕망이 나라를 찬탈하자 양웅은 그를 위해 부명符命*을 지어서 『태현경』의 부록에 붙였다. 이것은 양웅이 왕망을 찬미한 것이 왕망에게 벼슬하기 전부터이며, 이미 오래된 일이라는 걸 말한다. 자고는 또 어찌하여 이것을 해명하는가?

증자고는 "학문이 진보할 때에는 양웅의 문장에서 매양 터득하는 것이 있었다"고 말하였다. 자고가 양웅에 대해 의심해보지도 않고 양웅을 위해 해명하려는 까닭이 이와 같이 지극했던 것이다.

나는 자고의 문장을 매우 좋아한다. 글을 짓는 데 진보가 있을 때는 자고의 글에서 매양 터득하는 바가 있었다. 자고가 양웅을 좋아하는 것은 진실로 내가 자고를 좋아하는 것과 같았다. 나는 유독 자고의 문장을 좋아하지만, 그러나 한 번도 문文을 가지고 도道로 생각하지 않았다. 그러므로 의심해야 할 것에 의심하고 그 잘못된 것을 숨기지 않아

*
부명 하늘이 제왕이 될 사람에게 주는 표.

나의 견해를 펴서 분변하는 것이다. 자고는 문을 도로 생각한 사람이다. 그러므로 종신토록 양웅에 의혹되어 스스로 자기 잘못을 깨닫지 못한 것이다.

문을 도로 생각하는 경우가 자고에게만 해당하는 것은 아니다. 한나라 이래 문장을 잘한다고 이름이 난 사람은 다 그러하며, 양웅도 마찬가지다. 양웅은 대개 스스로 의혹된 사람이다. 무치한데도 부끄러움으로 생각하지 않고 도리어 도라고 여겼으니, 스스로 의혹되고서도 깨닫지 못한 자이다. 양웅의 죄는 자고 뒤에야 정해졌으니, 지금 족히 다시 분별할 것이 없다. 오직 나는 자고에게 매우 애석한 점이 있어 말하는 것이며, 이것으로 문인이면서 도를 알지 못하는 자들의 경계로 삼고자 한다.

———

증공曾鞏(1019~1083)이 지은 「논양웅論揚雄」에 대해 비판한 글이다. 당송팔대가 중의 한 명인 증공은 문학으로 뛰어난 인물이지만 양웅을 논하는 글에 있어서는 너무나 큰 오류를 범하고 있다면서 조목조목 따지고 있다. 명미당은 양웅이 왕망의 곁을 떠나 숨지 않은 것은 녹봉을 생각한 것이며, 죽지 않은 것은 죽음을 두려워해서이고, 왕망에게 벼슬한 것이 욕되는 줄 알면서도 나아간 것은 부끄러움이 없기 때문이라고 했다. 그러나 증공은 이와 반대로 양웅을 옹호했다. 또한 양웅을 기자에 비견하고 있는데, 이것 역시 대단한 과오라고 보았다. 기자와 양웅은 상황이 매우 다르다. 그럼에도 불구하고 기자에 빗대는 것은 있을 수 없다는 것이다. 한편 증공은 양웅 자신이 가지고 있는 줏대를 왕 망이 바꿀 수 없을 것이라고 했는데, 양웅은 절개를 굽힌 사람으로 그 에게 무슨 줏대가 있었냐는 얘기다.

증공이 양웅을 이렇게 찬미한 것은 문을 도로 생각했기 때문이라고 했다. 즉 그 사람됨을 보지 않고 문장만 좋아하다보니, 글에서의 문제 점은 발견하지 못하고 무조건 두둔하게 되었다. 그리하여 증공은 문장 을 짓는 데 진척이 있을 때마다 양웅의 글에서 힌트를 얻은 것이 많았 고, 드디어 거기에 매몰돼 양웅의 단점을 전혀 발견하지 못했다.

이건창은 문을 도로 보면 안 된다면서 이에 반대하고 있다. 즉 문장 이 최고의 도라고 생각하지 않는 것이다. 이건창은 글을 짓는 데 진보 가 있을 때마다 증공의 글에서 많은 힌트를 얻었다. 이것은 이건창이 증공의 문을 모범으로 삼았으며, 그에게 많은 영향을 받았음을 의미한 다. 그러나 그는 한나라 이래 증공에 이르기까지 이름난 문장가들이 한결같이 문을 도를 생각하는 사람들이라며 강하게 비판했다. 이는 작 가이든 학자이든 도를 우선으로 여겨야 하고 또 문장을 읽는 이들은 작가의 사람됨을 생각해야 한다는 뜻이다.

그렇더라도 이건창의 이런 논지는 도학자들이 말하는 문이재도文以 載道나 도본문말道本文末과는 일정한 거리가 있는 것 같다. 증공의 글을 비록 좋아하기는 하지만 무조건 믿고 따르는 것이 아니며, 의심나는 것에 가차 없이 비판한다는 태도일 뿐이다.

조선은 도학을 너무 존숭했구나

조선시대를 통틀어 20세 미만 과거 급제자는 30명이며 그중에서 최연소로 급제한 이가 바로 이건창이다. 1866년(고종 3) 만 14세에 강화도 별시문과에 5등으로 합격했으니 오늘날로 치면 고시 최연소 합격자인 셈이다. 당시에도 20세 이하의 나이에 과거에 합격한다는 것은 2000대 1이라는 경쟁률을 뚫어야 할 만큼 어려운 일이었다.

이건창이 과거에 급제한 것은 판서를 지낸 조부 이시원李是遠이 죽은 바로 그해였다. 병인양요 때 프랑스군이 몰려왔는데 나라를 지키던 장수와 병졸들이 무기를 버리고 달아나자 이시원은 동생과 함께 양잿물을 마시고 자결함으로써 수치심을 씻었다. 이 사건으로 이시원은 영의정에 추증된다. 이건창의 과거 급제를 이와 연관시켜, 고종이 충신의 손자를 거둔 것이나 마찬가지라는 설도 있으나 확인된 바는 아니다. 이건창은 5세에 문장을 구사했다는 말이 나올 정도로 이미 당대에 천재적인 자질을 인정받고 있었다.

잠깐 과거 급제 관련 기록을 보면 이건창 이전에는 세종 때의 김종서가 16세에 합격했고, 1584년(선조 17)에 17세의 박호가 친시문과에 장원급제한 기록이 전해진다. 하지만 천재들의 삶은 그리 순탄치 않았다. 어린 단종을 보좌하던 김종서는 수양대군의 손에 주살당했고, 박호는 젊은 나이에 임진왜란이 터져 죽고 말았다.

이건창 역시 과거에 합격해놓고서도 너무 어리다 하여 4년 뒤인 만 18세가 되어서야 홍문관직의 벼슬을 받을 수 있었다. 그는 천성이 강직해 불의를 참지 못했다. 암행어사 때는 충청도 관찰사 조병식의 비리를 낱낱이 들춰냈다가 정치 보복을 당해 1년여의 유배생활을 했다. 결국 천재는 뜻을 펴지 못하고 고향으로 들어가 울분의 문장을 닦았고 저 유명한 『당의통략』을 저술했다.

『당의통략』은 뛰어난 지성으로 현실과 역사를 꿰뚫어보는 이건창의 역량이 유감없이 발휘된 작품이다. 이 책은 선조 때 김효원金孝元과 심의겸沈義謙에 의해 동인과 서인으로 당파가 나뉜 시점부터 영조의 탕평책으로 당쟁이 수습된 시기까지의 내용을 기록한 조선시대 당쟁사로, 당시 기울어져가던 국가를 한탄하며 그러한 원인을 양반들의 당쟁에서 찾고 있다. 강화학파인 조부 이시원과 함께 이건창의 정치적 입장은 소론少論이었으나, 그의 저서는 당론에 치우치지 않고 조선 당쟁사를 비교적 공정하게 서술했다고 평가받는다.

책의 마지막에 실린 원론原論에서 이건창은 당쟁과 붕당정치의 원인을 여덟 가지로 짚어내고 있다.

- 도학道學을 너무 존중하였다.
- 명의名義를 너무 엄하게 여겼다.
- 문사文事가 지나치게 번거로웠다.
- 형옥刑獄이 지나치게 조밀하다.
- 대각臺閣이 너무 준엄하였다.

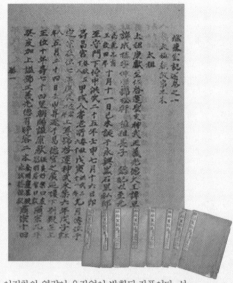

『당의통략』은 뛰어난 지성으로 현실을 꿰뚫어보는 이건창의 역량이 유감없이 발휘된 작품이다. 선조 때 김효원과 심의겸에 의한 동서분당에서 시작해 영조의 탕평책에 이르기까지의 내용을 기록한 조선시대 당쟁사다. 아래는 이황과 이이의 초상.

- 관식官式이 너무 맑았다.
- 벌열閥閱이 너무 성했다.
- 승평昇平의 세월이 너무 오래되었다.

　도학과 명의를 지나치게 강조하였다는 것, 문사가 번거롭고 형옥이 조밀하다는 점은 쉽게 이해가 된다. 그런데 대각이 준엄했다는 것은 무슨 뜻일까. 대각이란 조선시대에 사헌부와 사간원을 통틀어 이르던 말로 여기에 성종 이후의 홍문관과 정조 대의 규장각을 더하기도 한다. 사림정치에서 대간은 정치의 꽃이지만 때로 왕을 견제하는 기능이 너무 막강해져 스스로 제어할 수 없는 지경에 이르고, 당쟁의 앞잡이가 되는 경우도 있었다는 말이다.

　마지막으로 승평의 세월을 지적한 대목은 평화로운 시기가 오래 지속되는 것은 국가의 복인 동시에 화근이라는 이건창의 역사적 안목이다. 병자호란 이후 시급하고 위급한 국사가 없자, "사대부의 정신과 심술이 쓸데없이 되어 붕당의 의논이 시작되었다"는 얘기다.

　여기서 주목해야 할 것은 이건창이 사림정치의 틀을 긍정적으로 본다는 점이다. 다만 정도가 지나치고 제도가 오래 지속되면서 폐단이 나타난다는 것을 지적하고 있다. 또한 이건창은 붕당의 원인을 대부분 제도에서 찾고 있다. 즉 정치구조적인 면을 객관적으로 읽어내고 있기 때문에 당쟁에 대한 이건창의 견해는 충분히 그 타당성을 확보할 수 있었던 것이다.

　물밀듯이 밀려오는 개화의 압박 속에서 이건창은 왜 역사서를 집필했을까? 당시 그는 모친상과 부친상을 연이어 당해 깊은 아픔과 실의에 빠지기도 했다. 이런 내외적인 어려움을 뚫고 나가는 길을 이건창은 지식인의 과제를 충실하게 수행하는 것에서 찾았다. 당쟁의 역사를 되돌아보고자 한 결정은 개화를 무조

개화의 압박 속에서 이건창은 "학자라면 사태가 왜 이 지경에 이르렀는가를 되씹어보는 것이 조선의 몰락을 막는 일보다 우선"이라며 당쟁의 역사를 되돌아보고자 했다. 사진은 개화파 인물들의 모습.

건 반대하거나 편승하는 게 아니라 참된 길을 마음으로부터 파악하여 실천하려는 강화학의 전통을 충실하게 잇는 것이었다.

"일의 성패가 문제가 아니라 동기의 순수성 여부가 문제일 따름"이라는 조부 이시원의 가르침을 받아온 이건창에게 당장 척화나 개화를 주장하는 것은 부화뇌동일 따름이었다. 그러나 학자이자 지식인이라면 어쩌다가 사태가 이 지경에 이르렀는가를 제대로 되씹어보는 것이 조선의 몰락을 막는 일보다 우선이었다. 거기에는 몰락하는 전통과 밀려오는 신문물이 부딪쳐 소용돌이치는 현실 속에서 나도 모르는 역사가 진행되기를 바라지 않는 지식인의 본능적 윤리가 현명한 비극성으로 스며들어 있는 것이다.

천재 이건창은 그 천재성을 현실에 꺼내놓고 부단히 단련하여 비로소 마음의 눈을 뜰 수 있었고, 역사와 현실을 연결짓는 구조적 통찰에 이르렀다. 『당의 통략』이 빛나는 이유가 바로 여기에 있다.

■참고 문헌
이성무, 『조선시대 당쟁사1』, 아름다운날, 2007.
심경호, 「새로 쓰는 선비론-19 영재 이건창」, 동아일보, 1998. 2. 19.

제3부 충성과 절의

"숭정의 연호가 여기에서 끝나는구나. 내년에는 어찌 다른 책력을 뒤적거리겠는가? 이로부터 산인은 더욱 하는 일을 줄여 다만 꽃과 나뭇잎으로 시절을 알리."

이건창은 항직忼直한 성격을 소유한 자로서 남과 어울리기 어려웠고 그로 말미암아 많은 사람과 관계가 원만하지 못했다. 이러한 성격은 조부 이시원에게 영향을 받은 바가 많았던 것으로 여겨진다. 이시원 역시 강직해서 당시 높은 관직에 있으면서도 많은 사람들과 융합하지 못했다. 그러다가 급기야는 1866년 병인양요로 강화도가 함락됐을 때 그 분노를 참지 못하고 자결했다.

이건창은 조부의 이러한 우국충정의 행동에 대하여 깊은 감명을 받고 자랐으며 자기도 그런 사람이 되려고 무던히 애를 썼다. 그러한 까닭에 역대 우리나라 인물 중 강직하고 절개가 곧은 사람에 대한 이건창의 존경과 흠모 또한 각별했다. 이에 그들에 대한 사적을 의도적으로 서술해 입전했던 것이다. 예를 들면, 사육신死六臣 같은 경우는 남효온이 이미 「육신전六臣傳」을 지었고 그 뒤에도 많은 사람이 글을 남겨 찬미했다. 그런데도 이건창은 장문의 「육신사략」을 또 지었다. 절개가 곧았던 동계 정온鄭蘊에 대하여 「정동계사략」을 지었으며, 조광조에 대해서는 「조문정공전」을 지어 흠모하고 존경했던 것도 모두 이런 맥락에서 이해된다. 또 사마천의 「백이열전」의 문장을 분석하고, 아울러 백이와 숙제에 대한 흠모의 정을 나타낸 것도 마찬가지다.

신숙주는 들어라
육신사략六臣事略

초기에 세종이 집현전을 설치해 당대 학문하는 선비들을 선발했으니,
신숙주申叔舟·정인지鄭麟趾·박팽년朴彭年·성삼문成三問·유성원柳誠
源·이개李塏·하위지河緯地 등으로 구성돼 있었다. 세종이 그들을 대하
기를 집안 식구처럼 하였다. 세종이 궁정에서 술을 하사한 적이 있는
데, 신숙주가 취해 넘어져 누워 있자 손수 자신의 자색 담비 갖옷을 벗
어서 덮어주었다.

　문종이 세자로 동궁東宮에 있을 때 학문을 부지런히 하고 선비를 좋
아해 매양 달이 밝고 인적이 고요할 때 문득 집현전에 이르러 여러 학
사들과 글을 가지고 토론했다. 하루는 성삼문이 당직을 하고 있었다.
밤이 아주 깊었으므로 이 시간에는 동궁께서 오시지 않을 것이라 생각
하고 관복을 벗은 채 잠이 들었다. 그런데 문밖에서 발자국 소리가 들
리더니 "근보謹甫*는 자는가?"라고 하였다. 성삼문이 급히 나아가 맞
이해보니, 바로 동궁이었다.

당시에 여러 학사들이 모두 뒷날에 죽음으로써 나라에 보답하기를 원하였다. 세종이 돌아가셨고 문종도 왕위에 즉위한 지 2년 만에 돌아가셨다. 이어 단종이 즉위했는데 나이가 겨우 13세였다.

수양대군首陽大君에 막 봉해진 세조와 동생 안평대군安平大君 이용李瑢 등 6명은 모두 세력이 강대해 왕을 핍박하였다. 한명회韓明澮와 권람權擥 등은 세조가 왕위를 차지하려는 큰 뜻을 가지고 있다는 것을 알아차리고 은밀하게 협찬했다. 이에 드디어 그들은 영의정 김종서金宗瑞가 안평대군을 도와 모반을 도모하고 있다고 말하면서 쇠뭉치로 쳐서 죽였고, 아울러 안평대군과 황보인皇甫仁 · 민신閔伸 · 조극관趙克寬 · 이양李穰 등을 죽였으니, 모두 선대의 중신重臣이었다. 더욱이 김종서는 사직社稷의 신하라는 이름이 있을 정도였다. 그 결과 세조는 영의정 · 이조판서 · 병조판서 · 중외병마도통사를 모두 겸직하여 대권을 장악했다. 때는 단종 2년이었다.

단종 4년에 세조가 왕위에 오르고 단종을 상왕으로 모셔 수강궁壽康宮으로 물러나게 했다. 영의정 정인지와 대제학 신숙주는 모두 훈공勳功에 책봉되고 부원군府院君에 봉해져 마침내 세조의 명신이 되었다. 그러나 박팽년 등 5명과 무신 유응부俞應孚는 투쟁하다 죽고 말았으니, 이들을 세상에서 사육신이라 칭한다.

세조가 막 왕위에 오르자 성삼문은 승지 벼슬로 있으면서 국새를 끌어안고 대성통곡했으며, 박팽년은 경회루 못가에서 투신자살하려 했다. 이에 성삼문이 귓속말로 "아직 상왕이 건장하니 우리가 죽지 않아야 오히려 뒷날 일을 도모할 수 있다. 만약 성사되지 않으면 그때 죽더라도 늦지 않다"고 하였다. 이에 곧바로 밖으로 나가 성삼문의 아버지 성승成勝과 유성원·이개·하위지·유응부·김질金礩 등과 함께 상왕의 복위를 도모했다.

그다음해 여름에 세조가 장차 세자와 함께 상왕을 모시고 광연전廣延殿에서 잔치를 베풀려고 하면서, 성승과 유응부를 운검雲劒에 임명했다. 운검이라는 것은 중국에서 하사한 칼인데, 조회 때마다 근신近臣 중에 이것을 차고서 임금 곁에서 지키는 자를 말한다.* 이것을 계기로 박팽년 등이 막 잔치를 열 때 거사를 하자고 약속했다. 때마침 한명회가 임금에게 말하기를 "광연전은 너무 협소합니다. 더욱이 날이 더우므로 세자를 입시入侍하지 못하게 하시고, 운검을 폐지하도록 하십시오"라고 하니, 임금이 그 견해를 따랐다.

이에 유응부가 칼을 차고서 곧바로 들어가 한명회를 먼저 쳐서 죽이려 하니, 성삼문이 저지하면서 "오늘 여기서 거사하다가 세자가 밖에서 병사를 이끌고 이곳으로 들어오면 성패를 예측할 수가 없다. 그러므로 뒷날 세조 부자간이 함께 있을 때를 기다리는 것만 못하다"라고 하였다. 유응부가 말하기를 "일은 신속하게 처리하는 것이 중요하다. 만약 늦추다가 혹 누설될까 두렵다. 또한 이 자리에는 모신謀臣과 장군 [勇夫]들이 모두 세조를 따라 모여 있다. 곧 이들 모두를 죽이고 상왕을

이건창은 이 글에서 사육신에 대하여 서술하면서 특히 신숙주에 주목하고 있다. 그는 조선 초 정치적 격동기에서 많은 공신에 추대됐으며, 항상 정치적 사건의 핵심에 놓여 있었다. 세종의 은혜를 입었던 신숙주는 단종을 배반하고 세조를 도왔는데, 이로 인해 당시 사육신死六臣과 생육신生六臣으로 대표되는 정치 논리에서 비판의 대상이 되기도 했다.

복위시키고, 무사들로 하여금 경복궁에 들어가 세자를 사로잡게 한다면 무슨 어려움이 있겠는가?" 하였다.

박팽년 등이 "이것은 만전의 계책이 아니다"라며 완강하게 손을 내저었다. 이때 김질이 거사가 불발로 끝나는 것을 보고 실패로 돌아갈까 두려워하여, 곧바로 말을 타고 장인 정창손鄭昌孫에게 가서 아뢰었다. 이에 정창손은 김질과 함께 임금에게 급변을 아뢰니, 임금이 김질은 사면하고 박팽년 등을 모두 포박했다.

세조가 박팽년의 재주를 아껴 사람을 시켜 넌지시 말하기를 "만약 나에게 항복하고 모의 사실을 숨기기만 하면 목숨을 살려줄 것이고 부귀를 누리게 해주겠다"고 하였다. 박팽년은 웃으면서 대답하지 않았다. 그리고 임금을 나리[進賜]라고 불렀는데, 나리는 한글로 고위 관직에 대한 칭호다. 세조가 성이 나서 무사를 시켜 그의 입을 치게 하고서 말하기를 "네가 이미 나에게 신하라 칭하였는데, 지금 어찌 감히 이렇게 호칭하는가?" 하였다. 박팽년이 "저는 나리에게 신하라고 칭한 적이 없습니다"라고 답했다. 세조가 박팽년이 올린 장계를 가지고 와서 조사해보게 하니, 조사한 사람들이 '신臣' 자 대신에 '거巨' 자를 써놓았다고 보고하였다.

성삼문이 바야흐로 세조 옆에 있었는데, 아래로 끌어내려 꾸짖으며 물었다. 성삼문이 웃으면서 "김질이 고변한 것이 모두 사실입니다"라고 하였다. 또한 김질을 돌아보면서 "너는 오히려 말을 다 하지 않았구나. 우리가 다만 이렇게 하고자 했다는 것을 왜 말하지 않았는가?"라고 하였다. 세조가 "어떤 이유로 모반하려 했는가?" 하니, 성삼문이 소리 높여 말하기를 "옛 왕을 복위하려 했을 따름입니다. 나리는 평소에 걸핏하면 주공周公을 들먹거리니, 주공이 어찌 나리와 같은 행동을 한 적이 있었습니까? 나리가 국가를 탈취해놓고 도리어 우리가 모반을 한다는 것은 무슨 말입니까?"라고 하였다. 세조가 "내가 왕위를 선양받은 날에 어찌 그것을 저지하지 않았는가? 도리어 내게 의지하고 있다가 나를 배반하는구나" 하였다. 성삼문이 답하였다. "당시에는 형편상 저지할 수가 없었습니다. 저지할 수가 없으면 마땅히 죽어야 합니다. 그러나 한갓 죽는 것은 무익하므로 꾹 참고서 뒷날을 도모하려 하였습니다." 세조가 "너는 나에게 봉록을 타서 먹지 않았는가?" 하니, 성삼문이 "저는 나리의 봉록을 먹은 적이 없습니다. 만약 믿지 못하겠으면 우리 집을 조사해보면 알 것입니다"라고 하였다. 세조가 성이 나서 불에 달군 쇠로 지지니 다리가 뚫리고 팔이 떨어져나갔다. 그럼에도 불구하고 안색이 변하지 않으면서 여유 있는 태도로 "나리의 형벌이 참혹합니다"라고 답했다.

그는 세조 앞에 앉아 있는 신숙주를 쳐다보고 꾸짖으며 고함을 질러 말하기를 "숙주야! 옛날에 나는 너와 함께 집현전에 있을 때 세종이 세손인 단종을 끌어안고 궁정 뜰을 거닐었다. 세종께서 신하들에게 '과인이 천수를 다하고 죽을 때 너희가 모름지기 이 아이를 염두에 두어야 한다'고 하신 말씀이 아직도 귀에 쟁쟁하다. 너는 홀로 그 말을 차마 잊었는가?"라고 하였다. 이에 세조가 신숙주로 하여금 전각 뒤로 피하게 하였다. 세조가 또 "모의한 무리가 몇 명인가?"라고 물으니, 성삼문이 "박팽년을 비롯해 제 아버지도 포함돼 있습니다"라고 하였다. 다시 더 있느냐고 묻자 "저의 아버지도 오히려 숨기지 않고 말하였는데, 하물며 다른 사람이야 숨길 것이 있겠습니까?" 하였다. 이때 강희안姜希顔의 범죄 사실을 추궁했으나, 그는 승복하지 않고 있었다. 세조가 이에 대해 성삼문에게 물으니, 성삼문이 말하기를 "강희안은 우리의 도모에 참여하지 않았습니다. 그 사람은 현사賢士입니다. 나리가 지금 선왕 때의 신하들을 다 죽였고 유독 이 사람만 남아 있습니다. 그를 살려 등용하는 것이 좋을 것입니다"라고 하였다. 이에 강희안이 사면될 수 있었다.

세조가 유응부에게 물었다. "너는 무엇을 하고자 했는가?" 유응부가 말하기를 "한 자루의 칼로 족하를 모시다가, 옛 임금을 복위하는 것이었습니다. 불행히도 간사한 사람에게 발각됐으니, 다시 무슨 말을 하리요? 족하는 속히 나를 죽여주십시오"라고 하였다. 세조가 그의 피부를 벗기게 하고 고문했다. 유응부가 성삼문을 돌아보고 꾸짖어 말하기를 "사람들이 서생書生과는 일을 도모할 수 없다고 하더니 과연 그렇구나. 잔치하는 날에 나는 나의 칼을 시험하기를 청했는데, 그대들이 완강하게 저지해 오늘의 화를 자초하였다. 사람이면서 좋은 도모를 꾀하지 않으면 짐승과 무엇이 다르겠는가? 만약 거사에 대해 물을 것이 있거든 저 더벅머리 유자에게 묻는 것이 좋겠다" 하고는 입을 다물고 다시는 대답하지 않았다. 임금이 더욱 성이 나서 달군 쇠로 배꼽 아래를 지지니, 기름불이 살갗을 태웠다. 그러나 유응부는 요동도 하지 않았으며, 쇠의 열이 조금 식자 뽑아서 땅에 던지고 "다시 뜨거운 것을 가져오라" 하였다.

이개는 쇠로 지지는 형벌에 임하자 천천히 "이것은 무슨 형벌인가?" 말하니, 임금이 대답하지 못했다. 하위지가 말하기를 "우리가 역모했다고 생각하면 즉시 죽일 것이지, 다시 무엇을 묻는가?"라 하였다.

조선시대 참수 장면. 세조가 단종을 몰아내고 왕위에 오르자 단종의 복위를 꾀했던 성삼문 등 사육
신은 김질의 밀고로 체포돼 결국 처형되고 말았다.

임금의 노여움이 조금 누그러지자 불로 지지는 것을 그만두고 밖으로 끌어내 참형하게 했다. 성삼문이 장차 밖으로 끌려나갔을 때 여러 신하를 돌아보며 말하기를 "너희는 새로운 임금을 잘 보필하여 태평시대를 이루어라. 나는 지하에 돌아가 세종대왕을 뵐 것이다" 하였다. 어린 딸이 죄인을 수송하는 수레를 따라오면서 우니, 성삼문이 머리를 숙여 말하기를 "우리 집 남자는 반드시 다 죽지만 너는 여자니 살 수가 있겠구나"라 하였다. 종이 술을 한 잔 올리니, 성삼문이 마시고 "현릉(문종의 능)의 송백이 꿈에 아련하구나顯陵松柏夢依依"라는 시구를 지었다.

성삼문의 사형이 이미 집행되고 난 뒤에 그의 집을 조사해보니, 계유정란 이후 받은 봉록은 별도로 한곳에 쌓아두었는데 거기에 '이것은 몇 월의 봉록이다' 라고 씌어 있었다. 박팽년 등도 모두 거열형車裂刑*을 받고 시신이 순시되었다.

유성원은 바야흐로 이때 관청에 있었는데, 일이 발각됐다는 소식을 듣고 곧바로 집으로 돌아와 아내와 술을 마시며 결별 인사를 했다. 그리고는 사당에 올라가 조상을 뵙고 스스로 목을 찔러 죽었는데, 집안 사람들이 그 이유를 몰랐다. 조금 뒤에 아전들이 와서 시신을 가져갔고, 그 시신은 길에 버리는 형벌에 처해졌다.

이에 정인지 등이 상소하여 말하기를 "저들이 거사한 반역 도모를 상왕도 미리 소문을 듣고 있었을 것이니, 이는 종묘와 사직에 죄를 지은 것입니다. 청컨대 빨리 도모하여 후환을 끊으십시오"라고 하였다. 이에 단종을 영월寧越에 귀양 보냈고, 얼마 있지 않아 마침내 죽었다.

*
거열형 죄인의 다리를 두 대의 수레에 한쪽씩 묶어서 몸을 두 갈래로 찢어 죽이던 형벌.

그 뒤에 신숙주가 59세로 병들어 죽었는데, 임종 때 위연히 탄식하면서 "인생이 필연코 이렇게 끝나는 것을" 하고 말했다 한다.

⟡

사육신에 대한 간략한 기록이다. 누구를 사육신이라 지칭하는가에 대해서는 아직까지도 의견이 분분하지만, 대체로 남효온이 지은 「육신전」에 의거해 박팽년·성삼문·이개·하위지·유성원·유응부로 보는 것이 일반적이다. 이건창은 「육신전」에 의거해 사육신을 그대로 따랐고, 이 글의 서술 역시 이를 축약한 것으로 봐도 좋을 것이다.

그러나 이 글은 「육신전」과 더불어 우리가 일반적으로 알고 있는 역사적 사실과는 차이나는 점이 있다. 이를 나열해보면 다음과 같다.

세조가 단종을 몰아내고 왕위를 빼앗은 것은 단종 3년(1455)인데, 여기서는 4년으로 되어 있다. 또한 사육신들이 거사하려 한 곳은 창덕궁인데, 여기서는 광연전으로 나온다. 세조가 세자와 함께 상왕인 단종을 모시고 명나라에서 온 사신을 창덕궁에 초청해 잔치를 벌이려고 한 것이 역사적 사실인데, 이 글에서는 세조가 세자와 함께 상왕에게 광연전에서 잔치를 베풀어주는 것으로 기록돼 있다. 또 거사를 일으키려 할 때에 성승과 유응부는 별운검에 임명됐다는 것이 역사적 사실인데, 여기서는 운검에 임명된 것으로 기록돼 있다. 이와 같이 몇 가지 사실과 어긋나는 것은 이건창이 잘못 알고 있었던 것이 아닌가 생각된다.

여기서 중요한 것은 그러나 사육신의 전기를 간략하게나마 기록해 후세에 알리려고 한 이건창의 의도다. 남효온의 「육신전」은 6명의 생애와 충절을 각각 입전하고 난 뒤에 끝부분에 가서 자기의 말에 해당하는 '태사씨'라는 말로 마무리하고 있다. 반면 이건창은 앞부분에서 사육신들의 거사 모의와 그것이 발각되기 전까지의 여러 가지 상황을 서두로 전개하고 있다. 즉 세종대왕과 집현전 학사의 관계를 설명하고, 특히 세종대왕의 신숙주에 대한 은혜가 막중했음을 부각시키고 있다.

뒤이어 거사가 실패하는 과정을 서술한 뒤 사육신이 국문을 당하는 과정에서 세조와 대화하는 내용이 나온다. 서술의 순서는 박팽년·성삼문·유응부·이개·하위지·유성원 순으로 「육신전」과는 다소 차이가 난다. 이건창은 박팽년·성삼문·유응부에게 가장 많은 지면을 할애해 집중 조명하고 있는 반면, 이개와 하위지에 대한 것은 두 줄로 그치고 있다. 또한 유성원은 집에서 자결했기에 제일 뒤에 위치시킨 것으로 생각된다.

여기서 한 가지 주목할 것은 역시 신숙주에 대한 기록이다. 앞부분에서 이건창은 세종의 깊은 은혜를 입은 신숙주가 결국은 단종을 배반하고 세조를 도운 점을 매우 못마땅히 여겨 그의 불충한 점을 최대한 드러내고자 했다. 이에 성삼문이 고문을 받을 때 신숙주를 돌아보며 "세종대왕이 단종을 끌어안고 우리에게 부탁하던 말이 아직까지도 귀에 쟁쟁한데, 너는 그 말을 잊었는가?"라고 꾸짖고 있다. 이것으로도 그의 불충을 드러내는 것이 부족하다고 생각한 이건창은 결론에서 신숙주가 죽으면서 한 말을 인용해, 그가 크게 후회한 것으로 만들었다.

이건창은 별도로 「고령탄高靈歎」이라는 장편 시를 지어 신숙주를 비하하기도 했다. 고령은 바로 신숙주의 본관이다. 그가 죽으면서 일생을 돌아보고 탄식한 것을 어림생각하여 지은 시가 「고령탄」으로, 시집

4권에 실려 있다.

　이건창이 「육신사략」을 지은 동기는 나라와 임금에 대한 충절을 바친 사육신의 위대한 정신을 드러내기 위해서였다. 그가 「정동계사략」과 「양헌수 장군전」을 지은 것도 같은 맥락이며, 이것은 또 조부 이시원이 나라를 위해 죽은 정신과도 연결된다.

　다음 시는 이건창이 지은 「육신묘」이다.

「육신묘六臣墓」

마침 내가 말을 내린 곳은	適我下馬處
가을날의 노량진 포구.	秋日鷺江浦
우러러 강 위의 언덕을 바라보니	仰瞻江上原
흩어져 있는 묘소가 주위 나무 사이에 있네.	離離出封樹
한 번 절을 하니 풍도가 숙연해지고	一拜風肅然
두 번 절하니 눈물이 비 오듯 나네.	再拜淚如雨
옛날의 비석을 지금도 읽을 수 있으니	古碣今可讀
성씨는 네 분이고 묘는 다섯 개이네.	氏四墓惟五
유성원의 묘는 무너지고 하위지의 묘는 옮겼으니	柳圮河則遷
성씨는 아들에다가 아버지가 있네.*	成以子從父
이렇게 되면 7신이니	玆又七臣耳

*
성씨는…있네 성삼문의 묘에다가 아버지 성승의 묘가 있어 다섯 개이다.

집현전 학사들로 세종의 신임을 받고 문종에게서 어린 단종을 잘 보필해달라는 고명을 받은 사람들 가운데 단종 복위를 주장하다가 처형당한 사육신의 묘. 이건창의 「육신사략」은 우리가 알고 있는 「육신전」과는 조금 다른 각도에서 서술됐지만, 어쨌든 이 글을 지은 의도는 임금에 대한 충절을 드러내 후세에게 알리려 했던 것이다.

6신을 어찌 지목하여 헤아리리? 　　　　　六臣奚指數

그 당시에 육신이라 이름한 것은 　　　　當時六臣名

보고 들은 것이 익숙한 데서 온 것이네. 　　習熟在聞覩

초동과 목부가 외우며 서로 전하니 　　　樵牧誦相傳

그것이 남아서 야사에 보충되었네. 　　　留爲野史補

지난번에 홍성을 지날 때를 추억해보니 　憶昔過洪陽

고택의 마을 이름이 노은리魯恩里네.* 　　故宅村名魯

매죽헌의 거처로서 　　　　　　　　云是梅竹居

공의 다리 한쪽을 매장하여 묘를 만들었다 하네. 　藏公一斷股

인생은 성인과 범인을 막론하고 　　　人生無聖凡

죽으면 곧 변화하여 썩어버리네. 　　　死卽化爲腐

하물며 이들은 시신이 찢어진 나머지이니 　況此磔裂餘

남은 뼈를 서로 모으지 못하였네. 　　　齒骼莫相聚

어찌 반드시 김열경[金時習]이라고 하여 　豈必金悅卿

부지런히 곳곳에 흩어져 있는 것을 모았을까? 　處處勤拾取

대의는 천지에 막혔고 　　　　　　大義塞天地

사람의 마음은 고금에 변함이 없네. 　　人心無今古

이 마음이 하루라도 없으면 　　　　此心一日亡

육체는 천하게 되어 흙만도 못하네. 　　肉賤不如土

<hr>

*

고택의…노은리네 성삼문이 태어난 곳은 홍성군 홍북면 노은리다. 나중에 그곳에 유허비를 세웠으며
노은서원을 건립했는데, 뒤에 사액되었다.

김시습과 김인후에 대한 재평가

청은전清隱傳

공자께서 "그 뜻을 굽히지 않으며 그 몸을 욕되게 하지 않은 이는 백이와 숙제일 것이다"라 하셨고, 우중虞仲과 이일夷逸에 대해서는 "숨어 살면서 말을 함부로 했으나, 몸은 청렴함에 합치됐으며 폐하여 벼슬하지 않아 권도權道에 합치되었다"라 하셨다. 백이와 숙제와 우중 세 군자의 사적에 대해서는 내가 진실로 들어왔거니와, 이일은 어떤 사람이었던가? 비록 성인인 공자를 통해 우리에게 전해졌지만 이름만 있고 사적은 전하지 않으니, 이 점이 공자께서 전해지는 글이 없음을 탄식한 것이다. 대저 은자에 대하여 사적이 전하지 않는 것은 진실로 괜찮거니와, 그럼에도 불구하고 옛것을 좋아하고 덕을 숭상하는 선비들은 오히려 유감으로 여긴다. 이에 「청은전清隱傳」을 짓는다.

김시습金時習의 자는 열경悅卿이고 본관은 강릉이다. 생후 8개월 만에 글을 알았고, 말이 어둔했지만 정신은 영오穎悟하여 책을 읽지 않고도 뜻을 알았다. 이때는 세종대왕이 태평성대를 이루고 많은 인재를 길러 지극히 성대한 시대라 일컬어졌다. 김시습에 대하여 세종대왕에게 들려주는 사람이 있었는데, 이에 임금이 김시습을 불렀다. 그는 나이 겨우 5세로, 내시가 끌어안고 궁전으로 들어왔다. 임금이 한시로 시험해보니, 그때마다 응답해 대구를 맞추었기에 임금이 신동神童이라며 극구 칭찬하였다.

이때 그 자리에는 세자(뒤의 문종)가 시립侍立해 있었고, 세손(뒤의 단종)은 어려서 사람에게 붙잡힌 채로 의자에 앉아 있었다. 세종이 세자와 세손을 돌아보고 김시습에게 말하기를 "이분들은 너의 임금이다. 잘 기억해두라"고 하였다. 또한 비단 50필을 하사해 김시습 앞에 놓아두고서 자력으로 가져가게 하였다. 이에 김시습이 바늘과 실을 빌려 비단 끝을 꿰매어 연결시킨 후 그것을 끌고 궁문 밖으로 나가니, 궁중 안팎의 신하들이 빙 둘러서서 신동을 바라보았다. 이리하여 김시습의 이름이 하루아침에 온 나라에 소문이 났다. 김시습이 어른이 되어서도 사람들이 김오세金五歲라 칭하는 것은 이 때문이었다.

김시습이 성장하여 서거정徐居正과 교유하면서 문학과 행의行義로 서로 존숭하였다. 서거정은 일찍이 존귀한 신분이 되었다. 김시습은 과거 시험을 자질구레한 것이라 여겨 즐겨하지 않았으며, 항상 산에 들어가 독서하기를 좋아했다. 세종이 돌아가시고 세자였던 문종이 즉위했지만 얼마 있지 않아 또 돌아가셨다. 이에 세손인 단종이 즉위하니 이분이 바로 노산군魯山君이다. 왕위에 있은 지 몇 년 만에 숙부인 수양대군首陽大君이 계유정란을 평정해 왕위에 오르니, 후에 세조가 된다. 그는 노산군을 영월 청령포淸泠浦에 귀양 보냈고, 얼마 후 세종을 받들었던 신하 박팽년과 성삼문 등을 죽이고 노산군도 죽였다.

自寫真贊俯視李賀優於海東騰名謾譽於爾孰逢爾形至眇爾言大侗宣爾置之丘窪之中

김시습의 초상.

이건창은 이 글에서 김시습의 사상적 지향점에 대한 자신의 확고한 생각을 밝히고 있다. 김시습은 기본적으로 유교를 지향했으며 불교는 처세상 가탁한 것에 지나지 않는다고 보았다. 이 말이 사실이라면 김시습을 다룬 오늘날의 연구논문들은 다시 씌어져야 할 것이다.

이때 한양의 동쪽 수락산水落山에 있었던 김시습이 변고를 듣고 크게 통곡하면서 자기가 보던 책을 다 불살랐으며 입고 있던 유자儒者의 옷을 찢어버렸다. 그리고는 머리를 깎아 중이 되어 스스로 설잠雪岑 혹은 청한자淸寒子라 칭하였다. 김시습은 비록 벼슬을 하지 않았지만 5세에 세종의 지우知遇를 입었고, 또 3대 왕(세종, 문종, 단종)을 동시에 뵌 것 때문에 의리상 노산군을 버리고 수양대군의 신하가 될 수 없다고 생각하였다. 이에 밤낮으로 울부짖으며 미친 사람같이 남루한 포의를 입고 새끼줄을 몸에 감은 채 걸식하며 다녔다.

하루는 한양의 도성 사람들이 다음과 같은 모습을 보았다. 재상 서거정이 장차 조회하러 가던 중 도로에서 어떤 중이 수레 앞을 침범했는데, 중이 재상을 쳐다보고 자字를 부르며 "강중剛中아! 헤어진 이후로 별일 없는가?" 하였다. 이에 재상이 무연한 모습을 짓고 사례하고 난 뒤에 둘이 나란히 서서 정답게 이야기하였다. 이 모습을 보고 도성 사람들이 모두 크게 놀랐지만, 김시습을 알아보는 이들은 "이 사람이 그 옛날의 김오세다" 하였다.

세조가 불교를 좋아해 나라 가운데 고승들을 초빙했다. 대부분의 스님들이 설잠이 득도得道한 사람이라고 하니, 세조가 빨리 설잠을 불러들이라고 하였다. 이에 설잠이 궁중에 이르니, 세조가 그를 위하여 재계하고 조정의 신하와 많은 스님을 모아놓고 장차 설잠의 설법을 들으려 했다. 이때 갑자기 궁중에 있던 설잠이 달아났다고 보고하기에, 임금이 그를 찾아보라 했으나 찾을 수가 없었다. 마침 궁중 밖의 사람들이 떠들썩하면서 "도로 곁의 변소에 중이 빠졌는데, 머리와 얼굴에 똥이 묻어 냄새가 나서 접근할 수 없다"고 하였다. 궁정에서 사람이 나가서 보니 바로 김시습이었는데, 어찌 눈처럼 깨끗하다는 설잠이라 할 수 있겠는가?

조정의 신하들이 임금에게 "김시습은 미치광이 서생이니, 어찌 불법을 알겠습니까?"라고 했지만, 임금은 그것을 불문에 부쳤다. 스님들은 모두 설잠을 생불生佛이라며 극구 칭송했고, 김시습도 예사로 스스로를 불법을 아는 사람이라고 말하였다. 사실 김시습은 불법을 몰랐다. 그가 재주를 자부하고 평소 하고자 하는 바가 있었지만, 하고자 하는 일이 반드시 박팽년과 성삼문처럼 형틀에서 허무하게 죽는 것같이는 하지 않으려 했다. 그러나 김시습은 천명을 환히 알고 있었으니, 세조 당시에는 김시습이 어찌해볼 수 있는 일이 있었겠는가? 일은 끝내 어찌할 수 없었고 뜻은 끝내 풀리지 않았기에, 불가에 몸을 의탁해 스스로 마음을 꺾어 녹여버렸던 것이다.

김시습은 나이 40여 세에 제문을 지어 아버지와 조부에게 아뢰고 난 뒤 머리를 기르고 장가를 들었는데, 본래부터 세속의 가정생활에 아주 익숙한 사람 같았다. 김시습의 집은 전답과 가축을 소유하고 있었는데, 자기가 중이 된 이후로는 그것을 찾지 아니했다. 그런데 이때 홀연히 땅문서를 가지고 관청에 가서 옛날 것을 돌려달라고 하면서 투덜거리기를 그치지 않았다. 이에 관리가 전답을 찾아 바로잡아주었으나, 또한 김시습이 어찌 이런 일을 하는가에 대하여 괴이하게 여겼다. 김시습은 문밖으로 나가 즉시 하늘을 보고 크게 웃으며 땅문서를 불살라버렸으니, 이후에는 더이상 옛날과 같이 찾지 않았다. 얼마 있지 않아 처자식이 모두 죽자 다시 삭발했다. 그러나 다시는 중[僧]이라 부르지 않고 두타頭陀*라 불렀다.

매양 가을이 되어 하늘이 높고 나뭇잎이 떨어질 때면 문득 산에 올라가 높다란 폭포의 물살이 급히 쏟아지는 곳에 이르러서는 비통하게 노래하고 시를 지었다. 지은 시를 나뭇잎에 써서 물 위에 띄워 아래로 흘려보냈는데, 나뭇잎 하나를 띄울 때마다 즉시 한 번 우니, 그 울음소리가 온 산골짜기를 메웠다. 그때 지은 시의 내용이 무엇인지는 알 수 없으나, 통곡할 때 왕왕 세종대왕을 불렀다고 한다.

그 뒤에 인제의 설악산을 거쳐 누차 거처를 옮기다가 마지막에 홍산鴻山 무량사無量寺에 머물면서 노환으로 죽었다. 죽을 때 유자의 의관으로 수의를 입혀 장례를 치르고 함부로 화장하지 말라고 유언했다. 그 제자들이 유언대로 하여 김시습의 시신을 탑 안에 갈무리하다가 3년 뒤에 끄집어내보니, 얼굴이 살아 있는 사람과 같았는데, 그제야 화장하였다.

■ ■

김인후金麟厚의 자는 후지厚之이며 본관은 장성長城이다. 어릴 때 지혜가 있었고 문장을 잘 지었는데, 전라감사 김안국金安國이 한 번 보고는 매우 기특하게 여겼다. 그때 감사가 '장성의 동자는 천하에 무쌍이다長城童子天下無雙' 라는 제목으로 선비들에게 시험을 치르게 했다. 김안국은 문장을 잘하였기에, 문장을 가지고 타인을 인정함에는 신중했다. 그럼에도 불구하고 오직 김인후에게만은 격찬하기를 이와 같이 했던 것이다.

✻
두타 중이 머리를 잘라 눈썹에 내려오는 것.

김인후는 독서를 시작하고부터는 곧바로 성현이 되겠다고 스스로 기약했다. 이에 모든 행동을 예율禮律에 따라 하였고, 또 성명性命의 대원리에 통달했으니, 이웃 사람들이 그를 소안자小顏子라 불렀다.

이때 조정에서는 조광조趙光祖를 죽이고 간악한 소인배들이 뜻을 얻었으며, 도학을 공부하는 것을 매우 엄하게 금지했다. 인종이 바야흐로 세자로 동궁에 있을 때 성스러운 덕을 소유했기에, 한때의 현사대부賢士大夫들이 그에게 향모向慕하면서 뒷날에 희망을 걸었다.

기준奇遵이 장성에 유배를 가서 김인후를 보고는 감탄하면서 한참 있다가 말하기를 "노력하여 스스로 몸을 잘 보존해 세자의 신하가 되어라" 하였다.

김인후가 서울에 갔을 때 어떤 친구가 세자궁관世子宮官이 되어서 김인후를 숙직실로 맞이했다. 그는 술을 가지고 와서 김인후에게 권했는데, 김인후가 술에 취했기에 그곳에 머물러 있었다. 날이 저물어 장차 궁문이 내려지려고 함에 김인후가 집에 가려고 재촉하여 일어나니, 친구가 김인후의 팔을 잡고 말리면서 "멀리서 온 선비가 궁중 안의 길을 모를 것이니 야경이 두렵지 않은가?" 하였다.

김인후가 다급하여 궁중을 빠져나갈 바를 알지 못하고 있었는데, 갑자기 윤건綸巾*을 쓴 소년이 촛불을 잡고 조심스레 걸음을 옮기면서 오니 친구가 나가서 맞이했다. 소년이 곧바로 앞으로 나와 김인후의 손을 잡고서 "나는 세자다. 원컨대 그대와 포의지교布衣之交를 맺고 싶다"라고 하였다. 김인후가 땅에 엎드려 기면서 두려워하고 부끄러워했다.

*
윤건 제갈공명이 썼다는 비단으로 만든 두건.

그러자 세자가 말하였다. "걱정하지 마라. 내가 고의로 궁관에게 시켜 그대를 여기에 오게 하였다." 김인후가 이에 사례하면서 말하였다. "제가 세자에게 군신의 도리가 있거늘 어찌 무례하게 뵙겠습니까?" 세자가 "오늘 저녁 우리는 친구일 뿐이니 어찌 신하라고 말하겠는가?" 하고는 다시 술을 마시게 하고 고금성현의 학문을 강론했다.

김인후는 스스로 먼 곳에 살며 또 소원하고 천한 사람으로 비록 오래전부터 세자의 현명함을 들어오긴 했지만, 세자의 학문의 고명高明함이 이와 같을 줄은 생각도 하지 못했다. 이에 드디어 감격해 세자를 위해 죽음도 아끼지 않기를 원하였다.

김인후는 본래 벼슬에는 생각이 없었다. 그러나 이 사건이 있은 뒤로부터 과거 시험을 봤고, 얼마 있지 않아 합격해 설서說書*가 되어 세자를 모시게 되었다.

대저 김시습은 동자로, 김인후는 포의로서 각각 세종과 인종이 그들의 명성을 좋아하여 급히 보고자 했으니, 그들이 서로 기약한 것이 어찌 원대하지 않았겠는가? 그러나 이 일은 모두 불행하게 되었고, 이 두 사람도 한을 간직한 채 평생을 지내다가 죽어서도 그 은혜를 갚지 못했으니, 한 몸을 임금에게 허락하고자 함이 어찌 쉬운 일이겠는가? 저 탐악하고 조급하며 구차하고 급하여 자기 몸을 중하게 여길 줄 모르는 소인배들이 어찌 임금에게 총애를 받을 수 있겠는가?

이에 앞서 장경왕후章敬王后가 인종을 낳고 몇 년 뒤에 죽자, 중종이 다시 문정왕후文定王后를 맞이하니, 왕비가 대군大君(나중에 명종이 됨)

을 낳았다. 문정왕후의 오빠 윤원형尹元衡이 정권을 휘두르면서 인종에게 불리하게 일을 도모했다. 그럼에도 불구하고 인종은 인자하고 효성스러웠기에 세자 폐위를 면할 수 있었다. 당시 윤원형의 무리는 조정에 꽉 들어차 있었다. 인종은 본래 질병이 많았는데, 이것을 꼬투리로 소인배들이 세자가 대통을 이을 수 없다고 하였다.

중종이 죽자 인종이 즉위하니, 윤원형이 대군을 위하여 기도한다고 가탁하고서 밤중에 남산에 올라 불을 밝히고 저주하는 일을 했으며, 문정왕후도 인종에게 자주 노여움을 발했다. 이에 인종이 손수 글을 써서 조정 신하들에게 내려서 '과부寡婦(문정왕후)와 고아孤兒(인종) 자신의 위급하고도 공포스러운 상황'을 언급했는데, 차마 들을 수 없는 지경에 이르렀다. 임금은 뙤약볕이 내리비치는 가운데 상복을 입고 동조東朝* 문밖에서 햇볕을 가리는 일산도 없는 채 서서, 피눈물을 흘리며 죄를 청하였다. 임금이 이 때문에 병이 더욱 악화되었다.

이에 김인후와 교리 정황丁熿이 상소하여 "신들이 비록 의약에 대해 모르지만, 원컨대 내의원內醫院에 참석하여 함께 약을 짓기를 원합니다"라고 청하였다. 또 임금이 병세가 악화되어 혼정신성하는 데 어려움이 있자 "잠시 동조 곁을 떠나 별궁에 거처하면서 병을 조리하는 데 편하게 하소서"라 청하였다. 이렇게 되자 윤원형의 무리가 야단스레 떠들면서 김인후가 임금의 모자간을 갈라놓으려 한다고 하였다. 이에 임금은 마음이 편치 않아 김인후를 외직인 옥과현감玉果縣監으로 내보냈다.

*
동조 대비大妃가 거처하는 궁전.

그로부터 몇 개월 뒤 마침내 인종이 돌아가시고 대군 즉 명종이 즉위하자 문정왕후가 수렴청정을 했다. 김인후는 그날로 벼슬을 버리고 집으로 돌아와 문을 걸어 잠그고 모든 인사를 사절했다. 매년 5월이 되면 깊은 산중에 달려가서 인종이 하사했던 대나무가 그려진 부채를 안고 가슴을 치면서 대성통곡했다. 문정왕후가 이미 수렴청정을 시작해 현사賢士들을 대량으로 죽였지만, 김인후는 은거했기 때문에 화를 면할 수 있었다.

그 뒤 문정왕후가 죽자 명종이 김인후의 어짊을 익히 듣고서 그를 등용하고자 교리의 벼슬에 임명하여 불렀다. 집안사람들이 김인후가 벼슬에 나아가지 않아서 죄를 지을까 걱정했는데, 그는 그날 바로 서울로 향하면서 어려워하는 얼굴빛이 없었다. 다만 수레에 술을 많이 싣게 했는데, 길을 가다가 아름다운 꽃과 좋은 대나무가 있는 인가를 만나면, 문득 말에서 내려 술병을 잡고 홀로 마셔 취하는 지경에까지 이르렀다. 호남에는 곳곳에 좋은 화죽花竹이 많았으니, 그로 인하여 김인후의 하루 이동 거리는 불과 수십 리에 지나지 않았다. 며칠 뒤에 술은 바닥나고 김인후 또한 술병이 나서 이에 벼슬을 사직했다. 이에 사자使者는 조정으로 보내고 자기는 대동하고 간 사람들을 이끌고 집으로 돌아오니, 임금이 또한 그에게 죄를 주지 못하였다.

김인후가 나이 50여 세에 죽을 때 집안사람들에게 경계하여 말하기를 "나의 명정銘旌에 '옥과현감'이라고 쓰는 것이 옳을 것이다"라 하였다. 김인후는 평생 공자와 주자를 칭송하여 천지간에 이 두 사람밖에 없다고 생각했다. 뒤에 도학자로 인정받아 공자 묘정에 배향됐으며, 학자들이 하서선생河西先生이라 일컬었다.

〈초옥한담도〉, 강세황, 종이에 담채, 58.0×34.0cm, 18세기, 호암미술관 소장.

성삼문과 박팽년 등은 그 뚜렷한 심지에 관한 이야기가 전해져서 추앙을 받는 데 이르렀지만, 김인후의 경우 남긴 자취가 감추어져 있다. 울분을 감추고 답답한 마음을 억눌러서 끝내 그 이유를 명백하게 말할 수 없었던 것이다.

외사씨外史氏는 말한다.

조선조 태조가 이미 천명을 받아 나라를 건국하자, 고려시대 절의의 선비들을 숭상하고 장려하였다. 이색이 조정에서 임금을 뵈었지만 무릎은 꿇지 않았고, 길재와 조견은 산중에 숨어서 일생을 마치자 이들에 대해 더욱 예를 갖춰 존중하였다. 또 태종과 세종은 사신史臣에게 정몽주의 충성을 명확하게 써서 후대의 신하들을 권면하게 했으니, 역대 왕들의 뜻이 원대하다 하겠다.

이로 말미암아 많은 현사들이 마침내 절개를 세우고 의리를 밝힐 수 있는 데 크게 명분이 생겼다. 계유정란 때 박팽년과 성삼문 등이 이미 죽었고, 김시습은 벼슬을 하지 않는 폐인이 되었다. 비록 그들이 추향한 길은 달랐지만 심지心志는 또렷이 알 수 있어서, 지금까지도 사람들이 그들을 추앙한다. 김인후 같은 경우는 만난 때가 이들보다 더욱 어려워, 그가 한 일은 은미하고 그가 남긴 자취는 감추어져 있다. 비록 그가 대유大儒로 세상에 이름이 나서 괴이한 행동을 하지는 않았지만, 울분을 감추고 답답한 마음을 억눌러서 끝내 그 이유를 명백하게 말할 수 없었던 것이다.

「청은전」은 맑은 절개를 지녔으면서도 벼슬하지 않고 은거한 사람에 대한 입전이라는 뜻이다. '청은'이라는 말은 이건창 자신이 각 인물의 본론에 들어가기 전에 밝혔듯이 "숨어 살면서 말을 함부로 했으나, 몸은 청렴함에 합치됐으며 폐하여 벼슬하지 않음에 권도權道에 합치되었다"에서 따온 것이다. 청은에 해당하는 사람은 매우 많겠지만 이건창은 김시습과 김인후 두 사람에게 한정하고 있다.

김시습에 대한 전은 여러 사람이 지었으니, 윤춘년尹春年과 이이李珥의 것이 대표적이다. 이건창은 이들의 것을 모방하지 않고 독창적으로 서술했다. 대뜸 제일 앞에 자와 본관만 밝혔을 뿐 조상 및 가계에 대한 내력은 생략하여 일체 드러내지 않았다. 즉 김시습에 대해 모든 것을 자세하게 기록하려는 태도를 지양하고, 생애 중 특징적이고 인상적인 것만 뽑았다는 느낌을 강하게 받는다. 뿐만 아니라 윤춘년과 이이의 기록과는 다른 것이 몇 군데 보이는데 이에 대한 정확한 고증이 있어야겠다. 이건창은 김시습의 사상에 대해 기본적으로 유교를 지향했으며 불교는 처세상 가탁한 것에 지나지 않는다고 보았다. 이 말이 사실이라면, 그의 문학작품에 대해 여태까지 연구한 많은 논문은 재고돼야 하며, 이건창의 견해 즉 유교 사상에 입각해 다시 분석해야 할 것이다.

김인후전도 가계의 내력과 생애에 대해 세세하게 기록하지 않고, 핵심적인 사건만을 기록했다. 김시습이 「청은전」에 속하는 것은 당연하겠지만, 김인후는 벼슬을 했는데 입전했으니 무언가 다른 점이 있다고 본 것이다. 즉 이건창은 도학자로 널리 알려진 김인후를, 도학의 관점에서보다는 인종·명종 사이의 밝힐 수 없는 정국과 관련해서 포착하려 했던 것이다. 그렇기 때문에 마지막에 외사씨의 입을 빌려 조선조 역대 왕들이 고려 충신을 숭상하는 것을 언급하여 이색·길재·조견을 도출했고, 급기야는 정몽주까지 들고 나왔다. 또 계유정란 사건에 희생된 사육신인 박팽년과 성삼문 그리고 생육신인 김시습을 언급하면서 김인후도 이와 같은 반열에 든다는 것을 암시하고 있다.

역사서를 잘못 읽어 죽지 못하다

정동계사략鄭桐溪事略

동계桐溪 문간공文簡公 정온鄭蘊은 안음安陰* 사람이다. 어려서 역신逆臣 정인홍鄭仁弘을 스승으로 섬겼다. 정인홍이 바야흐로 도의道義와 풍채風 采로 한 세대의 우두머리가 되어서 다른 사람을 인정하는 경우가 거의 없었지만, 유독 공을 자주 칭찬하였다. 공 또한 온몸을 다해 섬기면서 의심이 없었기에, 두 사람은 서로 매우 좋은 사제 간이 되었다.

　당시 선조대왕께서 병환이 나신 지 몇 년이 되었다. 광해군이 동궁 에 있으면서 일찍이 임진왜란을 감무監撫한 공로가 있었다. 이로 인해 민심이 그에게 향한 것은 이미 오래되었으며, 현명하다는 칭찬이 자자 했다. 문제는 선조대왕이 만년에 영창대군인 아들을 두어 매우 아끼고 사랑했던 점이다.

*
안음 안의安義를 말한다. 정온의 집이 조선시대에는 안의현에 속해 있었기에 안음 사람이라 했다. 지 금은 거창군 위천면 강천리에 있다.

영의정 유영경柳永慶이 선조대왕이 세자를 바꿀 뜻이 있다는 것을 알고 은밀히 양쪽 단서(광해군과 영창대군)를 들어서 물었다. 선조대왕은 질병이 위독하자 광해군에게 왕위를 전할 것을 명령했다. 유영경이 계啓를 올려 저지하며 말하기를 "이런 조치는 민심에서 벗어나는 것입니다"라고 하였다. 이에 정인홍이 상소해 유영경을 사미원史彌遠*과 같다고 배척하면서 죽일 것을 청했다. 이를 듣고 임금이 성을 내면서 "정인홍이 옛 임금(선조대왕)을 퇴각시키는 것을 능사로 삼고 또 우리 부자간(선조와 영창대군)을 이간시키려 한다"고 하였다. 이에 공이 상소문을 올려 정인홍을 구제하고 유영경의 죄를 극언했지만 회신을 받지 못했다.

얼마 있지 않아 선조대왕이 죽었다. 광해군이 즉위하자 정인홍에게 은혜를 베풀어 제일 먼저 그를 불러들였다. 공은 이때 과거 시험에 급제해 모관에 임명돼 있었다. 광해군이 내심 선조대왕에게 유감을 지녀 영창대군을 더욱 원수같이 보아 그를 죽여 원한을 풀려고 했다. 인목왕후는 영창대군의 어머니다. 광해군은 인목왕후의 아버지 연흥부원군延興府院君 김제남金悌男을 무고한 죄로 죽였으며, 이것을 계기로 장차 인목왕후의 모자간을 넘어뜨리려 했다. 이에 정인홍이 참새처럼 깡충깡충 뛰며 기뻐하면서 이 일을 부추겼다. 또 날마다 역신 이이첨李爾瞻 등과 함께 흉계를 꾸미는데, 은밀하게 진행해 앞을 예측할 수가 없었다.

*
사미원 중국 남송의 정치가(?~1233). 자는 동숙同叔. 영종이 죽은 후에 26년간 재상으로 권력을 휘둘렀다.

공이 나라가 장차 위태롭게 돼가고 있음을 통탄했고 또 자기 스승이 이 일에 계속 간여하고 있는 것에 더욱 분노했다. 정인홍에게 여러 차례 편지를 올리고 통곡하면서 충간했지만 정인홍은 듣지 않았다. 하루는 공이 갑자기 태도를 바꾸면서 "에라 안 되겠다. 내가 수십 년 동안 안목이 없었구나" 하고는 드디어 편지를 써서 정인홍과 절교하였다. 정인홍의 무리가 떠들썩하게 "공이 제자로서 스승을 배반했으니, 명교名敎에 죄를 지은 것이다"라고 하면서 장차 공을 모함해 정인홍에게 잘 보이려고 했다.

이때 영창대군을 강화도 교동에 귀양 보냈고, 강화부사 정항鄭沆이 이이첨의 뜻을 받들어 증살*시켜 죽였으니, 이때 영창대군의 나이 겨우 8세였다. 공이 이에 상소를 올렸다.

"전하께서는 인륜의 변고를 만나 추악하고 흉악한 무인의 손을 빌려 동생을 죽였으니, 성덕에 누가 됨이 큽니다. 역적의 아들도 오히려 나이 들기를 기다려 죽이는데, 하물며 어린 동생임에 있어서이겠습니까? 정항을 죽이지 않으면 전하께서는 선왕의 사당에 들어가 볼 면목이 없다고 신은 생각합니다. 또 인목대비가 비록 자애롭지 않다고 말하지만 전하께서는 효도하지 않을 수 없습니다."

광해군이 크게 노해 공을 제주도 대정부에 위리안치圍籬安置시키도

*
증살蒸殺 뜨거운 증기로 쪄서 죽임.

록 명했다. 공이 대정부에서 10년 동안 귀양살이를 하면서 날마다 삼경과 사서를 암송했다. 귀양지 주위를 둘러싼 나무를 베어 땔감으로 썼으며, 경서와 사서 중 긴요한 말을 초록하여 읽었다. 광해군은 이미 공을 귀양 보내고 난 얼마 후에 인목대비를 폐비시켰으며 스스로 비윤리적인 행동을 했다. 인조가 인목대비의 가르침을 받들어 광해군을 폐위시키고 왕위에 올라서서, 정인홍과 이이첨 등을 죽이고 공을 기용해 모 관직에 임명하였다.

청나라 군사들이 공격해오자(병자호란) 임금(인조)이 남한산성으로 피신했다. 청나라 군사가 포위하여 상황이 매우 급박하게 돌아가자 최명길崔鳴吉 등이 청나라에게 표문을 받들어 신하로 칭하기를 의논했다. 공이 상소문을 올려 말하였다.

"지금 우리 임금이 신하라 칭하게 되면 군신 간의 위계질서가 정해지게 됩니다. 그러면 장차 저들이 명령하는 대로 따라야 합니다. 성에서 나와 항복하라고 명령하면 장차 나아가서 항복하겠습니까? 북쪽으로 가자고 하면 장차 북쪽으로 가시겠습니까? 오랑캐 옷으로 바꿔 입고 술잔에 술을 부어라 하면, 오랑캐 옷으로 바꿔 입고 술잔에 술을 붓겠습니까? 무릎을 꿇고 사는 것이 어찌 바름을 지키면서 사직社稷을 위해 죽는 것만 같겠습니까? 하물며 임금의 부자와 우리 군신들이 배수진을 치고 한번 싸우면 해볼 만한 형세가 안 될 것도 없습니다. 신은 몸이 늙고 힘은 약해 능히 수판手板*으로 최명길을 쳐서 죽이지 못함이 한스럽습니다."

*
수판 홀笏의 명칭. 관원이 어전에서 비망備忘으로 적기 위해 지니던 작은 판자.

夢周殞命 高麗

〈충신도-정몽주가 목숨을 잃다〉

간신의 모함에 억울한 누명을 쓰고 죽은 충신들의 이야기는 이건창의 글에서
자주 소재로 차용된다. 울분과 비분강개함이 이러한 글들을 지배하는 정조로
자리한다. 매천 황현이 "지식인이 사람 노릇 하기 어렵다"는 말과 함께 자결한
것처럼 정신적이고 윤리적이었던 이건창의 삶은 항상 죽음을 준비하는 듯한
글들로 자신을 간단없이 채찍질하고 있다.

청나라가 척화를 주장하는 신하를 색출하여 보내게 하자, 조정에서 장차 오달제吳達濟와 윤집尹集을 보내려고 했다. 이때 공이 차자를 올려 말하기를 "신이 실제로 시종 주전을 주장한 사람이니, 청컨대 신을 저들의 포로 요구에 응하도록 해주십시오. 신은 죽어도 한이 없습니다"라 하였다. 임금이 이미 항복할 것을 결정하고 남한산성에서 걸어나갔다. 공이 이에 시를 지어 말하였다.

세상을 살아감이 어찌 이리도 험준한가?	生世何巇險
30일 동안 희미한 달빛 가운데 있었네.	三旬暈月中
일신은 족히 애석하게 여길 것이 없으나	一身無足惜
천승의 우리나라는 어찌도 이리 궁박한고?	千乘奈云窮
밖으로는 근왕병도 끊어지고	外絶勤王旅
조정에는 매국노가 많네.	朝多賣國凶
늙은 신하가 무엇을 하겠는가?	老臣何所事
허리에 차고 있는 서리 같은 칼이 있네.	腰下佩霜鋒

고향 사람 중에 일찍이 묘지명을 지어주기를 부탁한 사람이 있었는데, 붓을 잡고 즉석에서 글을 지어 집안 식구로 하여금 전해주게 했다. 그리고는 즉시 칼을 잡고 배를 찔렀는데, 피가 흘러 방에 가득 찼지만 죽지 않았다. 이에 웃으며 사람들에게 말하기를 "옛사람으로 스스로 목숨을 끊은 자는 반드시 칼에 엎드렸으니, 엎드리면 칼이 오장을 찔러 죽게 된다. 그런데 지금 나는 앉은 채로 배를 찔렀으니 죽지 않은 것이다. 역사책을 읽을 때 명확하게 알지 못했기 때문에 죽으려는 계

획 또한 쉽게 성사되지 않았네"라고 하였다. 드디어 들것에 실려 밖으로 나와서 응급 치료를 하고서는 곧바로 안음 원학동으로 귀향했다.

거처하는 곳을 모리某里라 하고 두문불출하며 사람을 만나지 않았다. 또한 글과 상소문을 조정에 올리지 않았으며, 입에는 세상의 일을 담지 않고 "나는 이미 남한산성에서 죽은 몸이다" 하였다. 갑신년(1644)에 명나라가 망하자 통곡하면서 책력에다 시를 지어 말하였다.

숭정의 연호가 여기에서 끝나는구나.	崇禎年號止於斯
내년에는 어찌 다른 책력을 뒤적거리겠는가?	明歲邪堪異曆披
이로부터 산인은 더욱 하는 일을 줄여	從此山人尤省事
다만 꽃과 나뭇잎으로 시절을 알리.	只將花葉驗時移

한때의 사대부들이 이 시를 외우면서 비통해하지 않음이 없었다. 효종이 즉위해 개연히 천하에 설욕할 뜻을 두고서 옛 신하들과 재야의 유일遺逸 선비들을 불러 모아 모두 조정의 관직에 배치했다. 공은 여러 번 부름을 받았지만 끝내 나아가지 않았으며, 나이 80세에 집에서 죽었다.

다음과 같이 찬한다.

내가 일찍이 안음에 오랫동안 노닐면서 이른바 모리라는 곳을 여러 번 들렀다. 그곳의 산천과 나무, 돌들은 청준淸峻하여 오히려 정공을 보는 듯하였으니, 지금까지 잊을 수가 없다. 아! 사대부가 하나의 사건에 부딪히면 의기意氣가 격발하지만 능히 공로를 수립하는 이가 드물고, 그러다가 엄

문간공동계정온지문文簡公桐溪鄭蘊之門이라는 현판이 문간채 대문 위에 걸려 있다. 아래는 동계 고택. 정온은 광해군 시절 영창대군의 처형을 반대하다가 10여 년간 귀양 보내졌고, 병자호란 이후 '명나라를 배반하고 청나라에 항복하는 것은 옳지 않다'며 끝까지 전쟁을 주장했다. 인조가 청 태종에게 항복하기 위해 성에서 내려가자, 정온은 칼로 배를 찔러 자살을 시도했다. 이를 목격한 아들이 창자를 배에 넣고 꿰맨 덕분에 그는 목숨을 가까스로 건질 수 있었지만, 이후 고향에 돌아간 뒤 다시는 조정에 나아가지 않았다.

청난 좌절을 만나면 다시는 능히 훨훨 날아 그전과 같이 적극적으로 행동하지 못하는 것이 대부분이다. 그러나 공 같은 경우는 백 번 죽어도 마음을 바꾸지 않을 사람이라 할 만하다. 선비가 반드시 공과 같이 된 이후에야 절의節義를 지켰다고 말할 수 있겠고, 그렇지 않으면 그만두는 것만 못하다 할 것이다. 그러나 공이 국난을 만나지 않았다면 반드시 뛰어나고 열렬한 공로를 세움이 이와 같이 전후로 빛나지는 못했을 것이다. 그러므로 공 또한 인생에 있어서 지극히 불행한 자인가?

동계 정온에 대한 사략이다. 이건창이 1882년 벽동 귀양지에서 풀려 아직 벼슬하지 않을 때, 현감으로 재직하고 있는 아버지에게 문안인사를 하기 위해 안의에 갔다. 그곳에 몇 달간 머물면서 산천 유람을 했는데, 이 작품은 안의에 있는 정동계 집을 직접 방문하고 지은 것이다. 사략뿐만 아니라 「동계 정공의 모리를 방문하여過桐溪鄭公某里」라는 시도 지어 찬미했다.

동계는 자기 스승 정인홍을 배반하면서까지 영창대군을 죽이는 것을 반대했다가 제주도로 귀양을 간 매우 절의 있는 사람이다. 제주도에서 10년간 위리안치의 유배생활을 마감하게 된 것은 인조반정으로 인한 것이다. 이후 또다른 시련이 다가왔으니 바로 병자호란이었다. 그는 임금이 청나라 군사에 의해 남한산성에서 포위됐지만 끝까지 강화를 반대하고 주전을 내세웠다. 그러다가 인조가 항복하자 칼을 가지고 자결을 시도했지만, 엄청난 피를 흘리고도 죽지 않았다. 이에 그는 곧바로 벼슬을 버리고 고향으로 돌아왔으며, 자기 집에서도 조금 떨어진 모리라는 곳에 은거하며 세상의 모든 것과 단절했다.

모리라는 곳은 동계 고택에서 뒷산을 넘어서 다시 내리막길로 가다가 산 중턱에 위치하고 있다. 요즘에는 그렇게 가기가 너무 힘들어 차를 타고 돌아가면 된다. 동계 고택에서 수승대를 지나 북상면 소재지에서 월성계곡 쪽으로 800미터 정도 가면 북상면 농산리의 강선대가 있다. 여기서 10리 정도 깊은 산골짜기로 들어가면 나온다. 모리라는 말은 아무 이름도 없는 땅이란 뜻으로, 정온은 죽은 목숨과 같은 사람이 사는 곳이므로 지명이 필요 없다고 생각했다. 이곳에 있는 재실이 모리재다. 또 그는 명나라가 망하자 통곡했고, 이어 이제 우리나라가 오랑캐 청나라 세상이 된 상황에서 더이상 그 책력을 사용하지 않았다. 때문에 꽃피고 나뭇잎 나는 것을 보면 세월이 가고 계절이 바뀌는 것을 안다고 하면서 누대를 '화엽루花葉樓'라 이름하였다. 이처럼 그는 깊은 산속에서 책력도 없이 모든 세속의 일을 단절하고 바보처럼 살았다. 그야말로 대단한 절의가 있는 사람이다.

이건창은 동계의 이러한 절의에 감탄하고서 글을 지었을 것이다. 동계를 자기 조부가 병인양요 때 자결한 것과 같은 맥락으로 보려는 것이며, 이건창 자신도 동계의 절의를 본받으려 했다. 즉 동계는 남한산성이 포위된 이후로 죽은 몸으로 생각하고 세상의 모든 교제를 끊었으며 벼슬도 하지 않았다. 이건창은 민비 시해 사건 이후에 나라를 위해 자결하지 않은 것을 못내 마음 아파한 나머지, 자기는 그때 죽은 사람으로 생각하여 더이상 벼슬을 하지 않았다.

그러나 이건창은 글을 마무리하면서 "공이 국난을 만나지 않았다면 반드시 뛰어나고 열렬한 공로를 세움이 이와 같이 전후로 빛나지는 못했을 것이다"라 하여, 국난에서 충신이 배출된다고 하였다. 난세에 영웅이 배출되고 국난에 충신이 나는 것이다. 자기 조부가 그러했다. 현재 국난에 처한 이건창 자신도 이 작품을 통해 분명히 정동계와 자기 조부처럼 더욱 분발해야 함을 스스로 다짐했을 것이다.

다음 시는 이건창이 동계가 만년에 은거한 모리를 방문하여 지은 것이다.

「동계 정공의 모리를 방문하여」

만고의 삼한이 오랑캐가 되는 것을 면하여	萬古三韓免夷狄
우임과 축발*은 지금도 예와 다름이 없네.	右袵蓄髮今猶昔
가련하구나. 고생한 여러 노공이	可憐辛苦諸老公
힘써 천시를 돌려놓고 인도를 세웠네.	力斡天時立人極
남한산성의 문 크게 열리자	南漢山城門大開
10만의 철기부대가 우레 소리와 같았네.	鐵騎十萬聲如雷
우리 군왕이 차마 적군[穹廬]*에 가서 절하니	君王忍向穹廬拜
대명의 세상이 어디에 있는가?	大明日月安在哉
김상헌과 정온은 참으로 통쾌한 사람[爽爾]*이니	金公鄭公眞爽爾

*
우임과 축발 오른쪽 섶을 왼쪽 섶 안으로 하고, 머리를 길러 상투를 트는 것. 문화가 발달한 중국과 같은 선진국의 풍습이다. 오랑캐는 그것과 반대로 하여 왼쪽 섶을 오른쪽 섶 안으로 하고 머리를 풀어 헤친다.

모든 사람은 살려고 하는데 그들은 홀로 죽으려고 하였네. 滿城求活獨求死

가슴과 목을 찔렀지만 죽지 않았기에 搤胸絶吭不得殊

관복을 찢어버리고 고향으로 돌아와 벼슬하지 않았네. 裂帽毀服歸不仕

정공은 이 산 앞에 돌아와 누우니 鄭公歸臥此山前

꽃이 피고 잎이 지는 것을 보고서 여생을 보냈네. 花開葉落送殘年

배고프면 영취봉 위의 잣을 따먹고 飢餐靈鷲峯上柏

목마르면 금원동의 샘물을 떠먹었네. 渴飮金猿洞中泉

당시의 정황을 다른 사람이 알까 두려워했지만 當時物色恐人得

모리에 대하여 지금 세상 사람들은 다 아네. 某里如今世皆識

강하는 날로 지주에 새긴 것을 무너뜨리니 江河日隤砥柱鐫

세상 사람들이 공을 안들 무슨 이익이 되리요? 世徒識公復何益

아! 공을 생각해도 볼 수 없어 거듭 크게 한숨 쉬네. 烏虖思公不見重太息

*
궁려 흉노족이 살던 반구형으로 위를 가린 천막. 즉 삼전도에서 인조가 청나라에게 굴복한 것을 말
한다.
상이 이건창은 자주 『야사』에 북인들이 청음 김상헌 등의 여러 사람을 두고 상이라고 했으니, 상이
는 방언으로 통쾌하다는 뜻이다"라고 하였다.

허리에 찬 칼이 사람의 마음을 비추네
추수자전秋水子傳

옛날에 노남盧柟이 현령의 뜻을 거슬러 감옥에 갇혀 사형이 논의되고 있었다. 그때 사진謝榛이 왕세정王世貞과 이반룡李攀龍에게 말하기를 "그대들이 살아 있으면서 훌륭한 이라면 노남 한 사람뿐이거늘, 지금 그 사람을 구제할 수 없다면 천 년 뒤에 어떤 이가 상수湘水와 원수沅水에서 조상하지 않겠는가?*"라고 하였다.

아! 사람의 정은 항상 옛것을 귀하게 여기고 지금의 것을 천하게 여기며, 먼 곳의 것은 사모하면서 가까운 곳의 것은 소홀히 하는 경향이 있으니, 이것이 선비가 늘 곤궁한 이유이다. 죽어가는데도 구해주는 이가 없고, 이름이 인몰되어도 일컬어지지 않았다. 노남의 경우는 다

---

*
상수와…않겠는가 한나라 가의賈誼가 초나라 굴원이 멱라수에 빠져 죽은 백여 년 뒤에 장사왕 태부長沙王太傅가 되어 상수를 지나다가 글을 지어 굴원을 조상한 것을 말한다. 이와 같이 노남을 구제하지 못하고 억울하게 죽으면 또 천 년 뒤에 누가 조상하는 글을 짓게 될 것이니, 그런 일이 발생하지 않도록 구제해야 하지 않겠는가라는 말이다.

행히도 끝내는 옥에서 죽지 않았다. 그러므로 추수자 같은 이는 어찌 거듭 슬퍼할 만하지 않겠는가?

난초는 혜초와 같은 족속으로
덕을 같이 하는 것을 귀중하게 생각하네.
좋은 벗이 있지 않으면
어찌 나의 흉중을 터놓으리?
넓고 넓은 사해四海여
아득하여 나아갈 수 없네.
말[馬]이 좋지 않음이 아니고
수레가 빠르지 않음이 아니네.
출렁출렁하는 압록강의 물
그 밖의 지역은 누구의 땅인가?
둘이 서로 생각함이 있는 듯하나
전혀 모르고 모른 척하네.
해가 돋는 저곳에
우리나라가 웅크리고 있네.
동쪽의 해가 떠오르지만
그것이 어찌 기울어지지 않을까?
고당高堂의 백발은
다시 검어지지 않는다네.
빠르고 빠른 저 세월은
어느 때에 그칠까?

내 마음 달과 같아

실로 수고스럽고 슬프기만 하네.

허리에 찬 칼이

사람의 마음을 비추네.

산에 있는 돌은

쪼개면 갈라져나가네.

바다에 있는 고래도

휘저으면 죽네.

그래서 과거 철인들은

곧은 절개를 가벼이 여기지 않았네.

10년 동안 소매 속에 칼을 넣어

길거리를 배회하였네.

옥과 같은 저 사람이

상국上國으로 나를 부르네.

중당中堂에서 술이 거나하게 취하니

완연한 세모이네.

시간을 알리는 북소리 처음 울리니

일각이 천금이네.

긴 무지개가 땅을 비추어

나의 어두운 길을 비추네.

내 소매는 펄럭이고

나의 관은 비스듬하네.

듬성한 나무숲에 잎이 떨어지니

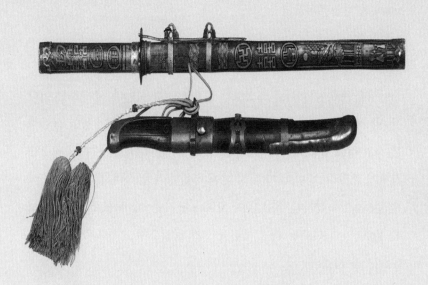

추수자는 칼이란 뜻이다. 추수자 이근수는 10년 동안 품속에 칼을 지니고 다녀 원수를 갚으려는 듯
보였다. 이건창은 그 원수를 대원군을 모시려던 추수자의 뜻을 좌절시킨 대원군 편의 한 인물로 추
측하고 있다.

나는 새의 날개를 접네.

마음에 느낀 점 있으니

생각나는 것이 많구나.

만나면 마땅히 지킬 것이고

이별하면 마땅히 기억할 것이네.

백발을 두고 기약하니

이 즐거움 어찌 다하리?

이상은 추수자의 시로 스스로의 심정을 말한 것이다. 추수자는 어려서 영리했으나 얼마 후 병이 들었다. 병이 든 이후로 10년 동안 글공부를 하지 않고 술수術數와 마의상법麻衣相法과 풍각風角*을 배워서 맞추는 경우가 많았다. 병이 낫자 다시 과거 시험 공부를 하여 전후로 크고 작은 향시鄕試에 합격한 것이 10여 차례나 됐지만, 대과에는 끝내 합격하지 못했다. 그 뒤로는 과거 시험을 보지 않았으며 고향으로 돌아와 모든 인사를 끊었다.

고금을 통해 늙도록 궁핍하게 살면서 불우했던 선비가 어찌 한이 없으랴? 그런데 비방하는 자가 도리어 이것으로 추수자에게 죄를 얽어매니, 세상이 험난하고 박절하여 살 수 없는 것이 오래됐다 할지라도 오히려 이런 지경에까지 이르리라고는 생각하지 않았다.

바야흐로 유사有司가 추수자를 포박하여 고문하는데, 그 일이 극비

---

*

풍각 사방사우四方四隅의 바람을 살펴 길흉을 점치는 법.

오독 죄인을 고문하는 다섯 가지 형구. 즉 항양桁楊 · 하교荷校 · 질곡桎梏 · 은당銀鐺 · 고략拷掠.

의 문제이기 때문에 소문이 나지는 않았다. 오독五毒*을 갖추어 심하게 고문했으나, 끝내 한마디의 말도 흔들림이 없어서 죄의 조서를 꾸미지 못했다. 며칠 뒤 감옥에 가두어 죽였는데 끝내 무슨 말을 했는지 알 수가 없다.

추수자의 성품은 항직하여 옳지 않은 사람이라 생각되면 얼굴에 검붉은 빛을 띠며 똑바로 쳐다봐, 비록 유명한 사람일지라도 굽히지 않았다. 이에 평소에 좋아하는 사람이 별로 없었고 또 비록 좋아하는 사람이라 할지라도 옳지 않다고 생각되면 끝내는 상대편에게 태연자약하게 무관심해버렸다.

일찍이 나와 대화하면서 "그대는 명사名士일 따름이고, 능히 국가의 대사를 맡을 수 있는 사람이 아니다"라고 하였다. 이에 내가 겸손한 태도로 사례하고서 나의 허물을 지적해주기를 바랐다. 이에 추수자가 "그대는 문장을 좋아하지" 하고는 그만 멈추고 더이상 말하지 않았는데, 기운이 분출하고 있었다. 그런 뒤에 갑자기 베개를 끌어당겨 누워버렸다.

나는 추수자와 최고로 사이좋게 지내는 사람으로 알려졌다. 그러나 끝내 추수자가 나를 지기지우知己之友로 생각하는지에 대해서는 감히 말할 수가 없다. 추수자가 위연히 탄식하면서 "내가 사귄 사람은 조대부趙大夫뿐인데, 지금 그 사람은 죽고 없다. 그다음은 그대이니, 내가 어찌 이 세상에 살 뜻이 있겠는가?" 하였다. 조대부는 귀척貴戚 중에 현명한 사람으로 객을 좋아하는 이였다. 처음에 내가 추수자를 알게 된 것도 또한 조대부를 통해서이다.

대개 추수자가 고향에 돌아와 인사를 끊고 지내는 이유는 이와 같은

항직한 성품의 추수자와 이건창은 최고로 좋은 사이로 지냈다. 이건창은 추수자를 진심으로 좋아했지만, 추수자도 자신을 그렇게 생각하는지에 대해선 미지수라 했다. 두 사람은 진정 자신을 알아주는 이가 없어 결국 불우한 삶을 살다갔다.

데 불과했다. 다만 그가 기세氣勢를 자부하여 혹 고을 사람 중에 옳지 않다고 생각되는 사람에게는 배척하는 말을 하여 사태가 갑자기 해결될 수 없는 지경에 이르도록 하고 말았으니, 슬픈 일이구나.

추수자는 참으로 효도하고 우애로우며 자애롭고 착했을 뿐 아니라 의리를 중시하고 정직함을 지켰다. 가령 그가 한 번이라도 벼슬에 올랐다면 국가의 변고를 만나서는 반드시 죽음으로 절의를 바쳐 임금에게 총애를 받았을 것이다. 그렇게 되면 사이좋게 지내던 나와 같은 이도 그와 같은 영광에 참여할 수 있었을 것이 틀림없다. 지금 불행하게도 이와 같은 지경에 도달하고 말았으니, 내가 짐짓 글을 지어 글상자에 깊이 갈무리할 따름이다.

슬프구나. 추수자의 성은 이씨李氏이고 이름은 근수根洙이며 자는 탁원琢源으로 영남 의령 사람이다.

추수자 이근수가 어떤 사람인지는 생몰연대조차 나타나지 않아서 거의 알 길이 없다. 위의 글을 통하여 보면 그의 기질은 이건창과 매우 유사한 것 같다. 때문에 이건창이 그에 대하여 쾌히 입전한 것이 아닌가 한다. 추수자는 칼이라는 뜻이다. 위에 인용된 추수자의 시에서도 보듯이 그는 10여 년간 칼을 가지고 다녀 누구에게 원수를 갚으려는 사람 같았다. 그 원수가 누구인지 정확하게 알 수는 없지만 개화파와 보수파의 싸움에서 그는 보수파 즉 대원군 편에 든 사람이 아닌가 한다. 대원군이 청나라에 잡혀갔는데, 그곳에 가서 대원군을 모셔오기 위해 압록강을 건너 자기 뜻을 실현해보려 했지만 뜻대로 되지 않았던 모양이다. 이에 고향으로 물러나 은거했는데, 이때 대원군을 도왔다는 것을 빌미로 반대파의 모함에 걸려 결국 옥사하고 만다.

이건창에 대한 추수자의 평가는 아주 재미있다. "그대는 문장을 좋아하지"라는 말로 그치고, 더이상 말을 하려다가 못 하고 만다. 우리는 이 언급에서 바로 추수자와 이건창이 대원군을 옹호하는 보수파와 맥락이 닿아 있다는 것을 감지할 수 있다. 이 말에 이어서 추수자가 기운이 분출하는 듯한 모습을 보인 것은 바로 이 세상을 대원군의 정권으로 만들지 못한 것에 대한 분출이며, 그것은 이건창의 의식과 통하고 있다. 이건창은 추수자를 진정 좋아했지만 추수자가 자기를 좋아했는지는 미지수라고 했다. 그러나 추수자도 이건창을 좋아했을 것이다. 두 사람은 진정으로 알아주는 사람이 없어 크게 자기 능력을 발휘하지 못한 불우한 삶을 산 공통점이 있다.

미국 군함대가 기가 질려 물러나다

진무중군어공애사병서鎭撫中軍魚公哀辭幷序

고종 8년(1871) 4월에 서양 사람(미국인)들이 강화도의 광성보廣城堡를
침략하자 우리나라 군사가 패배해 진무중군鎭撫中軍 어재연魚在淵이 죽
었다. 공은 무과 출신으로 여러 관직을 거쳐 회령도호부사會寧都護府使
로 있으면서 청렴하고 일을 잘하는 것으로 소문이 났다. 체구는 장대
했고 남보다 빼어나 힘이 매우 셌다. 이때 대신들이 건의한 것을 임금
이 윤허하여, 어재연은 그날 바로 여기에 부임했다.

　부임한 지 9일 만에 전쟁이 발발했다. 적들이 광성보를 침략할 때 아
군이 방어하는 줄 알고 감히 갑작스레 침입하지 않고, 큰 선박에서 덕
진으로 상륙하여 멀리서 자모포子母礮를 쏘니 탄환이 사방으로 날아왔
다. 그러나 공은 꼼짝하지 않고 장대將臺* 위에 앉아 조금도 두려워하
지 않았다. 그리고 친교親校를 나누어 보내 경영병京營兵을 인솔해와서

*
장대 장군이 올라서서 지휘하는 대.

성의 뒤쪽 요해처에 매복시키게 했다. 조금 뒤에 육지로 올라온 적들이 길게 줄을 이어서 성 뒤로 잠입했다. 매복하고 있던 병사들이 보얗게 일어나는 먼지를 보고 겁에 질려 달아났다. 배에 남아 있던 적들이 벌떼처럼 짝을 지어 배에서 내려 참호를 타고서 언덕으로 기어올라왔다. 그리고는 육박전을 벌여 진격해오면서 적군이 앞뒤로 습격했다. 돈보墩堡의 지형은 매우 협소했기에 적군과 아군의 몸이 뒤섞여 눈썹과 이마가 서로 부딪치는 소리가 났다.

공이 강화부의 천총千總 김현경金鉉曔과 흐르는 피로 얼굴을 씻으며 병사를 순시하였고, 죽음을 맹서하며 결사전을 벌이고 감히 후퇴하지 않았다. 어떤 졸병 한 사람이 달아나니, 김현경이 곧바로 앞으로 달려가 그의 등을 찔렀다. 병사가 욕을 하면서 말하기를 "어찌하여 나더러 죽으라고 하는가?" 하였다. 공이 빙그레 웃으면서 "사람의 죽음은 본래 있게 마련이다. 네가 군대에 들어온 지 몇 년이 되었는데, 어찌 한 번 죽는다는 이치가 있음을 모른단 말인가?"라 하였다.

이때에 경향京鄕의 군사가 겨우 삼백여 명이었고, 그중 정예부대는 반도 되지 않았다. 그러나 짧은 병기로 서로 접전을 벌이는 바람에 칼날이 부러졌다. 이에 대포의 자루를 뽑아 치니, 피의 뿌림이 비가 오듯 하여 지척을 분간할 수가 없었다. 아침부터 저녁까지 싸우는데 조금도 태만하지 않았다. 공은 모든 사졸이 갑옷을 입지 못했다는 이유로 자신 역시 오직 좁은 소매 옷을 입었으며, 칼 하나를 잡고 항오 가운데 서서 기세를 돋우었다. 또 대포 탄환을 취해 왼쪽 소매에 넣고 오른손으로 던지니, 이에 맞는 이 가운데 즉시 쓰러져 죽지 않는 이가 없었다. 그러다가 빗나간 탄환이 왼쪽 허벅지를 관통해 쓰러지고 말았다.

조부 이시원의 자결로 인해 마음의 상심과 구국의 자세가 무엇인가에 대한 깨달음으로 살아왔던 이건창에게, 신미양요 때 600명의 오합지졸로 중과부적의 적에게 맞서 결사항전했던 어재연 장군의 행적은 반드시 글로 남겨 후세에 전해야 한다는 의무감을 안겨주었다. 전투 장면을 묘사하는 대목은 사실주의적 정신으로 충만해 있다. 사진은 강화도에 있는 어재연 쌍충비각 안의 전적비. 최근 신미양요 당시 미국에 빼앗긴 어재연 장군의 깃발이 우리 측의 줄기찬 요구 끝에 반환되었다.

적들이 공에게 매우 성을 내면서 빙 둘러서서 칼로 난도질하니, 살갗이 문드러져 성한 곳이 없었다.

공의 동생 재순在淳은 포의였다. 아무런 무기도 소지하지 않은 채 군에 들어가 자기도 형을 따라 죽겠다고 했다. 이날 공은 손을 휘저으며 오지 못하게 했으나, 떠나가지 않고 공을 보익하며 싸웠다. 공이 죽자 큰소리로 고함을 지르며 손으로 몇 명의 적을 쳐서 죽이다가 적에게 죽임을 당하였다. 비장裨將 한 명과 종자從者 한 명, 그리고 김현경은 모두 공을 따라 죽었다. 김현경은 강화도 사람이다. 평상시에 비분강개하고 분발하여 마땅히 나라를 위해 죽을 것이라고 스스로 말했으니, 대개 그의 천성이 이와 같았다. 이에 전前 기거주起居注 이모李某는 그를 위해 다음과 같이 애사를 짓는다.

손돌孫乭목에 조강祖江이 좁음이여
망루를 등지고 모래사장을 굽어보네.
회오리바람 일어나고 미친 듯한 먼지 날아오니
햇볕은 붉고 구름은 컴컴하네.
큰 탄환이 날아옴에 긴 창은 쓸모없고
앞의 창을 든 이가 달아나고 뒤의 굳센 병사가 넘어지네.
적들이 육박전을 벌이며 갑자기 먼저 육지에 오르니
사기는 불똥처럼 노하고 기세는 산이 무너지듯 치솟았네.
우리는 외로운 군사에 의지하고 구원병도 끊어지니
중과부적이라 상대가 되지 않았네.
그래도 위대한 장군인 공은 씩씩하고 굳세며

의리에 항전하자는 말이 병사의 충성스러운 마음을 격동시켰네.

눈물이 줄줄 쏟아져나오고 함성 소리 요란하니

장군과 병사에게 맹세하며 같은 날 죽자고 하네.

대포를 버리고 칼날을 빨리 취해

짧은 병기로 접전하며 주먹으로 때리네.

머리와 발이 부딪치면서 소리가 나고 피가 줄줄 흘러내리며

분분하게 맞붙어 싸우며 엄청나게 많은 사람이 죽었네.

하늘은 흐릿하고 해는 어두침침한데

왼쪽 허벅지에 상처가 나서 7척의 장군이 넘어졌네.

정신이 장차 떠나려 했지만 혼백은 더욱 강건하여

갑자기 돌아보면서 오래도록 성난 눈으로 바라보았네.

비수를 던져 차가운 칼이 번쩍하니

이제까지 썼던 투구도 벗고 타던 말도 매어버렸네.

간과 뇌가 땅에 떨어져 들판에 버려지니

눈에는 불빛이 번쩍이고 입에는 피가 쏟아지네.

답답하고 굴곡진 구석에 갇혀 기나긴 밤(저승)으로 들어가고

종은 주인을 따라 죽고 동생도 형을 따라 죽었네.

운마雲馬를 타고 바람에 나부끼는 깃발을 꽂았고

정성스러운 마음을 준비하고 번뇌와 원통함을 거두었네.

아득히 멀리 가서 상제上帝의 문을 밀치고

상제에 이르러 열성조烈聖祖를 호종하니

신은 광명성대한 모습으로 위광威光이 노하였네.

해기海旗를 날리며 우레를 진동시켰고

천자의 병사를 따라서 비 오듯 많이 내려왔네.

대포로 쳐서 큰 선박을 부러뜨려

양놈의 살갗을 저미며 육포로 만들었네.

요기가 확 틔어 바다의 기운이 맑아지니

백성들은 편안하고 즐겁게 누에 치며 밭을 갈았네.

이곳은 한강의 구석진 곳이며 분수汾水의 북쪽이니

길이 천고토록 생각하여 잊을 수 있겠는가?

아름다운 모습 퍼뜨리며 꽃향기 간직하며

제수를 깨끗이 마련하여 나라를 위해 죽은 이에게 올리네.

애사의 뒤에 붙이는 글哀辭後書

나의 집 사곡沙谷에서 광성진廣城津까지는 거리가 20리로 가깝다. 막우리나라 군대가 궤멸됐을 때 나는 집에 있었는데, 광성진 바닷가를 따라 피난 온 사람들을 만나서 어공魚公의 상황을 물어보았다. 혹자는 적에게 사로잡혔다 하고 혹자는 달아났다고 하며, 최후에 온 사람들은 힘써 싸우다가 죽었다고 말했다. 그러나 힘써 싸우다가 죽었다고 이야기하는 사람들 간에도 차이가 있었다. 내가 그중에 믿을 만한 것을 취사선택하여 차례로 정리해 애사 한 편을 지었다. 그리고 제사상을 마련해 술을 치고 서쪽을 향해 곡했으니, 공이 죽은 지 3일 만이었다.

얼마 후 무사장武士將 유예준劉禮俊 등 10명이 포로가 됐다가 돌아왔다. 그들이 어공이 싸울 때의 일을 매우 자세히 이야기했는데, 내가 지은 애사와 일치했다. 유예준은 전통이 있는 집안 출신의 빼어난 사람

광성보 통제사. 손돌목에서 연안 경비를 하던 조선의 포대와 미군의 충돌로 일어난 광성보 싸움. 백병전白兵戰을 전개한 조선 군대의 완강한 저항에도 불구하고, 포대는 미군 측에 의해 점령당했다. 이 전투에서 조선 측은 진무중군 어재연 · 어재순, 대솔군관 이현학, 어영초관 유풍로, 진무영천총 김현경, 광성별장 박치성 등 53명이 전사하고, 24명이 부상당했다. 이건창은 자신의 조부 역시 병인양요에서 자결했으므로, 나라를 위해 자기 몸을 아끼지 않은 충신에 대해 글로 남겨 기리고자 했다.

이다. 비분강개하며 김현경보다 못하지 않다고 자부했다. 전투 당시에 빗나간 탄환에 맞아 상처가 심해 거의 죽게 되었으나 끝내 죽지는 않았다. 돌아오려고 하자 적들이 옷을 주었는데, 유예준은 거절하며 받지 않고 알몸으로 기어서 병영에 도착했다. 그리고는 이마를 조아리며 법으로 죽여줄 것을 빌었다. 또 복병伏兵으로 있다가 도망간 사람들의 죄를 언급해 자기와 함께 모두 죽여서, 나라를 위해 목숨을 바친 사람에게 사죄하기를 바랐다. 강화유수가 특별히 용서해주었고 복병에 대해서도 끝내 불문에 부쳤다. 유예준이 비록 죽지는 않았지만 그 사람이 한 말은 진실로 의심이 없었다.

내가 역사서에 실린 충신과 열사들의 사적을 보니, 귀와 눈으로 들은 것과 후세에 논의한 것이 서로 간에 왕왕 차이가 나고 분명치 않은 곳이 있어서 명백하게 말할 수 없는 곳이 많았다. 심한 경우는 머리털을 불어 흉터를 찾아내 그 후손을 해치는 자가 있었으니, 매양 책을 덮고서 깊이 생각해봤지만 점점 의혹스러웠다.

지금 어공의 죽음에는 이유가 있었다. 국가가 불행하게 되어 군대에 출동했다가 죽은 시체로 돌아왔다. 장수와 함께 용맹스러움을 떨쳤던 병사들 또한 혼이 이미 원숭이가 되고 학이 되어 다시는 살아 돌아오지 않는다. 한편 이들 외에 나약하고 겁이 많아 멀리서 보기만 하고 달아난 자는 군법을 두려워하면서 살기를 탐하였기에, 온갖 생각이 이른다. 이에 그들은 저 전쟁에 죽은 자들이 명백하게 잘못이 없으니, 자기들의 죄가 더욱 무겁다고 생각하며 도리어 설왕설래한다. 그러나 옳고 그름을 의심스럽게 만들어 일세를 현혹되게 하여, 죽은 사람으로 하여금 자기가 잘못해서 죽었다고 하고 또 도망간 자로 하여금 핑계를 댈 수 있게 만든다. 이것은 사마천司馬遷이 이른바 "자신과 처자식을 보존하면서 뒤이어 다른 이를 죄에 빠뜨리는 것"에 해당하니 참으로 통탄할 만한 일이다.

가령 유예준이 돌아오지 않았다면 그 당시에 복병했던 일을 공을 위해 누가 명백히 밝히겠는가? 복병하다가 도망간 자 중에 또 누가 알겠으며 누가 그것을 말하겠는가? 이 한 가지 일을 보면 알 수 있다.

아! 어공이 진무중군에 임명된 지 열흘도 되지 않은 상태에서 수백 명의 오합지졸을 거느리고서, 만 번 죽고 한 번 살기도 어려운 곳을 지켰다. 그가 오래전부터 군과 백성들에게 은혜를 주어 믿음을 산 것도 아니고, 나라의 얼마간의 지원이 있어서 그것을 믿고서 두려울 것이 없었던 바도 아니다. 다만 충성심이 발로하고 의리에 감격해 용맹스럽게 싸웠다. 종일토록 대포가 때려 피가 비 오듯이 쏟아지는 곳에서 격투를 벌여 살상된 자가 무수히 많았다. 가령 공이 죽지 않았다면 적들이 조금 퇴각하여 우리 군대가 궤멸되지 않았을 것이다.

공이 한 번 죽자 공의 동생이 형을 따라 죽었고 종도 주인을 따라 죽었으며, 또 부장副將과 병사들이 군중軍中에서 죽으면서 그들의 저항 의지가 태양과 같이 사나왔다. 그러므로 공이 아니었다면 누가 능히 이렇게 했겠는가? 또한 공이 이미 죽어 우리 군대가 궤멸되자 적들이 승승장구하여 아무도 방어함이 없는 듯한 국경에 쉽게 쳐들어올 수 있었을 것이다. 그럼에도 불구하고 도리어 적들이 머뭇거리며 기가 꺾여 감히 앞으로 진격하지 못하고 하루저녁에 달아났으니, 저들이 과연 무엇을 두려워해 그렇게 했단 말인가? 이것은 공이 한 번 죽은 효과가 아니면 불가했을 것이다. 태상씨太常氏가 공을 충장忠壯이라 시호한 것은 마땅하도다.

1871년 미국 군대가 강화도에 침략해 일으킨 신미양요 때 장렬하게 전사한 어재연魚在淵에 대한 애사다. 애사에 앞서 서문이 있고, 또 이에 대한 부연 설명으로 「애사후서」가 있어 매우 특이한 형태다. 어재연은 미국 함대가 강화도에 침략해 다른 지역을 모조리 함락하고 광성진을 공격할 때 그곳을 지키고 있었다. 그때는 그가 영회도호부사로 있다가 진무중군에 임명되어 광성진을 맡은 지 불과 9일밖에 되지 않은 시점이었다. 강력한 함포로 공격하는 미군을 맞이하여 그는 오합지졸의 병사를 이끌고 대항했다. 처음에는 미군이 대포로 공격하다가 가까이 접근하자 육박전으로 대항하였는데, 양국 간에 병사가 수도 없이 다쳐 피가 비 오듯이 흘렀다.

천총 김현경이 군사를 순시하며 격려하자 후퇴는 없었고 오직 전진만이 있었을 뿐이다. 우리 군사는 항복하는 사람이 없었고, 적에게 사로잡힐 것 같으면 바다에 뛰어들었다. 적군이 봐도 이보다 더 용감한 병사는 보지 못했다고 생각했을 것이다. 그러다가 어재연이 빗나간 탄환에 맞아 죽게 되었다. 그럼에도 불구하고 미군은 이 전쟁에 더이상 미련을 두지 않고 후퇴했다. 미군이 기가 질려서 물러난 것이 아니겠는가?

이건창은 신미양요가 일어날 때 마침 강화도 자기 집에 있었다. 어재연 장군이 죽은 광성진까지는 불과 20리 정도의 가까운 거리였다. 평소 우국충정이 남달랐던 이건창은 장렬하게 죽은 어재연을 위하여 애사를 지었다.

이건창이 이 글을 지은 계기는 사건이 강화도에서 일어난 것에 가장 중요한 요인이 있다. 이 사건이 일어나기 5년 전에 발발한 병인양요에 자기 조부가 자결하였다. 이에 대한 감회는 엄청났고, 그리하여 외적의 침략에 남달리 관심이 많았다. 특히 어재연은 나라를 위하여 자기 몸을 아낌없이 바친 사람이다. 이런 이에게 글을 지어 남기지 않는다면, 충신의 역사 사실을 누가 알 수 있겠는가 하는 것이 이건창의 생각이다. 그의 의식에는 나라를 위해 몸을 바친 사람을 의도적으로 입전하여 후세에 남기고 싶은 마음이 자리하고 있다.

"폐하, 빨리 러시아 공관에서 나와 궁을 지키소서"

이건창이 관직에 나아간 뒤 조정은 하루도 조용할 날이 없었다. 임오군란과 을미사변으로 이어지는 급박한 현실 속에서 이건창은 묵묵히 지방 민생의 조사관으로 맡은 바 소임을 다했지만, 그 가슴이 타들어가는 심정은 이루 말할 수 없었다. 1893년(고종 30) 이건창은 부호군副護軍이라는 직책에 있으면서 고종에게 호남과 호서에 퍼져 있는 동학에 대해 성토했는데 받아들여지지 않았다. 그 뒤 1895년 명성황후 시해 사건이 벌어졌다. 그런데 사변이 있고 달이 바뀌었는데도 상복을 걸치는 사람이 아무도 없어 강화도 집에 칩거하던 이건창은 홍승헌·정원용과 함께 궐하에 엎드려 어서 죄인을 잡아 처형하라고 주장했다. 거듭 세 번이나 청토복소請討復疎의 글을 올렸지만 왕에게 올라가지도 못한 채 내각에 의해 내쳐졌다. 그리고 얼마 후 왕이 러시아 공관으로 옮겨지는 아관파천俄館播遷이 일어났다. 왕이 궁을 버리고 다른 나라의 대사관에 숨어서 목숨을 부지하겠다는 것을 이건창은 받아들이지 못했다.

이런 와중인데, 고종은 러시아 공관으로 옮긴 지 두 달 만인 1896년(고종 33) 4월 이건창에게 해주부 관찰사라는 벼슬을 내렸다. 이건창은 이를 사양하는 긴 상소문을 올린다. 첫번째 사양하는 글을 올렸을 때 고종은 "사양하고 받는 데

아관파천 때 고종이 거처를 옮긴 러시아 공사관의 외부와 고종이 머물던 내실의 모습.

에는 원래 때와 뜻이 있다. 경은 이처럼 굳이 사양하지 말고, 즉시 칙지勅旨를 받고서 부임하라. 진술한 여러 조항에는 간절한 뜻이 깊이 담겨 있으니 매우 가상한 일이다'라며 부드럽게 다시 권했다. 하지만 이건창이 두 번, 세 번 강경하게 사직의 뜻을 밝히자 고종은 노여움을 보였다. 결국 그는 해임되었고 지도군智島郡에 2년간 유배를 가게 된다. 물론 두 달 만에 해배되지만 말이다. 아래에 소개하는 글은 이건창이 고종에게 올린 마지막 사직 상소문이다. 이 글에서는 당대 현실에 대한 이건창의 종합적인 시각과 판단이, 을미사변과 아관파천에 대한 상소문이 받아들여지지 않은 것에 대한 원망이 녹아 있다. 고종을 따뜻하게 껴안으면서도 잘못된 부분을 향해 성난 물결처럼 달려나가는 명문장이다.

■■

"지금이 어떤 때입니까? 나라의 운수가 이 지경으로 간고艱苦하고 폐하의 괴로움이 이 지경에 이르러 크고 작은 근심이 날마다 그칠 사이가 없습니다. 그런데 신은 유독 개미같이 천하고 돼지와 물고기같이 미련한 몸으로 부르는데도 응하지 않고 명령하는데도 깨닫지 못한 채 글을 한 번 올리고 두 번 올리면서 지금까지 세 번이나 올렸습니다. 장황하고 외람되어 폐하가 처리하느라고 시끄럽게만 군 것이, 자못 아무 일도 없는 태평한 때에 태연히 꾸며서 자기 처지를 이롭게 하는 자와 같으니, 이것이 무슨 신하의 명분이며 이것이 무슨 사리이겠습니까?

감히 죽음을 무릅쓰고 자세히 말하겠습니다. 변변치 못한 신에게는 남과는 다른 사사로운 뜻이 있습니다. 조정에서 외국과 관계를 가진 이래로 가슴속에는 늘 은근한 원통과 깊은 수치를 품고 있었지만, 신도 일찍이 사변을 겪어보아 속으로 어쩔 수 없는 시세時勢라는 것을 알고 있기 때문에 쓸데없는 빈말을 하지 않고 애써 참으면서 지낸 지 오래입니다. 재작년에 이르러서는 온 나라가 개화開化한다고 떠들어 4000년을 내려오던 선대 임금들의 큰 법과 500년을 물려오던 역대 조상들이 이루어놓은 법은 남은 것이 거의 없건만, 위아래가 서로 강 건너 불 보듯 하고 풍조가 바람에 휩쓸리듯이 하는 것이 전날 교섭하던 때에 비할 바가 아니었습니다.

아! 통분합니다. 8월의 변고(을미사변)는 땅덩어리가 터지고 하늘이 기울어지는 것으로서 신은 한두 명의 뜻을 같이하는 사람들과 함께 목욕재계하고 연명으로 된 글을 거듭 내각에 내었으나, 모두 폐하에게 올라가지 못하였으므로 그만 통곡하고 말았습니다. 만일 신의 충성과 분노가 과연 옛사람만 하였더라면, 어찌 도끼를 쥐고 길을 막아서고 칼을 갈아 역적을 찍지 않은 채 한갓 이렇게 꾸물거렸겠습니까? 지금 하늘의 도리가 어느 정도 안정되고, 나라의 기강이 조금 펴진 후에야 비로소 이와 같이 버젓이 말하니, 신에게 지조가 있다고 할 수 있겠습니까?

을미사변 때 경복궁 내에서 명
성황후가 잔인하게 시해된 곳
이다.

아! 지난번의 문제는 이제 응당 소급하여 제기해서는 안 될 것입니다. 하지만 우선 신하의 처지로 말한다면, 임금이 패佩를 차는 것은 곧추 드리우고 신하가 패를 차는 것은 꼬불꼬불한데 그것은 아랫사람이 윗사람을 따르는 뜻입니다. 하물며 차는 것보다 중한 것에 대해서야 더 말할 것이 있겠습니까? 정말 하고 싶지 않은 일이라면 응당 하늘에 부르짖으면서 간諫해야 할 것이고, 간하여도 보람이 없으면 땅을 파고 죽어버리는 것이 바로 신하의 분수입니다. 더구나 신은 마침 의견을 제기해야 하는 관리인데도 대충 비는 말로 그저 사적인 협의만 끌어내고는 처분도 기다리지 않은 채 밤낮으로 바다 섬이나 산속의 절간에 숨어서 그럭저럭 머물러 있었습니다. 그사이에는 역시 일찍이 음식을 전폐하고 주림도 잊은 채 뱃전에 의지하여 물에 빠질 생각도 하였으나, 종내 그렇게 해내지 못하고 지금은 편안히 집에서 살고 있으니 어찌 지조가 있다고 할 수 있겠습니까?

그러므로 신이 말한 지조란 단지 수도에 들어가서 벼슬하지 않은 것에 불과한 것이며, 이로 말미암아 윤리에 관계되는 큰 분수를 덮어버리고 속죄할 수 없는 죄에 거듭 빠졌으니, 그런데도 또 지조가 있다고 용서할 수 있겠습니까? 신이 지조를 지키지 못한 이 모든 내용에 대해서는 모두 폐하가 반드시 환히 알고 있지는 못합니다. 그런데 신은 상소문에서 대뜸 스스로 지조가 있다고 하였으니, 외람되기 그지없는 데다가 나아가서 기만하는 데 굴러 떨어짐으로써 폐하의 훈계에 누를 끼쳤습니다. 그러나 신은 이미 이 한 가지 일에 대하여 전후하여 칭찬을 크게 받았는데 잘 알고 있다고 하였으며, 또 벼슬을 맡겨준 까닭에 대한 명령까지 있었으니, 신이 어찌 차마 이것까지 내버림으로써 옛 성인들을 본받는 명철함을 거듭 더럽히겠습니까? 폐하는 신에 대해서 그런 줄을 이미 알고 있으니, 또 무엇 때문에 인정받게 된 기본을 빼앗아서 낭패하고 의거할 데가 없도록 함으로써 끝내 윤리도 모르고 한갓 녹祿만을 탐내는 신하가 되는 것을 면하지 못하게 하겠습니까?

대체로 나라가 욕되면 신하는 죽는다는 것은 원래 이런 뜻이 있습니다. 죽지 않으면 벼슬을 하지 않는 것도 혹 하나의 도리입니다. 근년에 나라의 변고가 이 지경으로 끝이 없습니다. 그것이 이미 나온 이상 재주 있는 사람들은 응당 임금의 곁에서 모시면서 나랏일을 논의함으로써 섶에 누워 쓸개를 씹는 계책을 도와야 할 것입니다. 그러나 신처럼 우둔하고 졸렬한 사람이 마침 또 시골에서 새나 짐승들과 벗하면서 돌아오지 않고 밝은 날에 나서기로 기약하는 것은 진실로 일에 도움이 되지는 않아도 요컨대 각각 그 마음을 다해야 할 것입니다. 나라의 일로 말한다면, 오늘의 형편은 변변치 못한 주제에 파리한 말을 탄 것과 같아서 큰 나라들을 대적할 수는 없지만, 이른바 사대부의 염치와 예절이라는 것은 바로 저들에게는 없고 우리에게만 있습니다. 그러므로 조금이나마 겨루어 버틸 만한 수단으로 될 수 있는데 폐하는 어찌하여 조금도 유의하지 않습니까? 그러나 신의 일신상의 문제로 말하면 신을 칭찬하여 신을 몰아내기보다는 신을 처벌하여 신의 소원을 이루어주는 것이 낫습니다. 신의 소원이 이루어지면 나라의 정사가 잘될 것이니, 이것이 혹시 보답하지 않는 속에서 보답하는 것으로 될 것입니다. 혹자는 신에게 폐하가 때와 근거가 있는 법이라고 명령한 것은 그 전과 지금이 같지 않다는 것을 보이기 위한 것이라고 하는데 신도 어찌 그것을 모르겠습니까? 신이 벼슬하지 않는 것은 죽지 않았기 때문입니다. 신이 이미 죽었더라면 때가 아무리 같지 않은들 어찌 다시 살 수 있겠습니까? 이미 죽지 않았기 때문에 벼슬하지 않는 것은 죽은 것이나 같습니다. 벼슬하지 않는 사람은 다시 나올 수 없으니 죽은 사람이 다시 살 수 없는 것과 무엇이 다르겠습니까? 이것은 한마디로 단언할 수 있습니다.

폐하께서는 시끄럽게 여기시겠지만 신은 말할 것이 하나 남았습니다. 설사 벼슬에 다시 나설 가망이 있다고 하더라도 형편을 조용히 따져보면 장애되는 것이 매우 많습니다. 단지 때라는 한마디 말로 보더라도 폐하는 이미 이 말로 신에게 명령하였고, 신도 역시 이 말을 폐하에게 다시 하였습니다. 장차 수많은 어리석은 사람들에게 두루 알리면 그들도 흐릿하게 말하기를 '이전은 어째서 지금과 다르고 뒷날은 어째서 옛날과 다른가?'라고 할 것이며, 비록 글자를 알고 의리를 알아 어느 정도 이해하는 사람이라도 그 다른 까닭을 전혀 모를 것이고, 한 마을 사람들의 말을 들으면 온 팔도가 소란하고 뭇 도적들이 일어나는 까닭을 알 수 있을 것입니다.

신이 비록 시골에 있지만 매번 생각이 이에 미치면 문득 답답함을 금할 수 없습니다. 이제는 관찰사가 되었는데, 사마상여司馬相如*는 촉蜀 땅에 가서 우선 임금의 위엄과 덕에 대해서 알려주었고, 한유韓愈는 조주潮州에 부임하여 임

---

*
사미상여 중국 전한前漢시대의 문인. 효종, 무제 대에 벼슬을 했으며 문장이 뛰어났다.

금이 뛰어나다는 것을 자세히 이야기하였으니, 이렇게 하는 것이 신의 직책입니다. 가령 황해도의 백성들이 혼잡하게 말하고 전혀 모르던 사람들이 말하던 대로 신에게 묻는다면, 신은 물론 장차 말하기를 '제도와 질서를 세우거나 벼슬에 임명하고 역적을 치는 것은 위에서 나오는 것이고, 관석關石과 화균和勻*은 이제 옛날대로 따르게 될 것이다'라고 할 것입니다. 백성들이 말하기를 '그렇다면 폐하가 이미 대궐로 돌아오고 이미 예법을 회복하였으며, 왕후 폐하王后陛下의 능陵은 좋은 자리를 정했는가?'라고 한다면, 신은 반드시 '아직 그렇게 하지 못하였다'라고 할 것입니다. 그리하여 백성들이 말하기를 '아직도 그렇게 하지 못하고서 이러쿵저러쿵 하는가?'라고 한다면 신이 무엇이라고 대답하겠습니까? 신처럼 말주변이 없는 사람뿐 아니라 온 나라의 20여 명의 관찰사 중에 능히 대답할 만한 사람이 없을 듯합니다. 심지어 정령政令이 대중없고 조치가 일정하지 않아 새것을 시행하기도 하고 그전 것을 시행하기도 하면서 얼룩덜룩 뜯어고치는 통에 백성들로 하여금 어찌할 바를 모르게 하고, 주州와 군郡에서도 받들어 집행할 수 없게 하는 것은 오히려 부차적인 것 중에서도 부차적인 것이어서 고려할 나위도 못 됩니다.

폐하께서 이에 대하여 진심으로 생각하여 즉시 대궐로 돌아와서 예법을 자세히 시행하고 법과 제도를 확정한다면, 폐하의 유사有司된 자로 누가 감히 분주히 보고하고 명령을 받들어서 직책을 경건히 수행하지 않을 것이며, 아전과 백성들치고 누가 감히 두려워하면서 엎드려 규정대로 지키지 않겠습니까? 그러나 만약 그렇게 하지 않으면, 아무리 실무에 숙련되고 현행 사무에 통달하여 진

<hr />

*
관석과 화균 관석은 관문에서 세금을 물릴 때 쓰는 양명量名이고 화균은 저울대가 정확하다는 말.

실로 한 개 면面의 큰일을 담당할 수 있는 사람이라고 하더라도 뒷걸음치고 눈치나 보면서 감히 나아가지 못할 것입니다. 하물며 신과 같이 지극히 어둡고 둔하고 거칠며 지극히 무능한 사람이야 더 말할 것이 있겠습니까? 비록 그러하지만 신은 이미 스스로 벼슬하지 않기로 다짐한 만큼 능한가 능하지 못한가 하는 것은 오히려 군더더기 말에 지나지 않습니다.

신은 속마음을 이 종이에 모두 털어놓자니 거친 말을 골라낼 겨를이 없고, 늘어놓는 말을 차마 줄이지 못하니 폐하는 살펴주소서."

—조선왕조실록 고종 34권, 1896년 5월 14일자 기사 중에서

제4부 가족과 나에 대하여

"옷을 입고 기거하며 담소하는 것이 옛날 평상시의 사람과 같았는데, 어찌 갑자기 죽었단 말인가…… 내가 비록 완악하기가 목석과 같다 하지만 애가 끊어지지 않을 수 있겠으며, 눈동자가 마르지 않을 수 있겠는가?"

4부에서는 이건창이 자신을 되돌아보며 정체성을 찾고 자기 가치관을 확고하게 견지하는 글과, 자기 가족과 가까이 지냈던 사람들에 대한 무한한 사랑을 표현하는 글을 담았다. 이건창은 최고의 지식인으로서 혼란스런 시대에 고뇌에 찬 삶을 살았다. 소론계에 속했던 그에게 노론이 장악했던 권력 구조에서 출세하기란 매우 어려운 일이었다. 게다가 강직하여 조금의 비리도 용납하지 않는 성격이 삶을 더 곤궁하게 했다. 「답문원론출처서答友人論出處書」는 벼슬에 나갈 것인지 처사로 머물 것인지에 대한 입장을 분명히 밝힌 글이다. 두번째 글 「녹언鹿言」에서는 사슴이란 동물을 내세워 자신을 비롯한 당대의 지식인들을 훈계한다. 사슴 입장에서 인간들의 과욕을 신랄하게 질타하고 있다. 「결곡기潔谷記」에서는 강직한 성격으로 결국 벽동에 귀양 가고 만 그의 결백한 마음이 표출되고 있으며, 아울러 앞으로도 결백한 마음으로 임금을 섬기겠다며 다짐하고 있다. 「막내 조부 감역 부군에게 드리는 제문」「동생 수경에게 올리는 제문」 등의 글은 가족에 대한 제문으로, 정이 깊이 배어나서 독자로 하여금 눈물이 나게 한다. 동생에게 올리는 글에는 형제간의 우정이 짙게 스며 있으며, 자신의 보좌관 유상봉을 애도한 글에선 인간미가 물씬 풍겨난다. 자신의 두 아내에게 바친 글들은 읽는 이로 하여금 마음을 애틋하게 하며, 고종사촌 누님에게 쓴 서문 역시 두 사람 사이의 각별한 정을 느끼게 하는 작품이다.

모름지기 자기 마음속에 정해진 가치관이 있어야

답문원론출처서答汝園論出處書

춘제春弟가 돌아옴에 형이 주신 시 3편과 짧은 글 한 통을 받아서 받들어 반복하여 읽어보고서, 무슨 말을 해야 할지 모르겠습니다. 대저 사랑함이 깊은 자는 바라는 것이 많고, 바라는 것이 많은 자는 염려가 지나치게 됩니다. 형은 저에게 바라는 것이 많으니 우루愚陋한 제가 감당할 바가 아니고, 또 염려함이 지나치니 오히려 제 마음을 헤아리지 못하는 것 같습니다. 그러나 요컨대 형은 저를 사랑하는 자입니다. 저는 형에게 오직 고마움을 알 따름이고, 오직 형에게 입은 사랑을 저버리지 않기를 기약할 따름입니다.

그전에 제가 기당綺堂과 말을 함에 "만약 공公 두 분(기당과 문원)이 비록 저에게 매우 감당할 수 없는 말을 하더라도 저는 수용할 수 있습니다"라고 하였습니다. 또 매양 친동생과 말하기를 "문원·기당과 대화를 할 때는 다른 견해가 있는 것은 마땅하지 않다"고 하였습니다.

제가 비록 우禹 임금과 자로子路의 풍도를 듣지는 못했지만 현자賢者

를 좋아하는 시[緇衣]를 읊조림은 본래부터 가지고 있었던 마음입니다. 그러나 또 생각해보니, 붕우의 도리는 하나로 개괄하여 이야기할 수 없는 점이 있습니다. 붕우가 나에게 권면하고 고계하는 말은 "참으로 마땅히 절하고 받아들이는 데 겨를이 없어야 할 것이며, 천하 고금의 의리를 강구함에 있어서도 토론을 주고받으며 변정하고 따지는 것을 싫어하지 말아야 한다. 의리의 설 또한 그러한데, 나의 일신상의 용사用捨와 행위行違에 관계되는 것은 모름지기 자기 마음속에 하나의 정해진 가치관이 있어야 한다"는 것이었습니다. 이것으로 천하 고금의 무궁한 것을 재단하여 모든 것을 나의 가치관에 따르도록 한다면, 권세가도 반드시 능히 어찌할 수 없으며 이른바 의리라는 것도 이렇지는 못할 것입니다.

곧 출처出處로 말해봅시다. 여기에 한 사람이 있다고 하면, 출사할 때도 있고 출사하지 못할 때도 있습니다. 가령 같은 시기라고 하면, 출사할 수 있는 사람도 있고 출사할 수 없는 사람도 있습니다. 여기에 한 사람이면서 같은 시기일 경우 출사할 수 있는 곳이 있고 출사할 수 없는 곳이 있습니다. 한 사람을 두고 출사할 수도 있고 못 할 수도 있다면 형은 이 말을 믿을 것입니다. 같은 시기를 두고 출사할 수도 있고 못 할 수도 있다고 한다면 형은 이 말을 반드시 의심할 것입니다. 만약 한 사람이면서 같은 시기에 출사할 수도 있고 출사하지 못할 수도 있다고 한다면 형은 비웃으며 매우 배척할 것입니다.

최근에 형과 함께 이 일을 말하면서 형이 믿는 것은 제가 따라서 믿었으며, 형이 의심하는 것은 제가 따라서 의심했고, 형이 배척하는 것은 제가 따라서 배척하여 한마디 말도 형과 동일하지 않음이 없었습니다. 다만 저는 지금 시대의 모씨가 어떤 벼슬에 임명되는 것에 한정하여 말했을 따름이고, 갑자기 의리상 모든 경우에 출사할 수 없다고는 말한 적이 없습니다.

　나의 일신상에 의리義理를 정할 수는 있지만 의리는 고정된 것이 없으며, 나의 마음에 의리를 궁구할 수는 있지만 의리는 무궁합니다. 지금 나의 일신이 옛 성현과 같을 수가 없다고 말하여 의리 밖에 스스로를 버리면 이것은 옳지 않습니다. 만약 나의 일신이 의리를 이미 정하고 나의 마음이 의리를 궁구하여, 문득 천하 고금의 의리가 여기에서 정해져서 다시는 바꿀 수 없으며, 천하 고금의 의리가 여기에서 궁구되어 반드시 다시는 궁구할 것이 없다고 말한다면, 이것은 바로 뒤쳐진 유자로 촉박促迫하고 편고偏枯한 견해이며, 옛날 성현이 시행했던 광대廣大함을 극진히 하고 정미精微함을 다하는 학문이 아닙니다. 이 점이 제가 하는 말마다 형과 같으면서도 견해에 있어서는 실제로 조금의 차이가 생기는 까닭입니다.

　가령 지금 형과 저의 경우에 대해 말해보면, 저는 출사할 수 없는 경우이고 형은 오히려 출사할 수 있는 것과 없는 것 사이에 있습니다. 제가 다른 관직에 있어서는 결코 출사할 수 없지만, 지금 맡고 있는 벼슬의 경우는 오히려 출사할 수 있는 것과 없는 것 사이에 있습니다. 가령 형이 이런 경우를 만났다면 저는 참으로 반드시 형에게 권하여 출사하게 하지는 않을 것입니다. 형이 출사하지 않으면 저는 진실로 장차 형을 위하여 기뻐할 것입니다. 가령 형이 애를 써서 한번 출사했다면 저는 오직 형에게 빨리 돌아오기를 바랄 것이며, 형이 맹약을 저버리고 절개를 무너뜨린 것으로 꾸짖지는 않을 것입니다. 제가 형을 사랑함이 형이 저를 사랑하는 것에 미치지 못하는 것이 아니라, 제 의리에서 본 견해가 정히 이와 같기 때문입니다.

형은 그렇지 않습니다. 어떤 사람과 어떤 벼슬을 막론하고 오직 한번 출사하기만 하면 천인절벽의 해자垓字와 천척千尺의 뒷간에 빠져서는, 거기서 탈출하여 말끔히 씻을 수 없는 것으로 봅니다. 때문에 형이 저를 두고 급급하게 말을 하며 거듭거듭 경계하는 까닭입니다.

공덕장孔德璋이 주옹周顒을 위해 지은 「북산이문北山移文」과 이종악李宗諤이 충방种放을 위해 「북산이문」을 암송해 비난한 것은 모두 출사하고 난 뒤의 일이니, 제가 오늘날 벼슬하고 있는 경우와 같은 것이 아닌 듯합니다. 후방역侯方域이 오위업吳偉業에게 경계한 것은 이미 출사하기 전에 이뤄졌으며, 오위업은 끝내 후방역의 권유를 따라주지 않았습니다. 지금 제가 한번 출사하면 비록 주옹과 충방이 지은 죄보다 적을 뿐만이 아닙니다. 오히려 오위업이 되는 데도 이르지 못하게 됩니다.

이런 것들에 대하여는 마땅히 짐작하고 헤아려야 할 것이고, 익숙하고 습관화된 문자를 가지고 한 가지 예로 적용시켜서는 안 될 것입니다. 전날에 형의 시에 "다만 북산에서 이문이 이를까 두렵네北山但恐移文到"라는 구절이 있었습니다. 그때 제가 형에게 고치기를 청했는데, 지금 또다시 "북산이 지척에 있는 것을 모름지기 기억하라北山咫尺須記取"는 구절로 바꾸었습니다. 또한 후방역의 말로 스스로 주를 달았습니다. 이런 점은 형의 뜻이 우연이 아님을 말합니다. 저는 오늘날 실제로 산악과 언덕이 비웃거나 수풀과 냇물에 부끄러운 일을 한 경우가 없습니다. 비록 스스로 사죄하고자 하나 무슨 죄에 해당하는지 알지 못하겠습니다. 앞으로 살아갈 날이 많이 남은 형과 저는 모두 매우 늙지는 않았습니다. 비록 얼마 살지는 기약할 수 없지만, 어찌 한마디 말로 기필하리요? 각각 나름대로 조종祖宗이 있고 또 스승이 있어서, 스스로 믿고 보존하는 데 오히려 미치지 못할까 염려해야 합니다. 어찌 반드시 유협遊俠 소년처럼 감개하여 서로 허락하며 죽음으로 맹서함에 의심이 없는 것으로 쾌족함을 삼겠습니까?

기당綺堂이 춘제春弟에게 "동생의 글에는 은미하게 보이는 뜻이 있다"고 했는데, 기당이 제게 무엇을 보고 그러는지 모르겠습니다. 우연히 두덕기杜德機와 선자기善者機의 설을 생각하고서 마음이 확연히 바뀝니다. 그대의 편지에서처럼 "그대의 의사에 요동함이 있지 않았는가?"라고 말한 것에 대하여는 저 또한 감히 스스로를 숨기지 않고 말씀드리겠습니다. 성군께서 신을 불초하게 여기지 않고, 이에 천 가지 어려움과 만 가지 변란 중에서 외람되이 벼슬자리에 거두어주시어 대신大臣·귀척貴戚과 같이 여겼습니다. 또 때때로 보잘것없이 천한 사람을 발탁해주었으니, 실로 감격의 마음을 이기지 못하겠습니다.

대저 마음은 적막하지 않으면 느끼게 되고, 느끼게 되면 곧바로 요동합니다. 저는 이미 감동하여 느낌이 있었으니 어찌 요동하지 않을 수 있겠습니까? 오직 마음은 이미 요동했으나 몸은 움직일 수 없기 때문에 스스로를 돈어豚魚와 목석木石에 비유했던 것입니다. 형은 어찌 사람의 글 뜻을 이해하지 못했겠습니까? 제가 이른바 출사할 수도 없고 몸을 움직일 수도 없는 연고에 대해서는 그 설명이 복잡다단합니다. 형과 같은 점도 있고 다른 점도 있으며, 형이 이미 아는 것도 있고 모르는 것도 있습니다. 형과 함께 이야기할 만한 것도 있고 감히 다 이야기할 수 없는 것도 있습니다.

대요大要컨대, 오늘날 이미 저는 형과 같이 밭을 가는 짝이 되었습니다. 천추 만년 뒤에 형과 이름이 함께 전해진다면 저는 참으로 사양하지 않겠습니다. 그러나 저도 저 나름대로 일종의 학문이 있고 견해가 있습니다. 세상에 도도滔滔한 자들이 서로 도모할 수 없을 뿐만 아니라 감히 구차하게 현자인 그대에게 부화뇌동하지도 않을 것입니다. 스스로 가탁함에 처음에는 어긋났지만 마지막에는 분명하게 드러나게 할 것입니다.

최근에 보내주신 시에서 '완명完名' 두 글자는 실로 저의 뜻이 아닙니다. 천하의 일이 괴멸됨이 이런 지경에 이른 것은 모두 우리가 명리名利의 소굴로 달려가서, 임금과 백성을 잊어버리는 지경에 내팽개치는 것에서 말미암는 것이니, 하루아침의 연고가 아닙니다. 그런 가운데서 독서하고 의리를 이야기하면서, 삭성素性하여 나쁜 짓을 즐겨하지 않겠다는 저 같은 사람이 그 죄가 더욱 크니, 비록 죽더라도 속죄할 수 없습니다.

성군이 이미 영광으로 은혜를 주시고 친구가 명성으로 힘쓰게 하니, 영광은 오히려 사양할 수 있지만 명성은 장차 어찌 피할까요? 이 점이 제가 가슴을 어루만지고 그림자를 돌아보며, 하루에도 창자가 아홉 번 꼬이는 이유입니다. 그러나 형은 이에 나란히 벼슬하지 않는 나에 해당할 따름입니다. 제가 완명을 얻으면 형의 이름이 저에 비해 더욱 완전해져서 형이 저에게 명성을 돌려줄 것이니, 형 스스로를 말할 뿐이 아닙니다. 이 말은 형의 입에서 낼 필요가 없으며, 이 생각 또한 형의 가슴에 머물러둘 필요가 없습니다. 저는 이것으로 형을 면려하니, 이것은 또한 『춘추春秋』에서 현자를 꾸짖는 까닭이며 여수旅酬의 나머지 뜻에 몰래 부칩니다. 오직 형은 저의 망령됨을 용서하시고 저의 성의를 살펴주시면 매우 다행이겠습니다.

이 글은 1896년 친구 홍승헌洪承憲이 벼슬에 나아가는 것을 권유하는 것에 대한 이건창의 답장이다. 출처出處의 출은 벼슬에 나가는 것이고, 처는 벼슬에서 물러나 재야에 머무는 것이다. 선비의 출처관은 그 삶의 의식을 대변하는 것으로 매우 중요한 문제이다. 벼슬을 할 것인가의 여부는 사람의 의식에 따라, 시대 상황에 따라 또는 시기에 따라 달라진다고 주장하고 있다. 즉 어떤 한 사람이 여기에 있다고 가정하면, 그 사람이 출사할 수 있는 때도 있고 출사하지 못할 때도 있다. 같은 시기라 할지라도 출사할 수 있는 사람이 있고 출사할 수 없는 사람도 있다. 동일한 사람이면서 같은 시기라 할지라도 출사할 수 있는 곳이 있고 출사할 수 없는 곳이 있다는 것이다. 때문에 홍승헌은 일방적으로 벼슬에 나가지 않으려고 하는 이건창이 나라와 임금을 위하는 것이 아니라고 말한 것이다.

이때 이건창은 이범진의 추천으로 해주 관찰사에 임명되었으나 1895년 민비 시해 사건 이후에 이미 벼슬에 나가지 않으려고 굳게 마음으로 결단하고 있었다. 그 이유는 지금 상황에서는 조정에 벼슬을 해도 어떠한 변화도 기대할 수 없다고 여겼기 때문이다. 대신들의 권위의식과 당파로 점철된 당시 조정의 풍조는 이미 고질화되어 도저히 고칠 수가 없는 지경에 이르렀다. 이런 풍조 때문에 이건창은 이미 두

당시 대신들의 권위의식과 당파로 점철된 조정에서는 벼슬로써 어떤 변화도 기대할 수 없다고 판
단한 이건창은 스스로 출사하지 않겠다고 맹서했다. 이에 고종이 벼슬에 나올 것을 여러 차례 권유
했으나 자신의 맹서를 지켜 결국 이곳 고군산도로 귀양을 가게 되었다.

차례나 귀양살이를 다녀와야만 했다. 1차는 1877년 충청도 암행어사로 나가 관찰사 조병식의 탐학을 고발하다가 도리어 그다음해에 벽동으로 귀양을 간 것이고, 2차는 1893년 나라와 임금을 위해 상소문을 올렸다가 보성으로 귀양을 간 것이다. 이처럼 정의에 의거한 처신과 곧은 언사는 당시 조정에 전혀 먹혀들어가지 않고 도리어 해를 입을 뿐이었다. 1896년에 임명한 해주 관찰사에 대하여 세 차례에 걸쳐 사직서를 올리면서 결국 벼슬에 나아가지 않았다.

고종은 이건창을 벼슬에 나오도록 하기 위해 "벼슬을 사양하고 받아들임은 때에 맞는 의리가 있으나, 경卿이 지금 벼슬을 고사함은 마땅하지 않다. 또 경이 절개를 지키고 있음에 대하여 짐이 다 알고 있음에도 오히려 벼슬을 내리는 것은 어찌 까닭이 없겠는가?"라고 칭찬하며 권유했다. 이건창은 고종의 비답을 읽어보고 오열하면서 "임금이 나에게 이렇게 지극하시구나. 그러나 맹서한 말을 어찌할꼬?"라면서 받아들이지 않았다. 이에 어명을 어긴 죄로 고군산도로 귀양을 가게 되었다.

다음의 「노오편」은 고산산도에 귀양 가서 지은 것이다.

「노오편老烏篇」

바닷가 산에는 늙은 까마귀가 많아	海上山中多老烏
온몸은 연탄처럼 까맣고 주둥이는 쇠처럼 굳네.	炭作全身鐵作味
부리를 두드리고 깃을 펴서 뭇 새들을 움켜쥐고	鼓吻張翮攫群鳥
나약한 암컷과 새끼를 잡아 찢어 실컷 먹네.	搏裂唊飽雌與雛
뭇 새들은 다 없어지고 까마귀 떼만 많이 남아	群鳥滅盡烏族大

강한 힘을 믿고 더욱 완악하고 거치네. 恃强憑力增頑麤

지척의 사이에서 사람을 보고도 피할 줄 모르고 見人咫尺不知避

밥을 먹을 때는 예사로 사람의 주방에 들어오네. 食時例入人家廚

솥과 그릇에 날개를 부딪히며 밥을 탈취해가니 觸翻鼎器攘飯去

떠돌이 도적은 관병에 죽임을 당하는 것을
두려워하지 않네. 流賊不畏官兵誅

해안에 비린내 바람 불 때 물고기 그물에 들어가니 浦岸風腥網魚入

먹다 버린 비늘과 썩은 지느러미가 진흙길을 메우네. 委鱗敗鬣塡泥塗

이것은 하늘이 너에게 준 복록으로 취해도 금할 이가
없으니 此又天祿取無禁

너희는 여기에 사는 것이 참으로 좋은 방법이네. 汝居此地眞良圖

다만 너희가 음식을 구하여 먹었으면 문득 그만이지 但汝求食食便己

어찌하여 부리를 닫지 않고 길이 울어대는가? 嘴何不閉長鳴嗚

아침과 낮에 울고 저녁에도 다시 지저귀며 朝噪晝喊夕復叫

한밤중에 들으니 더욱 탄식할 만하네. 中夜聞之尤可吁

하늘이 만물을 나음에 모두 입이 있게 했으니 天生萬物皆有口

너희에게만 있고 사람에게는 없는 것이 아니네. 非汝獨有人所無

사람은 말을 함에 또한 절도가 있어서 人於語默亦有節

저물 때 부르짖으며 지껄임이 가장 큰 흉덕이네. 凶德無如昏叫呶

봉황새는 어느 때인들 상서롭지 않으리? 鳳凰何時不爲瑞

오히려 아침 햇살을 기다리며 언덕의 오동나무에서
우네. 猶待朝陽鳴岡梧

봄의 꾀꼬리와 가을의 매미 소리는 모두가 좋아하니 春鶯秋蟬俱可喜

각각 한 계절의 천기를 다르게 표현하기 때문이네.　　各分一候天機殊

너는 시험 삼아 스스로 생각하여 자기 소리를

들어보라,　　汝試自思還自聽

너의 소리는 사람이 반드시 좋아하지는 않을 것이야.　　汝聲未必爲人娛

너의 외모가 이미 추하고 소리도 더욱 악하니　　汝貌己醜聲益惡

종신토록 그만두지 않는다면 어찌 어리석은 것이

아니랴?　　終身不輟寧非愚

나에게는 너를 죽일 수 있는 진씨의 소합 탄알도 있고　　我有秦氏蘇合彈

유궁후예의 오석 활도 있네.*　　亦有后羿五石弧

탄알과 활을 쏘지 않고서 너를 깨우치려 하니　　不彈不射且諭汝

네가 만약 다시 시끄럽게 울면 나는 장차 너를 잡으리라.　　汝若復譁吾將屠

까마귀가 이 말을 듣고 자못 번민하며 묵묵하게 있더니　　烏聞此言頗悶默

자기 생각을 말하고자 나의 자리 모퉁이에 앉기를

청하네.　　請對以臆來座隅

하늘이 만물을 낳음에 참으로 각기 다르니　　天生萬物良各異

봉황새는 스스로 울고 까마귀도 스스로 부르짖네.　　鳳凰自鳴烏自呼

봉황새는 스스로 아름답다고 여기지 않지만　　鳳凰不自以爲美

까마귀는 또한 어찌 자기의 악을 알겠는가?　　烏又安知其惡乎

그대의 두 개의 귀가 판이하게 차이나는 것이 괴이하니　　怪君兩耳太分別

어찌 거문고를 좋아한다고 피리를 폐하겠는가?　　豈以好瑟因廢竽

*
유궁후예의 오석 활·유궁휴예가 활로 태양 즉 까마귀를 쏘았다고 함.

저처럼 교묘하게 말하는 것을 성인이 경계한 바이니	彼巧言者聖所誡
편벽되게 듣는 데서 마침 간사하고 아첨함이 생기네.	偏聽適足生姦諛
나의 울음소리가 비록 거슬리나 그대는 성을 내지 말게	我言雖逆君勿慍
그대가 서울에서부터 멀리 여기에 온 것을 알고 있네.	知君遠來自京都
어사부의 잣나무를 보지 못했는가?	不見御史府中柏
까마귀가 입을 닫고 소리도 없이 마른 나무를 지키고 있는 것을.*	烏噤無聲守枯株
상림원의 나무를 보지 못했는가?	不見上林苑裏樹
그곳의 까마귀가 문채 옷을 날리며 임금에게 달려가는 모습을.*	棲烏颺彩徒蹌趨
이런 까마귀가 비록 좋다 하나 끝내 무슨 도움이 있으리?	此鳥雖好竟何益
국록을 훔쳐 먹으니 쌀이 구슬과 같이 귀하게 되었네.	太倉竊食米如珠
나는 타고난 복이 그대와 같지 못하니	我生分福不及此
스스로 모이 쪼고 스스로 우는 것이 무슨 허물인가?	自啄自鳴當何辜
그대가 만약 나를 싫어하면 마땅히 빨리 가서	君如厭我當速去
정치를 잘 도와 요순의 시대로 돌아가도록 힘써 도우시오.	勉佐治理回唐虞
천보*연간에 난리가 났을 때와 같이	勿如天寶亂離日
장안의 현달한 관리들이 오랑캐 땅으로 달아나지 않게 하시오.	長安達官走避胡

*
어사부에…것을 이건창이 사헌부로 있을 때 임금에게 직간하지 못한 것을 비꼬는 말이다.
상림원…모습을 이건창이 임금의 측근에 있으면서 시중 들 때 종종걸음을 걸으며 임금에게 아부하는 모습을 비꼬는 말이다.
천보 당나라 현종의 연호.

이건창이 까마귀 소리를 미워하여 공격하다가 도리어 까마귀가 조정에 있을 때 충간하지 못하고 국록만 축낸 이건창을 신랄하게 비판하고 있다. 아울러 까마귀는 이건창에게 지금 조정에 빨리 달려가 정치를 보필하여 요순시대로 만들며, 당나라 현종처럼 안록산의 난으로 말미암아 대신들과 함께 오랑캐 땅으로 피난하는 일이 없도록 하라고 경고하고 있다.

마음과 육신이 병든 지식인에게 고함

녹언鹿言

파리하고 피곤한 병에 걸려 진단해보니 의사가 "녹용을 먹으면 좋을 것이다"라고 하였다. 나는 이에 동양東陽의 협곡에 사냥을 가서 한 달이 넘었지만 사슴을 잡지 못하고, 피곤하여 조금 쉬다가 잠이 들어 꿈을 꾸었다.

그때 한 장부가 나타났는데, 누런 관과 푸른 갖옷을 입고 헌칠하면서도 매우 윤택이 났다. 뿔이 있어 우뚝하게 한 쌍이 돋아 있는데 크기는 3자 정도였다. 바로 사슴의 모습이었다. 그가 앞으로 달려와 말하기를 "나는 녹鹿 선생이다. 들어보니 그대가 장차 나에게 약물을 구하려고 안개와 비를 밟으며 이 산기슭에 숨어 있으니, 피곤하지 않을 수 있겠는가?" 하였다. 내가 부끄러워하며 "참으로 선생의 말씀과 같습니다. 나는 당신의 소리를 흠모하며 오시기를 기다린 지가 오래되었습니다. 선생께서는 장차 무엇으로 저를 가르쳐주시겠습니까?"라며 사죄하였다.

"저 인간들은 장차 방사하고 포악하며 방자하고 탐욕스러운 짓을 해놓고 또 어찌
다만 녹용을 먹음으로써 병을 낫게 하려는가?" 사슴을 녹선생이라 지칭한 이 작품
을 통해 이건창은 짐승의 입장에서 인간을 바라보며 구한말 지식인들의 과욕을 질
타했다.

그러자 녹 선생이 다음과 같이 말하였다.

"병을 진단할 때 하의下醫는 얼굴색을 관찰하고 중의中醫는 맥을 짚어보며, 상의上醫는 관찰하거나 짚어보지 않고도 묵묵히 있다가 알아버린다. 나는 그대의 병에 대하여 이른바 말을 하지 않아도 알 수 있다. 질병을 보니 음陰에 의한 것도 양陽에 의한 것도 아니며, 화火에 의한 것도 풍風에 의한 것도 아니다. 오장이 골고루 적절하고 육기六氣가 순통順通하고 있다. 외모는 약하게 보이나 뼈대는 강건하며 신체는 마른 것 같아 보이지만 정신은 성대하니, 마땅히 장수할 것이고 매우 풍성하고도 화창하다. 그럼에도 불구하고 나에게 구하려 하는 것은 그대가 마음을 잘 길러 충만하지 못하고 도리어 밖의 것*을 요동시켜 그 마음을 골몰시키고 있기 때문이다.

건강을 위하는 길은 한두 가지가 아니지만 몸을 망치는 일도 여러 가지다. 진한 술과 좋은 술, 요염하고 예쁜 여자는 사람의 광기를 발동하게 하고 사악한 마음이 일어나게 한다. 그러므로 지혜로운 사람은 이를 그물에 걸리는 것을 피하듯 하지만, 어리석은 사람은 거기 빠져 다른 것을 생각하지 않게 된다. 그대의 고명한 식견으로 어찌 이런 일이 있겠는가?

그러나 그대는 이런 여러 가지 일이 사람의 건강을 상하게 하는 줄만 알고 그대가 불러들인 바의 병의 원인을 알지 못하고 있으니, 이것은 바로 그대의 잘못이 아닌가?

그대는 문장 짓는 일을 수십 년간 계속하여 입에서는 읊조리는 것을 그만

*
밖의 것 이목구비 등의 감각 기관.

두지 않으며 손으로는 편찬하는 것을 멈추지 않는다. 세속의 글을 달갑게 여기지 않고 힘써 옛 선진의 것을 추구한다. 큰 교화가 허물어지고 세상과 시대가 변했다. 그대가 재주가 없는 것이 아니라 형세가 그렇게 만들고 있다. 그대는 이것을 알지 못하고 부지런히 골몰하여 앞 시대를 넘으려고 한다. 그리하여 발분하고 근심하며 밥을 먹는 것과 잠자는 것마저 잊어버렸다. 심혈을 토해내고 백발이 되었으니, 이 일은 예로부터 가련히 여기는 것이다.

그대는 벼슬에 있어서는 스스로 만족할 줄 안다고 말한다. 그리하여 옛것을 바라고 고원한 것을 힘써 안으로 크게 하고자 하는 것을 다지고 있다. 뭇사람들의 비방과 칭찬을 염두에 두지 않고, 홀로 천고의 것을 생각하며 책에서 사리를 밝게 비추어본다. 옛 성현들을 관찰하여 세상에 나타나기도 하고 숨기도 한다. 명예를 좋아하면 봉록을 갈구하는 것과 무엇이 다르겠는가? 대도大道는 돈돈肫肫하니, 빈牝도 되고 곡谷도 된다*. 마음을 수고스럽게 하여 밖으로 내달리면 이것을 질곡桎梏이라 한다.

그대의 사람됨은 일을 만나서는 정을 바로 표출하여 기뻐하고 성내는 감정이 치우치는 경향이 많고 평온함이 부족하다. 어지럽고 번잡하여 격앙된 알력이 교대로 자주 일어나나, 후회하여 고치지 않고 스스로 그 정력을 소비한다. 그대가 평소에 거처할 때 한가함을 좋아하고 번거로움을 싫어해 하루 종일 누웠다 일어났다만 하고, 발걸음이 동산에도 나가지 않는다. 사체가 느슨해지고 풀어져서 가지가 뿌리를 단속하지 못하고 있

빈도 되고 곡도 된다 빈은 암컷이고 곡은 계곡이다. 암컷과 계곡은 노자의 중심 사상으로 생명과 도의 근원이다.

마음과 육신이 병든 지식인에게 고함 | 209

다. 이것이 오랫동안 지속되어 습성으로 변하니 맑은 기운이 혼미하게 되었다.

무릇 이런 것들이 그대의 병을 일으키게 하는 근원이다. 나의 이 말을 염두에 두어라. 또 그대는 다만 나에게 약물을 구하려고만 하지, 내가 그대에게 약이 될 수 있는 이유를 모르고 있다. 그것에 대하여 듣고 싶은가? 나는 산림에 사는 털 짐승이다. 눈으로는 사황史皇*의 글자를 모르고, 마음으로는 주공周公과 공자의 글을 섭렵하지 못하였다. 득실은 몇 줄기의 봄풀에 있고, 시비는 한 조각 가을 구름에 지나지 않는다. 소요하며 마음대로 노닐어 슬픔도 없고 기쁨도 없다. 이리 뛰고 저리 뛰며 마음껏 놀고 제멋대로 달리고 달린다. 마음은 항상 편안하며 신체와 몸은 항상 부지런하다. 마음이 편안해서 그 천성을 보존하고, 몸이 부지런하여 수명을 연장한다. 인위적으로 그렇게 하는 것이 아니고 자연에 맡겨 저절로 그렇게 되는 것이다.

어찌 세상 사람들은 이 이치를 깨닫지 못하고 스스로에게 이롭게 하고자 다른 물건을 해치는가? 이미 나의 뿔 끝에 붙은 고기(녹용)를 획득하고도 또 나의 위장에 들어 있는 피(녹혈)를 찾는다. 저 인간들은 장차 방사하고 포악하며 방자하고 탐욕스러운 짓을 해놓고서 또 어찌 다만 녹용을 먹음으로써 병을 낫게 하려는가? 오직 그대는 명철함이 이치를 밝힐 수 있고 인자함이 긍휼히 여길 줄 안다. 그럼에도 불구하고 용렬한 의사의 말을 믿고서 장차 우리의 터전을 요란하게 하고 우리의 보금자리를 겁탈하려 하니, 이것은 천 가지 생각 중에 하나의 실수가 아니겠는가?

*
사황 황제의 신하로 처음으로 문자를 만든 사람.

아! 사람이 태어남은 천지의 정수와 빼어남을 모은 것이니, 누가 저 하늘이 사사롭게 보살핌이 없다고 하는가? 인간에게 부여한 좋은 것을 제외한 나머지 기로 악취가 나는 것과 찌꺼기들을 주워 모아 우리에게 주면서 '짐승[獸]'이라 이름을 붙였다. 그러나 짐승들은 스스로 아껴 하늘에게 받은 것을 온전히 지킬 줄 안다. 사람들은 매우 절제가 없어 자기가 태어날 때 넉넉하게 부여받은 것을 이지러뜨리고 도리어 우리에게 와서 빼앗으려고 하니, 너희 마음이 편안한가? 이것을 또한 음식에 비유해보면, 새로운 술이 익으면 찌꺼기는 버리고 햇곡식이 익으면 쭉정이를 버린다. 새 술이 진하지 않다고 걱정해 찌꺼기를 보태거나 햇곡식이 좋지 못하다고 근심해 쭉정이를 보태는 사람이 있다는 것은 들어보지 못했다. 지금 그대는 하늘로부터 총명하고 영수한 것을 품부稟賦받은 자인데도 만족할 줄 모르고 나같이 비루한 것을 취하려 하니, 이것은 찌꺼기를 좋은 술잔에 채우려 하고 쭉정이를 제기에 담으려는 것에 가까운 것이 아니겠는가? 비린내 나는 내 몸이 아까워서가 아니라 그윽이 현명한 군자를 위하여 부끄러워하지 않을 수 없다."

이자가 머리를 숙이고 한참 있다가 일어나 대답하여 말하기를 "녹선생의 좋은 말씀을 공경히 들었습니다"라 하였다. 『시경』에 "나에게 아름다운 손님이 있어, 비파를 뜯고 거문고를 타네. 비파를 뜯고 거문고를 타니, 화락하고도 즐겁구나"라고 하였다. 나는 사냥을 그만두고 서쪽으로 집에 돌아와 명잠銘箴을 가슴에 깊이 새기니, 이것은 어찌 질병을 치료하는 데만 쓰이겠는가? 또한 마음을 기르는 데도 적용될 것이다.

「녹언」의 내용은 이건창이 몸이 허약하여 녹용을 먹기 위해 사슴 사냥에 나섰다가 피곤하여 마침 잠깐 잠이 들었는데, 꿈에 사슴이 자기 앞에 나타나서 훈계하는 것으로 되어 있다. 때문에 이 작품은 소설적 요소를 지닌 몽유록계夢遊錄系 소설로 볼 수도 있다. 그러나 실제로는 작품 전체에 걸쳐 운자韻字를 사용한 운문적 형태를 띠고 있으며, 운문 중에서도 한 구절이 4언으로 된 시경체詩經體가 대부분이다.

이 작품은 사슴이라는 동물을 내세워 이건창을 비롯한 일반 인간들에 대하여 훈계하는 교훈을 담고 있다. 작품에 등장하는 이자李子는 단순히 이건창만을 지칭한다고 볼 수 없고, 당대의 지식층인 동시에 조선의 지식층이었으며, 더 나아가 우리나라 전체의 일반 사람으로 보아도 좋을 것이다. 짐승의 입장에서 인간을 바라보면서 과욕을 질타한 것으로, 구한말 지식층의 자기 반성에 해당하는 작품이다.

깨끗함에 대한 변론
결곡기潔谷記

골짜기는 대덕산에 있어 그 깊이는 수 리나 되지만 넓이는 깊이의 절반도 되지 못한다. 골짜기 바깥에서 바라보면 우뚝한 산뿐이다. 그러나 그 안에는 인가 수십 호가 들어서 있고, 조·삼을 심은 밭과 뽕나무·느릅나무·배나무·밤나무 숲이 있다. 계곡을 결곡潔谷이라고 부르게 된 데에는, 혹자는 전에 여기에 절이 있다가 없어졌는데 지방 사투리로 절[寺]의 음과 한자 결潔의 음이 서로 비슷하므로 그렇게 불렀다 하고, 혹자는 골짜기에 샘물이 많으므로 샘물의 맑은 덕德을 드러내기 위해 그리 지었다고 한다.

내가 이미 벽동碧潼에 와서 골짜기 구석진 곳에 있는 김씨의 묘전墓田에 딸린 집에서 살았다. 그 집 앞에는 우물이 있어 맛이 매우 차고, 또 연못이 있어 연꽃을 심었는데 매우 무성했다. 집 뒤에는 조그마한 언덕이 있어 집을 가려주는 역할을 하기에 그윽하고 은은하였다. 이에 내가 그 집에 이름 붙이기를 결당潔堂이라 하고 그 우물을 결정潔井이라

했으며, 그 연못을 결당潔塘이라 하고 그 언덕을 결구潔邱라 하였다.

옛날부터 산수에 집을 짓는 자는 반드시 기이한 것을 찾고 험한 것을 깎아내며, 거칠고 더러운 것을 잘라내고 퇴락하여 무잡한 것을 잘 정리해 힘을 많이 들이고 정성을 다한다. 때문에 이름을 특이하게 붙여 드러나게 하고, 또 기문記文을 지어 걸어서 오랫동안 알려지도록 한다.

지금 내가 죄를 얻어 여기에 와서 스스로 나의 힘으로 먹고살 수가 없어서 근근이 이 집에 더부살이를 하고 있다. 무릇 놀고 바라보는 곳과 먹고 쉬는 처소는 모두 주인이 그전부터 가지고 있던 집 그대로이고, 내가 소유할 수 있는 것이 아니다. 그 땅이 비록 누추하지는 않지만 또한 기이하거나 유달리 구경거리가 있어서 남에게 자랑할 만한 것도 아니다. 다만 골짜기가 아름다운 이름을 가지고 있어, 집에 '결'이라는 글자로 총애함을 붙였고 우물과 연못과 언덕에까지 모두 '결' 자를 붙였다.

그런데 혹자는 이를 힐난하면서 "내가 들건대 충신이 조정에서 떠남에 자기 이름을 깨끗이 하지 않는다 하였다. 삼려대부三閭大夫*는 스스로 그가 결백하다고 말하다가 어부에게 기롱을 받았다. 그럼에도 불구하고 이제 그대가 여기에 살면서 깨끗한 것으로 이름을 붙인 것은 옳은 일인가?"라 하였다.

나는 다음과 같이 말하였다. 예 예. 그대의 말이 맞기도 하고 그렇지 않기도 하다. 이른바 자기 이름을 깨끗하게 하지 않는다는 것은 굴원

---

* 삼려대부 초나라 국성國姓인 굴屈·경景·소昭씨 삼성에 관한 일을 관장하던 직명. 굴원이 벼슬하여 삼려대부가 됐는데, 이후 이 직명이 굴원을 지칭하는 고유명사로 널리 쓰임.

굴원의 당대처럼 쇠퇴한 세상에서는 행여 도가 밝아지지 않을까 하
여 물러나는 것을 깨끗이 여겼고, 자기 이름을 깨끗이 여기지 않았
던 것은 혹 임금의 허물이 드러날까 우려해서였다.

의 당시에 있어서는 마땅한 일이었다. 반드시 세상을 깨끗하게 여기지 않은 연후에 물러가는 것을 깨끗하게 여기고, 반드시 물러가는 것을 깨끗하게 여긴 연후에 자기 이름을 깨끗하게 하지 않는 것이다. 물러가는 것을 깨끗하게 여기는 것은 도가 밝아지지 않을까 두려워해서이고, 자기 이름을 깨끗하게 하지 않은 것은 임금의 허물이 드러날까 두려워해서이다. 그러나 이런 것들은 모두 부득이한 데서 나온 것으로 이른바 쇠퇴한 시절에 나오는 말이다.

지금 성군이 위에 계셔서 교화의 다스림이 청명하니, 깨끗한 데 뜻을 둔 선비는 몸과 행동을 깨끗이 씻어 정계에 나아가 시대와 합치되어야 한다. 나 또한 한 사람의 선비에 불과하다. 다만 불행히 과오가 있어 죄에 걸렸을 뿐이요, 이른바 내 몸을 깨끗이 여겨서 물러간 것은 아니다. 이른바 '내 몸을 깨끗이 여겨서 물러간 것'이 아니면, 또한 '자기 이름을 깨끗하게 하지 않은 것'에 해당되지 않는다. 만일 조정에서 나의 죄를 용서하고 내 지위를 복귀시켜 나의 깨끗한 것을 드러낼 수 있도록 해준다면, 나는 진실로 더욱더 갓에 묻은 먼지를 털고* 옷에 묻은 먼지를 털 것이며, 다만 깨끗하지 않아서 혹 군자에게 부끄러울까 두려워할 것이다. 만약 그런 수준에까지 미치지 못한다면 오히려 결당의 물에 목욕하여 묵은 더러운 때를 없애고, 결정의 물을 마셔 기갈을 채울 것이다. 그리고 낮에 결구에 올라가 고개를 치켜들고 바라보는 것은 우리 임금님을 우러러보는 까닭이요, 저녁에 결당에서 베

*
갓에 묻은 먼지를 털고 관을 퉁겨서 먼지를 터는 것으로, 세상에 오염되지 않음을 비유한 것. 굴원의 「어부사」에 "새로 머리를 감은 자는 반드시 관을 털고 새로 몸을 씻은 자는 반드시 옷을 턴다"라고 하였다.

〈오수도〉,
이재관, 종이에 담채,
122.0×56.0cm, 19세기 초,
호암미술관 소장.

이건창은 벽동의 구석진 곳에서 조
용하고 깨끗하게 은거하는 것까지
못마땅하게 여기는 무리들을 향해
특유의 변론을 펼친다. 과오가 있어
죄에 걸렸을 뿐이오. 내 몸을 깨끗
이 여겨 물러난 것은 아니라는 것.
그러나 깨끗하지 못할까 두려워할
지언정, 깨끗함을 두려워하지는 않
겠다는 결기 있는 독백이다.

개를 베고 엎드려 생각하는 것은 내 몸을 살피는 까닭이다. 내가 오직 깨끗하게 하지 못할까 두려워할지언정, 어찌 감히 깨끗한 것을 꺼리겠는가? 이미 이것으로 손님의 힐난에 대답하고, 그 말을 기술하여 기문으로 삼는다.

꽃무늬

이 글은 이건창이 1878년 27세의 나이에 벽동에 귀양 가서 지은 것이다. 자신이 비록 벽지에 와서 고생하지만, 앞으로 더욱 결백한 마음으로 나라와 임금에게 충성을 다하겠다는 포부와 의지를 보이고 있다. 아직 나이가 젊은 이건창은 국운이 기울지 않았기에 무엇인가 해볼 수 있다는 강한 집념을 가지고 있었다. 따라서 앞의 문원에게 보낸 편지에서 나타난 만년의 출처관과는 사뭇 다르다. 또한 그의 「별당과 이별하며別潔堂」라는 시에서도 당시 심정이 잘 드러나 있다.

천 리를 떠나며 이곳 우물에 침을 뱉지 않고*	千里不唾井
여러 날을 자고도 오히려 여기를 그리워하네.	三宿猶戀桑
하물며 나는 멀리 여기에 귀양을 와	況我遠謫來
이 집에서 몸을 기탁하고 있었네.	寄身於此堂
반년 동안 배고프거나 목마름이 없었고	半年無飢渴

*
천 리를…않고 고악부古樂府에 "떠나는 아낙네 정이 더욱 많아, 천 리를 떠나며 우물에 침을 뱉지 않네去婦情更重 千里不唾井"라는 말이 있다.

사체가 항상 건강하였네.　　　　　　　　　　四體常康强

다정한 친구와 이야기를 나누기도 하였고　　貯以金石聲

한묵의 향기를 즐기기도 하였네.　　　　　　被之翰墨香

집이 비록 매우 좁고 누추하기는 하지만　　堂雖甚狹陋

나에게 베푼 공로는 잊을 수 없네.　　　　　於我功難忘

내가 비록 재주와 덕이 보잘것없지만　　　　我雖才德薄

이 집에는 또한 빛이 날 것이네.　　　　　　於堂亦有光

내가 지금 이 집을 이별하고서　　　　　　　我今別堂去

떠나 장차 고향으로 돌아가려 하네　　　　　逝將還故鄕

이 집을 또한 옛 주인에게 돌려주니　　　　　堂亦歸故主

나와는 같이 갈 수 없네.　　　　　　　　　　與我不相將

나는 오히려 정을 그만둘 수 없어서　　　　　我猶情未己

문을 나서며 여러 번 돌아보네.　　　　　　　出門屢回望

이 집은 말을 할 수 없는데　　　　　　　　　堂乎不能言

띳집이 석양에 가려 있네.　　　　　　　　　　茅茨掩夕陽

이제 누구의 가르침을 얻을까
막내 조부 감역 부군에게 드리는 제문祭季祖監役府君文

하늘은 화를 받지 않도록 뉘우치게 할 겨를도 주지 않고, 강제로 우리 막내 조부를 잡아가 남겨놓지 않았네. 막내 조부께서는 우리 집을 다스리고 어루만졌는데, 지금 이후에는 손자 건창이 장차 어디에서 다시 섬길 수 있겠는가?

사람들이 조부의 형제를 불러서 동일하게는 '조부'라 하고 구별해서는 '종조부'라 한다. '종조부'는 무슨 뜻인가? 우리 조부를 따라서 조부로 여긴다는 말이다. 공(막내 조부)께서는 건창을 특별히 사랑하였다. 조부께서는 평생 형제간의 우애를 독실히 해 둘째 조부와 막내 조부를 자기 몸같이 동일하게 대했으니, 건창이 감히 우리 조부의 뜻을 따르지 않겠는가? 조부께서 장차 임종하실 때에 건창을 어루만지며 말하기를 "너는 애통해하지 마라. 너의 막내 조부가 계신다"라고 하셨다. 아! 건창이 어찌 차마 우리 조부의 유언을 따르지 않을 수 있겠는가? 막내 조부께서 오직 우리 조부를 따랐기 때문에 건창이 감히 종조부로서 공을 섬기지 않고, 우리 조부를 섬기는 도리로써 섬기기를 원하였다. 그러나 참으로 마음으로는 그렇게 원하지만 도리어 실효를 거두고 있지 못하였으니, 이것이 건창의 불초한 점이다.

비록 그러하나 건창이 우리 조부가 돌아가신 이후로 그 행동거지와 말씀을 기억에 떠올리려 하면 곧 공에게 나아가 확인할 수 있었고, 조부가 늙어서도 학문을 좋아하며 게을리 하지 않았던 것을 기억에 떠올리려 하면 곧 공에게서 확인하여 알 수 있었으며, 조부가 조상의 업적을 칭술하면서 후손들을 훈도하시던 것을 기억에 떠올리려 하면 공에게서 그것을 확인하여 알 수 있었다. 때문에 황홀간에 비슷한 모습의 우리 조부께서 나의 앞에 나타났으니, 돌아가시지 않았다고 생각했다. 이에 건창은 사사로운 생각으로 다음과 같이 말했다.

"참으로 그렇구나. 막내 조부는 조부와 같다. 원컨대 우리 조부의 영혼으로 막내 조부를 보살펴 막내 조부께서 기혈이 강건하고 기거가 편하게 되어, 칠팔십 세 아니 백 세 사셔서 건강에 해침이 없게 하소서. 그리하여 조부의 모범이 막내 조부에게 남아서 세상에서 갑자기 없어지지 않도록 하고, 그 덕택으로 건창은 영원토록 비호를 받을 수 있도록 하소서."

오늘 이 일은 꿈인가? 생시인가? 내가 올리는 술은 맑은데 공은 나를 위해 마시지 않고, 내가 올린 안주는 향기로운데 공은 나를 위해 드시지 않으며, 나는 슬프게 고하는데도 공은 나를 위해 흐느끼지 않는구나. 아! 공이여 이제 미칠 수가 없구나. 빛나던 모습은 하나의 신주에 거두어져 있고, 아름답던 정신은 무덤에 맺혀 있네. 공이 이런 지경

조상을 모셔두는 사당과 신주의 한 모습. 이건창은 자신에게 깨우침을 주고 비호해주는 근원을 조상으로부터 찾았다. 조부의 영혼으로부터 도움을 받은 막내 조부의 혼 역시 자신을 살펴보고 꾸짖는다고 여겨 스스로를 단속했다.

에 이르렀으니, 우리 조부가 돌아가시지 않았다는 증거를 어디에서 찾을까? 이에 건창이 낙심하고 절망하여 대성통곡하며 "우리 조부께서 나를 영원히 버리시는구나"라고 하였다. 아! 이것을 어찌 차마 말할 수 있겠는가?

옛날에 공이 항상 건창에게 학문을 면려하며 말하기를 "너는 어찌 부지런히 공부하지 않는가? 내가 갑자기 죽어서 지하의 백형에게 돌아가게 되었을 때, 백형이 너에 대해 물으면 무엇으로 대답할까? 너는 그 점을 생각하라. 너는 그 점을 힘써라" 하였다. 아! 지금 공이 과연 지하에 돌아가 우리 조부를 따르고 있는지? 그래서 우리 조부께서 과연 건창에 대해 질문을 하였는지? 공은 뭐라고 대답하셨는지? 이 모든 것은 알 수가 없다.

지금부터 건창이 하늘의 신령으로부터 도움을 받아 어리석음을 깨우쳐서 아무것도 이룸이 없는 데 이르지 않는다면, 공의 영혼이 오히려 나를 살펴보시고 이 사실을 우리 조부에게 고할 것이고, 그러면 우리 조부는 오히려 흔쾌하게 기뻐하실까? 비록 막내 조부께서 살펴보시고, 조부께서 기뻐하신다고 해도 도리어 건창은 어디를 좇아서 구할 것인가? 아! 건창이 다시는 우리 조부를 섬길 수가 없게 되었구나. 오호통재라.

보통의 제문 양식과는 다르게 산문 형식으로 되어 있고, 운자도 쉽게 찾을 수 없다. 이 글은 이건창의 셋째 종조부에게 올린 제문이다.

정이 흠뻑 담겨 있어서 읽는 이로 하여금 절로 눈물이 나게 한다. 이건
창의 조부와 둘째 조부는 1866년 병인양요 때 자결했기에 셋째 종조부
가 집안 살림을 맡아 다스려왔다. 이에 이건창은 막내 조부를 조부같
이 여겼다. 그 결과 막내 조부의 행동거지와 공부 태도 그리고 위선 사
업과 후손의 훈도 등을 보고, 조부가 생전에 하시던 것을 그대로 기억
에 떠올려 자기 조부가 돌아가셨지만 마치 살아 있는 것같이 행동했
다. 이에 막내 조부를 자기 조부처럼 섬겼고, 막내 조부가 가까이에 영
원히 있어주기를 바랐다. 다시 말해 조부의 영혼으로부터 도움을 받은
막내 조부는 마치 조부의 혼이 위탁된 모습으로 이 세상에 살아서 자
신을 가르쳐주고 비호해주기를 바랐던 것이다. 그러했기에 막내 조부
의 죽음은 바로 조부를 이 세상에서 다시는 볼 수 없는 결과가 돼버렸
다고 탄식하고 있다.

가장 불행한 자가 나의 처 아니겠는가

망처 서숙인에 대한 묘지명亡妻徐淑人墓志銘

'지志' 라는 것은 기록한다는 뜻이니, 사람에게 잊지 않게 한다는 말이다. 태어나서 다행히 남자가 되어 공덕과 문장의 실적이 있었다면 그가 죽음에 사람들에게 잊혀지지 않을 것이니, 이런 경우 기록할 것을 기다리지 않아도 된다. 부인의 경우는 남자에 비하여 우선 불행하다. 그런 중에도 다행히 부인이 남편과 해로하여 부귀와 장수를 누렸다든지, 더더욱 다행히 자녀들을 낳아 기르고 후손을 잇게 하여 살아서는 크게 사랑해주는 이가 있고 죽어서는 크게 슬퍼하는 이가 있는 경우라면, 이것 또한 잊을 수 없음으로 기록하지 않아도 된다. 그러나 신분이 부인인 데다 불행히 요절하여 남편과 해로하지도 못하고, 또 후손을 낳아 잇게 하지 못한 경우가 있다. 이에 다른 여자가 후처로 들어옴에 죽은 자의 자취는 없어져서 더이상 남아 있는 것이 없게 되고, 그 결과 사람으로 하여금 잊지 않게 하는 것은 오직 황량한 산에 하나의 무덤뿐이다. 이런 경우에 해당하는 사람은 기록으로 남기지 않을 수 없다.

나 완산完山 이봉조李鳳藻가 기록하고자 하는 것은 나의 처 숙인淑人 달성達城 서씨徐氏에 관한 것이다. 우리 처가는 대대로 지극한 행실이 있었는데, 처의 조부 직보稷輔와 아버지 광릉령光陵令 장순長淳과 오빠 상경相慶은 모두 상주 노릇 하면서 예를 극진히 하다가 몸을 훼손하여 죽었다. 어머니 심부인沈夫人은 사고무친인 상태로 홀로 거처하면서 날마다 나의 처를 끌어안고 울었다. 나의 처는 당시 아직 젖먹이였다. 그러나 매우 지혜롭고 유순하여 어머니의 흐르는 눈물을 좌우로 닦고 다정하게 부르면서 "내가 어리지만 우리 집안을 편안하게 할 것이라는 것을 어찌 염두에 두지 않습니까?"라고 하였다. 이것을 본 사람들이 모두 감탄하면서 "이 사람 또한 효녀이구나" 하였다.

성장해서는 여공女工을 배우고 음식 만드는 것을 익혔는데, 한 번 보면 문득 알았다. 우리 할아버지 충정공은 본래 처의 아버지 광릉령 장순과 잘 지내는 사이였다. 나의 처가 계례笄禮*를 할 나이가 되었다는 것을 듣고는 말하기를, "효자가 3대에 걸쳐 난 집안에 후손을 끊어지게 하는 것은 사람의 도리가 아니다. 그러나 하늘이 만약 뉘우친다면 반드시 이 아이를 잘 보살펴 길러줄 것이다" 하고는 나와 혼인을 맺어주었다.

나의 처가 처음 우리 집에 시집올 때 나이 겨우 12세였으나, 행동거지에 조금의 실수도 없었다. 조부께서 칭찬해 마지않으면서 "네가 남자로 태어났다면 서씨 집안이 어찌 융성하지 않았겠는가?" 하였다. 매양 술을 올릴 때 조부께서 문득 나의 처에게 따뜻하게 데우게 하여 드

---

*
계례 15세가 된 여자 또는 약혼한 여자가 올리던 성인 의식. 땋았던 머리를 풀고 쪽을 지었다.

열두 살에 시집온 이건창의 첫째 부인 서씨는 행동거지의 일거수일투족을 『소학』에 의거했다. 시부모님 앞에서는 얼굴에 온화한 미소를 머금었다가도 남편이 있는 방에만 오면 태도를 달리하며 의연한 모습을 갖추기를 잊지 않았다.

시고는 "손부의 손에서 데운 술은 따뜻한 정도가 적당해 내가 바라는 것에 딱 맞다"고 하였다. 나의 처가 매양 시부모에게 혼정신성昏定晨省*을 드릴 때 얼굴에 화기를 가득 띠었고, 말과 웃음이 무르녹아 봄바람과 같았다. 그러나 거기에서 물러나 내 방에 오면 갑자기 스스로 태도를 검속했으며, 질문하는 일이 있지 않으면 종일토록 한마디도 말하지 않았다. 또 손으로 서로 물건을 주고받지 않았으며, 옷과 띠를 같은 옷걸이에 겹쳐 걸지 않았다. 나는 나이가 어려 능히 부부간의 행동에 대하여 검속할 줄 몰랐다. 그럼에도 우리가 부부간에 거처하는 도리에 있어서 남에게 크게 부끄러워할 만한 일이 없었으니, 이런 것을 가지고 나의 처가 현명했다고 생각한다.

내가 처음에는 강화도에 살았지만 과거에 합격하고 벼슬살이를 하면서부터는 처가에 거처했다. 신미년(1871) 가을에 가족을 데리고 호동湖桐에 우거했다. 그곳은 서울과 10리의 거리로 가까웠지만, 매양 관공서를 갈 때 음식과 옷을 공급하는 것 또한 나의 처가에서 하였다. 심부인(장모)이 나를 생각함이 매우 지극해 재물이 축나는 것을 아까워하지 않고 도와주었다. 진실로 나 때문에 남에게 누를 끼치는 것을 하고 싶지 않았지만, 장모님의 뜻을 차마 어길 수가 없었다. 또 내 처의 현명한 점은 이런 것을 가지고 자랑하며 으스대지 않고서 나를 편안하게 해준 것이다.

내 처는 비록 순순한 여사이지만 통철하고 명민하며 식견이 있었다. 내가 매양 일을 처리할 때 시험 삼아 물어보면 곧바로 그것에 대한 가

*
혼정신성 자식이 부모에게 아침저녁으로 문안인사를 드리는 것.

부를 넌지시 이야기하는데, 분명하고도 명백하여 법도에 맞았으므로 내가 미치지 못할 바로 여겼다. 세상에서 한 사람이 재주와 행실은 겸할 수 없다고 말하지만 나의 처 같은 경우는 행실이 있으면서도 재주를 갖춘 자라고 말할 수 있다.

나의 처는 본래 질병이 없었는데, 갑자기 기이한 재앙을 만나 의사와 약이 전혀 효과가 없었다. 병이 날로 점점 악화되어 위독한 지경에 가서도 오히려 세수하고 머리를 빗는 예절을 멈추지 않았다. 또 병이 나아지고 있다고 속이니, 우리 부모께서 애처로이 여겨 친정 심부인에게 가게 했다. 친정에 돌아간즉 이미 병이 심하여 앉았다 누웠다 할 수가 없었다. 하루는 심부인에게 울면서 고하기를 "제가 어찌 죽음이 비통한 줄 모르겠습니까? 다만 약을 먹어도 효험이 없고, 입만 쓰게 할 따름이니 어찌하겠습니까?" 하고는 약을 물리쳤다.

계유년(1873) 3월 모일에 죽으니, 나이 22세였고 자식은 없다. 아! 내가 앞에서 말한바 부인 중에 가장 불행한 자가 바로 나의 처가 아니겠는가? 상심되는구나.

명에 이같이 이르렀다.

"죽은 뒤 14일 만에 강화도 사곡리 우리 집 옆, 선영의 기슭에 장례를 치렀네. 아! 백 년 뒤에는 나도 이 무덤으로 돌아가리."

이건창의 첫째 부인 달성 서씨에 대한 묘지명이다. 중세 조선조 사회에서 일반적으로 남자와 여자 중에 여자가 좀더 불행한 편이었다. 더군다나 여자 중에서도 남편과 백년해로하지 못하거나 자식 없이 죽은 경우는 가장 불행한 편에 해당하는데, 자기 부인이 그러했다. 달성 서씨 부인의 집(처가)은 부인의 조부, 아버지, 오빠가 3대에 걸쳐 상주 노릇을 돈독히 하다가 건강을 해쳐 모두 죽은 대단한 효자 집이다. 따라서 처가에는 자기 처와 장모 두 사람 외에는 아무도 없었으며, 처가 시집와서 자식 없이 죽게 됨에 따라 처가에는 친손자와 외손자가 모두 끊긴 결과가 되었다.

12세에 시집온 부인은 행동거지의 일거수일투족을 『소학』에 의거하였다. 시부모에게 나아가서는 온화한 얼굴빛을 가득 머금었다가도, 이건창이 있는 방에 오기만 하면 부부간의 예절을 엄격히 하여 태도가 엄정했다.

다정한 말소리는 다시 들을 수 없는가

망처에게 올리는 제문祭亡妻文

숙인淑人 서씨徐氏를 고복皐復*한 날로부터 14일 뒤에 장례를 치르고, 장례를 치른 지 9일 만에 서울에 있는 집으로 반혼返魂하여 우제虞祭를 지냈다. 남편 이건창은 눈물을 닦으며 제문을 지어서 다음과 같이 아뢴다.

지난번에 내가 우연히 한유韓愈의 글을 읽다가 「무시어가 그린 불상에 조문하는 글弔武侍御所畵佛文」에 나오는 "반짝반짝 빛나는 눈동자가 보이는 듯, 다정스러운 말소리 귀에 들리는 듯하네. 그런데 갑자기 보이지도 않고 들리지도 않으니, 황폐하게 누가 본원本原*을 없애버렸는가?"라는 구절에 이르러서는 가슴에 갑자기 슬픈 마음이 생겨서 눈물이 네다섯 줄 흘러내렸네.

*
고복 임종 때 외치는 소리.
본원 눈동자와 말소리.

〈연꽃〉, 신명연, 비단에 채색, 33.0×20.9cm, 조선시대, 국립중앙
박물관 소장. 아! 슬프다. 봄바람이 때맞춰 불어와 만물이 생기가
나는데, 어찌하여 반짝반짝하던 눈동자는 다시 볼 수 없고 다정
한 말소리는 다시 들을 수 없는가? 아! 마음이 아프구나.

처음에 아내가 이미 병이 들었지만 아직 위독한 상태가 아니었네. 나는 이 사실을 전혀 몰랐으니, 어찌 마음으로 느낄 수 있었으랴? 아! 이제야 알았네. 속어에 "가까울수록 더욱 친근하며 멀수록 더욱 소원해진다"고 하였는데, 보통 사람의 정이야 누가 그렇지 않겠는가? 더욱이 남편이 아내에 있어서는 더욱 심하다네. 그러므로 아내가 어여쁘면 은애恩愛를 돈독히 하고 사이가 멀어지면 말투가 바뀌는 것은 어디에 간들 그러한 것이니, 하물며 유명幽明*의 사이에 한 번 헤어지면 천고토록 떨어짐에 있어서랴? 형체는 이미 떠나가고 혼백은 이미 떨어졌네. 침실은 고요하여 적막하고 화장대에는 먼지가 보얗게 앉았네. 낮에 생각하면 도움을 주는 친구가 없어진 것을 한스러워하고, 밤에 꿈꾸면 상스럽지 못한 것을 두려워하네.

지난번에 반짝반짝 빛나던 눈동자와 다정하게 말하던 말소리를 어찌 다시 말하겠는가? 내가 아내를 곡한 지 겨우 며칠 만에 귀에는 다정한 소리 들리지 않고 마음으로는 정이 상했지만, 어찌 갑자기 잊을 수 있겠는가? 그런데 뜨거운 눈물과 다급한 울음소리가 처음에 비해서는 10분의 3~4는 감소했네. 세월은 무궁하고, 슬퍼하고 즐거워함에는 한계가 있네. 지금부터 내 마음에서 완전하게 잊어버리지 않을 수 있는 것이 얼마나 될까?

아! 지금 갑자기 잊어버리지 않는 것은 진실로 정 때문이고, 지금부터 잊지 않을 수 없는 것 또한 처음부터 정 때문이 아님이 없네. 정이 본디 이와 같으니 슬퍼할 만한 것은 오직 죽은 사람일 뿐이네. 비록 그

*
유명 밝음과 어두움. 여기서는 이승과 저승을 의미한다.

러하지만 아내가 살아 있을 때는 사리에 통하고 대체大體를 알았네. 나와 함께 산 지 10년 만에 뜻이 성대하고 의리가 깊어서 다른 사람이 이간질할 수가 없었네. 세속의 아녀자와 같은 태도는 털끝만치도 나에게 보이지 않았네. 나는 이것 때문에 아내를 사랑하고 공경하였네. 만약 당신의 정령精靈이 어둡지 않거든, 오늘 내가 하는 말을 듣고서 반드시 우리 남편이 참으로 은혜로움이 적었다고 말하지는 않을 것이네. 이 마음과 이 뜻을 반드시 당신은 스스로 알 것이네.

아! 슬프다. 봄바람이 때맞춰 불어와 만물이 생기가 나는데, 어찌하여 반짝반짝하던 눈동자는 다시 볼 수 없고 다정한 말소리는 다시 들을 수 없는가? 아! 마음이 아프구나.

꽃무늬

이 글은 이건창이 아내 달성 서씨의 장례를 치르고 우제를 지내면서 지은 제문이다. 보통 제문과는 달리 산문 형태로 돼 있으며, 진솔한 감정이 듬뿍 담겼다. 이건창의 또다른 글 「망처서숙인묘지명亡妻徐淑人墓誌銘」을 보면 아내 서씨는 12세에 시집와서 1873년 22세에 죽었다. 따라서 아내와 이건창의 결혼생활은 11년이 되고, 동갑이므로 이건창도 12세에 장가를 간 것이 된다. 부인은 요절했을 뿐만 아니라 자식도 없었다.

이건창은 아내의 잊어버릴 수 없는 모습을 한유의 글 중에서 인용하며 시작했고, 마무리 역시 한유의 글로 맺는 연역과 귀납법을 모두 사용하고 있다. "반짝반짝 빛나는 눈동자가 보이는 듯, 다정스러운 말소리 귀에 들리는 듯하네. 그런데 갑자기 보이지도 않고 들리지도 않으니, 황폐하게 누가 눈동자와 말소리를 없애버렸는가?"

눈물을 닦으며 술잔을 권하네
망실에게 드리는 제문祭亡室文

그대가 죽은 지 일 년이 되었네. 아직까지 제문을 지어 그대를 애도하지 못한 것은 내가 오랫동안 글 쓰는 것을 그만두었기 때문이네. 이에 비록 몇 줄을 써보려 하지만 매우 쉽지 않네.

슬픔이 마음에 있으니 어떻게 글을 지을까? 갑자기 요즘 그대가 살아 있을 때를 생각해보니, 기록할 만한 훌륭한 점이 많았네. 내가 그것을 말하지 않으면 사람들은 반드시 나에게 현명한 아내가 있었는지를 모를 것이네. 사람들이 몰라도 상관없지만, 자식들이 성장하여 뒷날에 또한 어머니의 현명함을 알지 못할 수 있네. 아이들이 비록 알더라도, 어머니의 현명함이 이와 같은데 아버지가 어찌 한 편의 제문도 짓지 않았는가 할 것이네. 이 모든 것을 생각해보았기에, 차마 눈물을 닦으며 제문을 지어 그대에게 술잔을 권하네.

죄다 기록할 수가 없어서 큰 것만 기록해보겠네. 그대가 일찍이 나에게 조용히 말하기를 "오늘 당신이 어머니 앞에서 삼가지 않은 말을 하였습니다. 이런 지경에 이르러서는 안 됩니다. 부인에게 죄가 있다고 당신의 효심을 쇠퇴시켜서야 되겠습니까?" 하였네. 나는 부끄러워하고 뉘우치며 울면서 사죄했는데, 그 일을 감히 잊을 수 없네. 어머니께서 안음현安陰縣의 관아에 계실 때 질병에 걸려 누차 위독하였네. 나는 관리의 업무를 수행하느라 돌아와 간호하지 못했지. 그런데 그대와 나의 동생이 정성을 다하여 돌보니 내가 돌아왔을 때 병세가 조금 나았네. 내가 어떤 일로 인해 당신을 꾸지람하였네. 그때 어머니께서 웃으면서 "그만두어라. 그만두어라. 네 아내가 너를 대신하여 너의 어머니를 섬겼느니라. 너는 그만큼 하지 못할 것이다"라고 하셨네. 그대가 죽은 뒤 나의 동생이 제문을 지어 애도하였네. 그 글에 안음현에서 시어머니 병간호한 일을 서술했네. 나는 차마 읽을 수가 없었으나, 우리 어머니 말씀이 참으로 그러했음을 더욱 알았네.

이에 앞서 친구의 딸과 우리 아들이 약혼을 하였네. 당신이 죽기 몇 달 전에 친구의 딸이 병에 걸렸다는 소식을 들었네. 나는 당신이 혹 이 문제를 곤란하게 여길 것으로 생각하고 넌지시 말해보았네. 그런데 당신이 "우리 집안에 훌륭한 며느리를 얻어야 한다면 규수가 비록 병이 들었더라도 반드시 나을 것이고, 낫지 않는다 해도 누구를 허물하겠습니까?" 하였네. 당신이 죽자 친구의 딸 또한 요절하였네. 그러나 당신의 이 말은 장부들도 하기 어려운 것이네. 효도는 백행百行의 근본이고 믿음은 오덕五德[仁義禮智信]의 마지막에 위치하네. 당신은 근본도 있고 마침도 있는, 효도와 믿음이 있는 사람이라 할 수 있네.

당신의 현명함이 이와 같은데도 살아 있을 때 나는 그 어려움을 알지 못했고, 도리어 때때로 당신에게 만족스럽지 못한 것이 있는 듯했

〈자모육아〉, 신한평, 종이에 담채, 31.0×23.5cm, 조선시대, 간송미술관 소장.

아내를 잃은 선비들의 슬픔은 항상 미안한 마음으로 가득하다. 살아생전에는 격의를 갖춰 내외하다가 없어진 다음에야 다정하게 말 걸기 시작하는, 어둑어둑한 홀아비의 마음만큼 애처로운 것이 어디 있으랴.

네. 당신이 현명한데도 복이 없었으니 하늘은 참으로 믿을 수가 없네. 나는 나이가 많지 않지만 홀아비가 된 것은 마땅하네. 그렇지 않고서야 어찌 당신의 현명함을 다시는 얻을 수 없다는 것을 알았겠는가?

아이들은 당신이 죽은 뒤에 곧바로 중모와 숙모가 기르는데 자애롭게 대하기가 변함이 없네. 만약 당신이 알고 있다면 나의 말을 기다리지 않아도 될 것이네. 우리 아들은 정씨鄭氏 딸과 혼인을 정하였는데, 정씨 딸은 매우 지혜롭다고 들었네. 혹 당신의 현명함과 같을 수 있을 것이니 또한 당신에게 후복後福이 있는 것이네.

나는 어머니가 돌아가시고 난 뒤에 어머니의 덕행을 훼손하지는 않았지만, 아직까지도 어머니의 생애를 기술하는 글을 짓지 못했네. 그런데 지금 당신에게 제문을 지어 현명함을 기술하고 있으니, 이것 또한 나의 죄네. 그러므로 내가 말을 많이 하여 슬픔을 지나치게 표현함은 옳지 않을 것이네.

이건창이 부인의 소상 때 지은 제문이다. 확인할 수 없으나, 첫째 부인이었던 서씨는 아니고 둘째 부인인 듯하다. 그 이유는 첫째 부인 서씨는 22세에 죽었으며 자식이 없었는데, 여기에는 자식이 등장하며 그 자식은 최소한 둘 이상이기 때문이다. 그중 맏아들은 부인이 돌아가기 전 이건창 친구의 딸과 약혼한 처지다. 그러나 친구의 딸이 요절했기에 그 뒤에 정씨의 딸과 혼인했다고 죽은 부인에게 아뢰고 있다. 이외에 자식은 숙모들이 기르고 있다고 언급한 것으로 보아 한둘이 더 있었던 것으로 추측된다. 그렇지만 이 부인의 성씨와 본관은 전혀 알 수가 없다.

이건창이 부인의 장례 때 제문을 짓지 않고 소상 때 지은 까닭은 당시 어떤 저촉되는 일로 인해 글을 쓰는 것을 일시 중단한 데 원인이 있다. 그리하여 장례 당시에는 제문을 짓지 않다가, 상당 기간이 지난 다음 지었다. 자기 아이들이 어머니가 훌륭했음에도 당대의 제일 문장가라고 하는 아버지가 글로 남겨 찬미하지 않는다면, 아버지 노릇을 하지 못한 것이라고 하였다. 이것이 바로 이 글을 지은 가장 중요한 동기다.

또한 그는 자기 어머니가 돌아가시고 난 뒤에 어머니의 덕행을 찬미하는 제문이나 묘지명 등의 글을 짓지 못했음에도 불구하고 자기 부인을 대해서는 이 글 외에 묘지명 등 다수의 글을 지었으니, 이것은 어머니에 대해 죄를 지은 것이라고 고백하였다. 그러나 명미당은 어머니에 대한 글로 「선모숙인파평윤씨행략先母淑人坡平尹氏行略」을 남겼다.

천 장의 종이에 만 자를 써도

막내 동생 수경에게 올리는 제문祭季弟垂卿文

막내 동생 수경垂卿의 소상 하루 전날에 백형은 다음과 같이 제문을 지어 통곡하노라.

수경아. 이것은 내가 너에게 지은 제문이다. 네가 죽은 뒤로 내가 이제 처음으로 제문을 짓는다. 너의 시에 다음과 같이 말하지 않았던가?

남은 생애 오직 형제간에	餘生惟兄弟
세 사람이 한 평상에서 지내네.	三人同一牀
아침에 나가서 저녁 늦게 돌아오지 않으면	朝出晏未歸
동구에서 멀리 바라보네.	里外遙相望

그때는 바야흐로 바라보면 볼 수 있었다. 비록 반나절이라도 반드시 너는 보이는데 내가 보이지 않는 일이 있다든지, 나는 알고 있는데 너는 모르고 있는 말이 있었다면, 그때 하는 말은 정성스러웠고 그때 정

은 도타웠다.

하물며 지금은 멀리 오랫동안 떨어져 있음에랴? 지금 내가 너를 보지 못한 것이 일 년이 되었다. 그전에 비록 멀리 헤어지는 경우가 있었지만 이와 같이 오랫동안 지속된 적은 없었다. 너는 다시 올 수가 없고 나는 너를 따라갈 수가 없으니, 어느 해 어느 날에 다시 볼 수 있을지 모르겠다. 너에게 말하고자 함이 비록 천 장의 종이에 만 자를 써도 어찌 다 할 수 있겠는가? 네가 알아주지 않는다고 생각하니 말한들 무엇 하겠는가? 그러나 또 한편으로는 알아준다고도 생각되니, 너는 진실로 나를 떠나지 않은 것이고 다만 내가 보고 있지 못할 따름이다. 네가 말하고자 하는데 내가 듣지 못하는 경우는 있지만, 내가 말하고자 하는데 네가 알지 못하는 경우는 없을 것이니, 내가 무슨 말을 하리요? 이와 같음에도 제문을 짓는 것은 또한 정을 그만둘 수 없기 때문이며 평소의 모습을 볼 수 있기를 기대해서이다.

아! 이달은 동생이 있던 바로 그달이고, 이날은 동생이 있던 바로 그날이다. 꽃이 빛나고 새 지저귀는 것, 내 긴 경치와 비 오는 풍경, 뽕나무와 보리의 푸르름, 버드나무와 백출의 싹, 조개와 낙지의 맛은 모두 그대로이다. 작년 이때에 내가 보성으로부터 돌아오지 않았던가? 너는 항구에서 나를 맞이하지 않았던가? 그리고 나와 함께 인천으로 가서 황산도에서 배를 타지 않았던가? 또한 함께 전등사에 가지 않았던가? 전등사로부터 함께 집으로 돌아오지 않았던가? 나는 지금 집에 있는데, 너는 홀로 어디에 갔는가?

아! 사람에게 있어서 죽고 사는 문제가 큰일이다. 너는 이에 대하여 어찌 그리도 잘 참아내며 어찌 그리도 태평한가? 다만 내가 오랫동안 헤어져 있다가 집에 돌아와서 한 달 동안 너를 보았고, 몇 년 동안 앓아온 병은 보지 못했다. 옷을 입고 기거하며 담소하는 것이 옛날 평상시의 사람과 같았는데, 어찌 갑자기 죽었단 말인가? 황홀한 사이인가? 갑자기 되었는가? 꿈인가? 진짜인가? 내가 아직 보성에 있으면서 돌아오지 않았단 말인가? 너는 아직 전등사에 있으면서 오지 않았단 말인가? 내가 비록 완악하기가 목석木石과 같다 하지만 애가 끊어지지 않을 수 있겠으며, 눈동자가 마르지 않을 수 있겠는가?

그러나 가령 내가 너를 애달파하기를 왕자유王子猷가 왕자경王子敬에게 하듯이 했다면* 너를 따라간 것이 오래되었을 것이니, 어찌 오늘 너를 대하여 슬프게 울 것이 있겠는가? 참으로 나는 완악하구나. 나 또한 슬픔을 말할 자격이 없다. 슬퍼할 만한 것은 오직 너다. 오호통재라.

너는 부모에게 있어서 막내다. 어머니가 살아 계실 때 일찍이 너를 가리키면서 말하기를 "너는 생각지도 않았던 자식이다" 하니, 늦게 태어났기 때문이다. 너의 지극한 성품이 비록 하늘에 뿌리를 두었지만, 일마다 도리를 다하였고 마침내는 홀로 아버지 앞에서 효도로 마무리했으니, 불효했음에도 죽지 않고 마땅히 죽어야 하는데도 죽지 않은 나와 비교해본다면 어찌 훨씬 나을 뿐이겠는가? 그러나 생전에 부모님이 다 살아 계셔서 구경하具慶下에 있는 시간은 네가 제일 짧았다. 어語에 말하기를 "형이 되기를 원한다"고 하였다. 그렇다면 무릇 동생이

*
왕자유가…했다면 왕자유는 왕휘지王徽之이고 왕자경은 왕헌지王獻之로 모두 왕희지의 아들이다. 형 왕휘지와 동생 왕헌지는 우애가 지극했는데, 왕헌지가 먼저 죽자 왕휘지가 지극히 슬퍼했다.

강화도 전등사에 함께 손잡고 놀러 갔던 기억이, 못 배웠지만 착했던 아우를 앞세운 형의 마음에 스쳐 지나간다. '나는 네가 서른두 살밖에 살지 못할 줄은 몰랐구나. 슬프다. 이 32년마저 또 어찌 다 너의 것이었겠는가?'

되는 자체가 슬퍼할 만한 것이다. 하물며 너 같은 효자임에 있어서랴?

세상에서는 조혼하는 것이 풍속을 이루었지만, 너는 아내의 나이가 19세가 되도록 기다렸다가 혼인했다. 그리하여 안으로 가정의 즐거움이 있고 밖으로 붕우와 노닐었던 것이 겨우 십여 년에 불과했다. 그사이에 부모의 상을 치른 것을 제외하면 겨우 7, 8년 정도밖에 안 된다. 너는 어려서 놀기를 좋아하여 공부하는 시기를 놓쳤다가 상주 노릇 하면서부터 독서하기 시작해 글을 지었는데, 자못 고인의 문장 법도를 깨우쳤다. 인하여 개연히 성현과 호걸이 했던 것에 뜻을 두어 자기 몸과 마음을 보통 사람들이 모르는 영역에 종사한 것이 대개 10년 중 몇 년이 되었는데, 너는 죽고 말았다.

인생의 즐거움이 천륜인 친척 외에 부부와 붕우와 문학에 종사하는 것 등이 있는데, 너는 멀리는 10년을 넘지 않았고 가깝게는 수년밖에 되지 않았다. 전반기에는 무궁한 효심으로 어버이를 봉양하려 했지만 어버이께서 기다려주지 않았고, 후반기에는 무궁한 대업을 세우려고 했지만 하늘이 수명을 주지 않았다. 하물며 한 명의 자식도 남기지 않고 대가 끊어짐에 있어서랴? 그 뒤에도 대를 이을 사람이 없다면 끝없는 우주에 기약할 수밖에 없으니, 이것은 하늘이 한 짓인가, 사람이 한 짓인가? 과연 무슨 도리인가?

너는 32세에 죽었다. 사람들이 혹 안연顔淵의 나이에 비유하기도 하지만*, 어찌 안연과 비교할 수 있겠는가? 나는 네가 32세밖에 살지 못

---

*
안연의…하지만 안연은 공자의 수제자로 성은 안씨顔氏, 이름은 회回, 자는 자연子淵이다. 32세에 요절했다.

할 것을 전혀 몰랐구나. 슬프고 슬프다. 이 32년마저 삶이 또 어찌 다 너의 것이었겠는가? 고금 이래로 너만큼 애석할 만한 이가 누가 있겠는가?

오호라! 너로 하여금 이 지경에 이르게 한 원인을 나는 알고 있다. 행실은 경박하고 능력은 없으며, 허망하고 교만한 형편없는 나에게 하늘이 벌을 내린 것이 이미 많았으나, 오히려 나는 고칠 줄 모르고 다시 너에게 화를 연장시켰으니, 이것은 나의 죄다. 너는 좋지 못한 시절에 태어났고 배움도 늦게 출발하였다. 그러나 식견은 지극히 높았고 책임감은 너무 과중해 자기 힘을 헤아리지 않고 일을 하는 것 같으니, 이 점이 아마도 조물주가 너를 꺾어버린 이유가 아니겠는가? 이것은 너의 과실이다. 어느 정도의 벼슬살이와 어느 정도의 금전은 지극히 구구한 것이지만, 오히려 부지불식간에 그것에 녹아들어 목숨이 오래가지 못하는 경우가 있다.

우리 형제의 경우는 이른바 세 형제가 사이좋게 한 평상에서 지내는 격이니, 이 또한 인류의 지극한 즐거움이며 옆에서 보는 이들이 모두 칭찬하고 아름답게 여기고 있다. 하물며 최근에 수창한 시첩詩帖과 공부에 매진한 기록은 나의 마음으로 또한 충족하게 생각하지 않은 적이 없었다. 그러나 스스로 기뻐하면서 왕왕 남에게 자랑삼아 이야기하는 것을 면하지 못했으니, 이것은 어찌 부귀의 유를 보잘것없는 것으로 보면서 우리 형제가 길이 보존하기를 바랄 수 있는 것이겠는가? 이 점은 또한 우리 형제가 남들과 교제함에 있어서 허물이 있었던 것이다.

비록 그렇더라도 너의 입장에서 말하자면, 어려서 놀기를 좋아할 때부터 문장을 논하고 학문을 강설할 때까지의 일생 가운데 참으로 32년 동안 인생의 참맛이 있었던 것은 오직 형제 사이의 정에서 그러했다. 나와 너의 중형은 지금 비록 30년을 더 살더라도 슬퍼함이 때로 있을 것이나 너를 잊어버릴 것이고, 즐거워함이 때로 있을 것이나 우리만이 가질 것이니, 이것은 다만 형제간에 마음이 파괴되어 부스러기가 된 가련한 나머지일 따름이다. 어찌 너처럼 형제간의 즐거움을 온전히 하다가 죽은 것과 같겠는가? 그렇다면 너는 형제간의 즐거움 그 한 가지에 있어서는 유감이 없다고 해도 좋을 것이고, 그러므로 내가 스스로 슬퍼함이 너의 슬퍼함보다 많은 것이다.

아! 어찌 이것뿐이겠는가? 네가 땅에 묻힌 이후로 세상의 일은 날로 그릇되어가고 있다. 그리하여 장차 천지는 다시는 네가 살아 있을 때의 천지가 아니고, 일월은 다시는 네가 살아 있을 때의 일월이 아니며, 만사와 만물이 다시는 네가 살았을 때의 그것들이 아닌 것 같고, 다만 지금 귀신만이 옛날의 귀신과 다르지 않다고 할 수 있을 따름이다. 네가 이미 태어나서 효자가 되었고 또 독서하는 사람이 되어, 요절하고 장수하는 것에 마음이 흔들리지 않았다. 또한 갓끈을 묶고서 방석에 앉은 채 죽음으로써 우리 할아버지 충정공과 우리 아버지, 어머니를 뵙게 되었다. 그러니 너는 어찌 마음 아파하리요?

처음 네 빈소가 있을 때 내가 오히려 울면서 조문하러 온 자에게 말하기를 "이 사람이 이 세상에 살아 있었다면 공명을 세울 수 있었을 것이다"라 하였는데, 지금 그 말을 생각해보니 또한 망언이었다. 네가 이 말을 알고서는 오히려 "천하의 일에서 할 만한 것이 있는가? 어찌 세상일을 벗어버리고 아무런 한이 없게 하여 나보다 뒤에 죽는 것을 거듭 슬퍼하지 않는가? 아! 슬퍼할 만한 것은 형이다" 할 것인데, 그럼에도 나는 "나의 슬픔은 너보다 지나치다. 너는 유감도 없고 마음 아픔도 없고 한스러움도 없으니, 이것은 너를 부러워하여 말한 것인가, 아니면 너를 위로하기 위하여 말한 것인가? 나는 완악하여 슬퍼할 줄 몰라서 말한 것이 아닌가?"라고 말하고 있다. 아! 완고함이 또한 심하고, 슬퍼함이 또한 지극하구나. 상고시대에는 동생을 곡하는 형이 없다고 들었는데, 지금 내가 형으로 동생을 곡하니 그 누가 애달프지 않겠는가? 어찌 이런 애달픔을 가진 자가 있겠는가? 왕자유 같은 이는 아마도 정이 지나친 자일 따름이니, 어찌 이와 같이 슬퍼할 만했겠는가?

최근에 너를 위하여 상촌上村에 집 한 채를 지었다. 너의 중형이 밤낮으로 목수들을 감독하여 지금은 집이 완성되었다. 그곳에 장차 누가 사는가? 청상과부 제수씨뿐이요, 외동딸뿐이요, 의자 하나와 탁자 하나뿐이다. 너는 장차 하나의 의자와 하나의 탁자에 의탁하여 이 집에 들어오려 하는가? 아니면 오히려 부모의 사당과 두 형의 집을 차마 떠나려 하는가? 담장 뒤 하나의 봉분이 만들어진 뒤로부터 너의 의탁한 영혼과 기운이 어디에 가지 않음이 없다. 혹은 여기에, 혹은 저기에, 혹은 상하로 왕래할 수도 있을 것이다. 오직 완악하게 못난 이 사람은 내 마음이 내 마음이 아니고 내 몸이 내 몸이 아니다. 수경아 수경아! 너는 나를 어떻게 살아가라고 하는가? 수경은 듣고 있는가? 듣고 있지 않는가? 애재라 통재라 원통하구나.

───────

이건창의 막내 동생 건면建冕에 대한 제문이다. 건면은 이건창과 나이 차가 10여 세 이상 났다. 그는 맏형 건창이나 둘째 형 건승처럼 공부를 하지 못했고 부모를 따라다니면서 뒷바라지하고 병간호하는 것으로 일관하였다. 때문에 이건창이 관직생활과 문학활동 등으로 부모 봉양과 가정을 돌보는 것에 미흡했던 부분을 건면이 대신 해냈다. 자기 동생에 대한 제문이 이처럼 장문이면서 처절하고도 절실하게 사람의 마음을 감동시키는 작품은 없을 것이다. 이 작품은 역대 어느 제문보다 뛰어나다고 할 수 있다.

진실로 슬퍼할 만한 일
첨사 유상봉의 소상에 지은 유어柳僉使祥鳳小祥侑語

군이 죽은 지 장차 1년이 돼가건만, 나는 아직까지도 군의 영전에 가서 곡을 하지 못했으니, 슬프고 병든 상주의 몸이 인간 노릇을 하지 못하고 있다. 그렇지만 어찌 한마디 제문을 지어 군의 흠향을 도우지 않을 수 있겠는가? 옛날에 장동지張同知가 선상공先相公을 따라 전국 어디든지 다녔는데, 그가 죽을 때 선공께서 바야흐로 부모상을 만나 상주로 있었다. 이에 편지로 뇌문을 대신 지어 보냈는데, 편지 가운데 표현한 정경情景이 완연히 오늘에 그대로 보는 듯하다. 그러나 장동지는 장수도 했고 복을 누린 데 비해, 군은 하수下壽(60세)도 살지 못했다. 또 군이 죽은 후에 군의 아들과 손자들이 대를 잇지 못해, 군의 아내와 청상과부가 된 며느리를 보고서 인생의 비참함을 지극히 느꼈으니 어찌 그리도 슬픈가?

군에게 슬플 만한 것은 비단 사후의 일뿐만이 아니다. 군의 현명함과 재주로 만약 지위를 얻어 역량을 펼쳤다면 오늘날의 인물 중에 군과 같은 이가 아득히 찾기 어려울 것이니, 군이 비록 나라를 위해 일을 했더라도 가능했을 것이다. 비록 불행하게 고위 관리의 눈에 들지는 않았지만, 만약 유력자를 얻어 그의 앞잡이로서 청운에 붙어 천 리를 갔더라면 저절로 세상의 영웅이 됐을 것이다. 군은 어찌하여 이것을 능히 하지 못하고 유독 졸렬하고 곤궁하기가 나와 같은 사람과 지내면서 서로 좋아하고 의지하며 서로 의뢰하여 십 년을 하루같이 하였는가? 군이 분주하게 나와 같이 계곡과 바닷가의 험난한 곳에서 눈보라를 맞으면서 배고프고 목마른 것을 겪었으며, 무거운 짐을 혼자 메고 발이 부르트도록 다니는 등 사람이 견디지 못할 수고스러운 일을 한 것과, 곡식의 출납을 기록하는 장부의 세세하고도 어지러운 일로 정신을 피곤하게 하고 생각을 고갈하게 한 것이 있어서 마침내 이것으로 병에 걸리게 되었다. 병에 걸린 지 수년 만에 드디어 죽음에 이르렀으니, 군이 죽을 각오로 일을 부지런히 했다고 말해도 지나치지 않은 것이다.

생각해보면 군은 평생토록 나에게 조그만 도움도 받지 않았네. 그럼에도 나에게 재차 암행어사에 나아가기를 권장해 다행히 재야에 있게 내버려두지 않게 한 점은 군의 노력이 많았다. 나를 위해 극진히 하였으니 어찌 군을 위해 매우 슬퍼하지 않을 수 있겠는가? 비록 그러하나 군의 온축한 바는 스스로의 힘으로는 펼 수가 없고, 나를 통해 그 역량의 한두 가지라도 나타낼 수 있었다. 비록 그 일이 막혀서 실행되지 못하고 부서져서 남아 있는 것이 없지만, 잠시나마 거둔 효과가 또한 일찍이 백성들에게 미치지 않음이 없었다. 또 왕왕 그 지역 벼슬을 떠난 이후에 백성들이 선정을 사모하기도 했으니, 그 명성은 비록 내 차지였지만 실제의 공은 군이 소유한 것이다. 이런 점은 오히려 군이 집에서 일생을 마치면서 한 번도 자기 역량을 시험해보지 않은 것보다 낫지 않겠는가? 아! 이것이 더욱 슬퍼할 만한 것이다.

나는 비록 세상과 어울리지 못했으나, 책을 읽고 벼슬을 함에 본래부터 사방을 경영할 뜻이 있었다. 그러므로 여러 번 일어났다가 여러 번 넘어졌지만, 이 뜻을 오히려 마음속에서 잊지 않았다. 부모상을 당한 이후로 실오라기 같은 목숨을 근근이 붙이고 있으며 형체를 겨우 부지하고 있었다. 총명함과 신령한 생각이 10분의 5, 6은 감소했으며, 지기志氣는 옛날과 달라져 말할 수 없이 형편없는 처지가 되었다. 그런데 마침 이때에 군이 나를 버리고 가버렸네. 가령 내가 죽지 않고 세상에 남아서 뒷날에 등용된다면 장차 누구와 함께 일을 하겠는가?

옛날에 영인郢人이 코끝에 백토를 바르고 장인으로 하여금 도끼로 깎아내게 했는데, 장인이 바람 소리가 일어날 정도로 도끼를 빙빙 돌리며 백토를 깎아냈다. 영인이 죽자 장인이 "나의 실험 대상 인체가 없어졌다"라고 하였다. 대저 장인은 살아 있고 실험 대상 인체가 없어져도 참으로 슬퍼할 만한 일인데, 실험 대상 인체는 살아 있고 장인이 없으면 더욱 슬퍼할 만한 것이 아니겠는가? 하물며 이른바 실험 대상 인체라는 것이 그전의 것과 같지 않음에 있어서랴? 이 점이 내가 거듭 스스로 상심하는 까닭이다. 군이 이 이야기를 들으면 또한 반드시 슬퍼할 것이다.

군에게는 형도 있고 조카도 있으니, 군을 위해 후손을 도모하여 끊어진 자손을 잇는 그날이 마땅히 있을 것이다. 뒷날에 군의 제사를 주관할 자손이 나의 이 제문을 보고서 군이 내게 와서 고생한 점과 내가

10년을 따라다니며 보좌했던 유상봉. 신분 차별의 틀을 뛰어넘을 수 없었던 시대라 그는 이건창을
모시는 데만 극진한 정성을 다했다. 만약 그가 현명함과 재주로만 판단돼 지위를 얻었다면 세상의
큰 인물이 되었을 것이며, 그에 반해 이건창 자신은 졸렬하고 곤궁하다고 말하고 있다.

군을 위해 슬퍼하는 것이 이와 같다는 것을 알게 되면, 또한 군이 어떠한 사람이었다는 것을 상상할 수 있을 것이다. 이것으로 인하여 그가 옛날부터 나에게 출입하고 왕래한 것을 잊지 않게 하며, 내가 그것을 위해 노력한즉 또한 군에게 조금 보답하는 것이 될 수 있다. 그러나 요컨대 이것은 10년 후의 일이다. 내가 젊어서도 오히려 이와 같은데, 만약 늙게 된다면 또 어찌 이 말을 실천한다고 붓을 들어 쓸 수 있겠는가? 이 말이 슬퍼할 만한 것이다. 이 제문을 금오장군金五衛將에게 부탁하여 군의 영전에서 펼쳐 읽게 하니, 이것은 또한 선군께서 장동지에게 유어를 지은 고사와 같은 것이다. 군이 명명한 저승에서 살피면 나의 슬픔을 알 것이다.

첨사 유상봉에게 지은 유어 제문이다. 유어라는 장르는 일가친척이 아니면서 자기보다 아래에 있는 사람 즉 시종하는 사람이나 종들에게 짓는 제문이다. 유상봉은 10여 년 동안 이건창을 따라다니면서 보좌관 역할을 한 사람이다. 그가 일찍 죽었을 뿐 아니라 자식도 죽어서 대를 이를 손자가 없는 것은 더욱 슬픈 일이다. 특히 이건창을 따라다니면서 산전수전을 다 겪으며 고생하다가 병들어 죽었으므로, 그는 죽을 각오로 일하다가 죽었다고 해도 과언이 아니라고 하였다. 특히 이건창이 암행어사로 갈 때 옆에서 보좌하면서 건의한 말들이 효과를 거둔 것이 많았고, 그것으로 인하여 이건창이 관직에 떠난 뒤에도 백성들이 추모하였다. 이는 모두 유상봉의 공임이 틀림없음에도 불구하고 그 공을 명미당 자신이 차지하고 있다고 하였다.

　이건창은 이 제문을 통해 유상봉의 후손으로 하여금 이건창과 자기 조상의 관계뿐만 아니라 조상의 훌륭한 생애를 알게 함으로써, 결국 그것이 이건창으로서는 유상봉을 도울 수 있는 유일한 길이라고 하였다.

죽은 아내를 어떻게 감동시킬 것인가

제망실문은 조선조 선비들이 죽은 아내에게 바치는 문장이다. 제례祭禮가 약화된 오늘날의 시각에서 보면 망실亡室의 슬픔을 긴 편지로 쓰고 많은 사람들 앞에서 낭독했다는 것은 그 글이 창작되는 측면에서 보자면 낭만적이며, 읽히는 측면에서 보자면 인류학적인 격세지감으로 밀려온다.

이건창은 첫째 부인과 둘째 부인을 앞서 보내고 두 편의 망실문을 남겼다. 그의 제문은 솔직하고 애잔한 슬픔을 있는 그대로 드러내 읽는 이의 가슴을 찌르는 듯한 감동을 안겨주는데, 조선조 선비들의 망실제문이 전부 이처럼 아름다운 것은 아니었다.

18세기에 접어들면서 제망실문은 점점 규범화되고 매너리즘에 빠진다. 그리하여 이를 둘러싼 지식인들의 비판이 이어지기도 했다.

"제문은 가송歌頌 · 지장誌狀과는 다른 것이라고 생각했는데, 세상에선 행록行錄을 써 고하니 그 슬픔이 신을 감동시키는 것을 보지 못했다. 이는 비유하자면 먼 길 떠난 이에게 편지를 부치면서 그 혼자 떨어져 있는 쓸쓸함을 말하지

가까운 사람의 죽음으로 인해 조선 시대에는 아름답고 슬픈 제문들이 많이 탄생할 수 있었다. 그러나 후대에 올수록 그 정신은 쇠퇴하고 낡아 과장되고 형식적인 것들도 전해진다.

않고 그 나그네 된 고충을 위로하지 않은 채, 평일 언행의 착함과 재덕의 높음만을 장황하게 말하면서 '이와 같은 까닭에 잊을 수 없다'고 하는 꼴과 같으니, 그 사람이 어찌 발끈 노하여 '이는 나를 업신여기는 것'이라 하지 않겠는가?'

아내 사랑이 유달랐던 심노숭沈魯崇(1762~1837)의 「서고제문후書告祭文後」라는 글에서 발췌한 대목이다. 심노숭은 망실문을 하나의 뚜렷한 문학 장르로 인식했다. 그가 볼 때 제문적 글쓰기는 '슬픔을 표백함으로써 신을 감동시키는' 글로 편지와 유사하며 망자에게 말 건네는 방식으로 씌어져야 마땅했다. 하지만 당시 대부분의 글들이 이런 솔직함과는 거리가 멀었다. 영의정을 지낸 채제공의 망실문처럼 정제되고 계산된 구조를 기본적으로 가지되, 채제공의 중후한 문학적 품격을 달성하는 것도 열에 한둘에 불과하고 대부분은 죽은 사람을 칭송하는 일색이었다. 그 정도가 어찌나 심했으면 아래와 같은 비판이 나올 정도였다.

"세상의 남편 되고 아내 된 자들이 그 행실을 보면 더러워서 냄새가 날 것 같은데도, 그가 죽으면 갑자기 군자와 정인正人이 되고 또 갑자기 정녀貞女요 현부가 되오. 공교로운 붓끝과 교묘한 말로 종횡하여 현란하게 진위를 꾸미고 흑백을 바꾸니, 모두 심상하게 여기고 놀라지도 않소. 지금 만약 당신의 행실을 적고 당신의 일화들을 늘어놓고서 여기에 내 비통한 말을 이어놓는다면, 이것은 말을 기다리지 않고도 아는 의리가 아니요."

18세기 후반의 김정묵金正默(1739~1799)의 비판이다. 그는 당대 제문의 허위의식을 공격하고 있다. 사실의 전달보다는 극대화할 수 있는 방향으로 개괄화·전형화하는 모습은 돌이킬 수 없는 허위의식에 빠져 있다는 것에 대한 반감의 표현인 것이다. 예를 들면 김정묵은 이이순의 제문에서 보이는 "군자를 섬겨 어김이 없었고 의식을 봉양함에 반드시 갖추고자 하였으며, 이웃을 대함에는 은혜와 의리를 교행하여 빌리려는 자에게는 반드시 구휼했소"와 같은 식의 늘어놓기가 무슨 의미가 있냐는 의문을 제기한 것이다.

최근 학계에서는 왜 제망실문이 제문의 진정성을 훼손시킬 정도로 칭송이 비대해지고 규범화되었는가에 대한 연구가 이어지고 있다. 그 이유는 의례에 참가하는 자손들이 제문의 실질적인 청자로 등장하는 경우 이 제문들이 의례 현장에서 담당하고 있는 교육적 기능이 중요하게 부각되었을 것이라고 본다. "17세기 후반 이후 재편되는 유교적 가족질서와 확대되는 가문의식과 연계하여, 가정 내 여성들을 교육하기 위한 기능을 규훈서와 제망실문이 양 방향에서 담당하는 것이 이 시기 제망실문이 담당했던 현실적 기능"이라는 박무영 이화여대 교수의 해석이 가장 정확한 것이 아닌가 한다. 하지만 제문은 기본적으로 아내와의 삶을 회고하고 내면에 갈무리하는 생활문이다. 이종휘李種徽

(1731~1797)의 제문처럼 구체적 개성을 지닌 한 개인으로 망자를 묘사하는 것을 18세기 비판적 지식인들은 훨씬 바람직하게 여겼다. 이종휘의 제문을 보면 아래와 같다.

"쓸쓸한 종잇조각에 당신이 알지 못하는 문자로, 소리를 들어도 알아듣지도 못할 것을 가지고 그대에게 들려주어 슬픔을 막으려 하다니 또한 어리석지 아니하오……. 내가 책보는 걸 좋아하여 자주 밤늦게까지 이르곤 했소. 당신도 책 읽는 소리 듣는 것을 좋아했는데, 근년에는 당신이 문득 화를 내며 말했었소. '책 읽는 소리 속에서 누가 돈 한 푼이라도 얻어보았겠소?' 이에 내가 아이를 가리키며 기쁘게 '이 아이가 어찌 책 읽는 소리의 힘이 아니겠소?' 하였으나 당신은 여전히 내가 급제하지 못한 것을 한으로 여겼소."

가난한 선비의 삶과 그 가난을 견디며 책을 읽고 책 읽는 소리에 견디다 못한 불평도 묻어나는 인간적인 생의 풍경이 한 사람의 죽음을 계기로 아름다운 문학작품으로 남겨진다는 것은 우리 같은 후세에게는 축복이라고 할 만하다.

■참고 문헌
박무영, 「18세기 제망실문의 공적 기능과 글쓰기」, 『한국한문학연구』 32집, 2003
이은영, 「조선후기 어제 제문의 규범성과 서정성」, 『한국한문학연구』 30집, 2002

제5부 백성들의 삶을 기록하다

"오곡이 풍성한 것은 백성들이 소중히 여기는 바이니 알맹이는 거두어 먹고 짚은
버리네. 그런데 유씨 늙은이는 짚을 가지고 일생의 업으로 마쳤으니 짚으로 살아서
는 신을 삼고 죽어 장례 지낼 때는 거적에 싸여 있네."

이건창은 비록 사대부 출신이지만 양민과 천민들에게 각별한 관심을 갖고 있었으며 그들 삶의 애환과 충효를 입전하여 후세에 길이 남기고자 했다. 공자에 의해 백이가 드러났고 사마천의 열전에 의해 많은 사람이 후세에 이름을 남겼듯이, 이건창도 당시 알아줄 사람이 없는 양민과 천민들의 행적을 매몰시키기 아까워하면서 일일이 작품화하였다. 그 작품들은 모래 속의 금을 줍는 것과 같아서 오늘날 우리에게 주는 감동이 적지 않다. 술주정뱅이 이춘일이 병인양요 때 강화도 남문을 수호한 이야기 「이춘일전」, 극도의 가난 속에서도 지조를 지킨 김병주의 이야기 「김병주서사」, 지극한 불효자가 나라에서 발표한 대국민 담화문을 듣고 개과천선하여 효자가 되었다는 「신효자서사」는 우리의 마음을 찡하게 울린다. 마음이 너무 곧아 악인에게 싫은 표정을 그대로 드러내 남에게 따돌림을 받은 이행서의 묘지명, 평생 짚신을 삼으며 성인의 도를 추구했던 유씨 늙은이의 묘지명, 효성에 지극했던 이윤경과 이지수의 묘지명, 훌륭한 행실의 소유자 김놀옹과 홍의람의 묘갈명, 관개사업에 전력하고 나라를 지키는 데 헌신했던 관수옹의 묘갈명 등은 모두 하나같이 소외 계층에 대한 이야기이다.

이건창이 입전하거나 묘지명을 짓는 태도는 보통의 문인들과는 판이하게 달랐다. 그는 주인공의 매우 특징적인 면을 집중적으로 부각시키는 데 주안점을 두었고, 그들의 가계와 생애 등에 대해서는 최소한만 언급하는 데 그치는 축약의 방법을 쓰고 있다. 일반 문인의 경우는 묘지명에서 가계와 생애, 자손 등에 대부분의 지면을 할애해 평면 나열로 그치는 데 비해, 이건창은 이런 태도를 매우 경계했다. 때문에 그는 "만약 일반 문인들이 하는 것처럼 일정한 틀을 정해놓고 글을 짓는다면, 성명과 자호만 바꿔서 하루에도 여러 편의 글을 지을 수 있겠다"고 비아냥거렸던 것이다.

누가 술을 마시지 못하게 말렸던가?

이춘일전李春日傳

이춘일李春日은 강화도 사람이다. 집이 가난하며 아무런 능력이 없었고 오직 술만은 잘 마셨다. 강화도 남쪽 성문을 지키는 사람을 문장門將이라 말하지만 실제로는 천한 일을 하는 직업이다. 이춘일은 그 문장이 되기를 갈구하면서 술이 취하면 문득 큰소리치며 "나 또한 장군이다" 라고 하였다.

고종 3년(1868)에 서양인들이 강화도를 침략하자 진무사鎭撫使에서 아전과 군민에 이르기까지 모두 흩어져 달아났다. 적들이 북을 치면서 시끄럽게 진격해왔는데, 이때 이춘일은 바야흐로 성城에 예속돼 있었다. 그는 지름길로 성 아래에 있는 술집에 가서 그곳에 있는 술을 다 퍼 마시고는, 성으로 돌아와서 관리들이 입었던 검은 옷으로 갈아입고 칼을 집고서 남문 가운데 섰다.

어떤 한 노병老兵이 그 앞을 지나다가 웃으며 "지금이 어느 때인데 너는 술을 마시는 일을 한단 말인가? 적들이 관리복을 입은 사람을 보면 반드시 죽일 것이니, 어찌 그 옷을 벗고 도망가지 않는가?"라 하였다. 이에 춘일은 그를 똑바로 쳐다보면서 마치 그 이야기를 못 들은 척했다. 노병이 또 웃으면서 "너는 술에 취해 죽을 것을 모르는가?" 하고서 그에게 다가가 강제로 옷을 벗기고 곧바로 떠났지만, 춘일은 또한 요동이 없었다.

적들이 이미 남문 가까이에 접근해오자 춘일이 허리를 구부려 옷을 주워 입고 칼을 빼들었다. 적들이 괴이하다는 듯이 무엇을 하는 놈이기에 홀로 달아나지 않느냐고 물었다. 춘일이 눈을 부릅뜨고 꾸짖으며 "나는 남쪽 성문을 지키는 장군이다. 내가 이 문을 지키고 있으니 오랑캐 같은 너희들이 들어오지 못할 것이다. 반드시 들어오려고 하는 사람은 나를 죽여야 가능할 것이다" 하였다. 적들이 성을 내어 칼로 그를 찌르니, 복부에서 술기운이 술술 솟아났지만 입에서는 죽을 때까지 꾸짖는 소리를 그치지 않았다.

병인양요가 평정된 후에 유수가 장계狀啓로 이 사건을 임금에게 아뢰니, 조정에서 춘일에게 관직을 내리고 또 그의 집에 정려를 내렸다.

이봉조가 말하기를 "강화도에 남성문이 있는데, 인조 때 청나라 군사가 침략해왔을 때 문충공 선원仙源 김상용金尙容 등 여러 현인이 이 문에 올라 분신자살한 곳이다. 그러자 강화도의 장교·아전·백성·종 그리고 여러 현인의 노복들을 포함해 같은 날 불에 타 죽은 사람이 손가락으로 이루 다 헤아릴 수 없을 정도로 많았다. 이 성문 터전에 높다란 비를 세워 그 사실을 새겨놓았는데, 그로부터 200년 뒤인 지금에도 빛나는 업적이 눈에 선한 듯하다. 지금 이 글에서 말하는 남성문은 아마도 중세에 이건한 것으로 옛날의 그 자리는 아니다. 그러나 춘일

무지렁이 같은 사람에 불과할지 모르나 이건창은 병인양요 때 강화 남문에서 나라를 지키고자 호기를 부렸던 그를 높이 샀다. 그의 행동은 일찍이 병자호란 때 강화도를 사수하려 했던 현인들에 비길 만하며, 이춘일을 비웃는 자들을 일컬어 오히려 용기 없는 이들이라 비판하고 있다.

이 또한 여기에서 죽었으니, 아! 감격할 만하도다.

혹자가 말하기를 "춘일은 본래 무식한 사람인데, 술을 마시지 않았다면 이렇게 쾌히 죽지 않았을 것이다" 하였다. 이에 대하여 나는 홀로 고금에 많은 사람이 쾌히 죽지 않은 것에 대하여 괴이하게 생각하니, 누가 그들에게 술을 마시지 못하게 말렸던가?

「이춘일전」은 전傳의 장르에 속하는 작품이다. 이춘일은 무식하고 아무런 능력이 없는 사람이지만 술을 잘 마셔 장대한 호기를 부렸는데 이것이 이건창의 눈에 포착된다. 더군다나 그가 죽은 것은 조부 이시원이 병인양요에 죽은 것과 같은 사건의 연장선상에 있기 때문에 관심을 끄는 것은 당연하다. 이춘일은 아주 하찮은 계급이긴 하지만 남성문 장군을 하고 싶어했다. 그러나 능력이 없어 할 수 없자 술의 힘을 빌려 가득 취하면 "나 또한 장군이다"라고 하여 스스로의 마음을 위로했다. 그러다가 병인양요가 발발하자 평소에 갈망하던 기회가 왔고 장엄하게 죽었다.

이건창은 국가에 대한 이춘일의 충성과 호기에 찬 행동을 병자호란 때 강화도를 사수하다가 분신자살한 김상용을 비롯한 여러 현인과 연관시킨다. 그렇게 함으로써 이춘일의 충성과 호기가 더욱 빛나기 때문이다. 김상용을 비롯한 현인들이 죽은 곳 역시 남성문이다. 혹자가 이춘일의 행위를 평가절하하려는 태도를 반박하는 부분은 용기 없는 자들의 언행에 깃든 모순과 빈틈을 정면으로 찌르면서 통쾌한 느낌을 자아낸다.

도적질도 할 수 없고 살아갈 방법도 없다

김병주 서사書金秉周事

김병주金秉周는 강화도 사람이다. 겉모습이 매우 삼가고 조심스러웠으며, 독서로 글의 뜻을 깨우쳤다. 부모상을 매우 잘 지내니 고을 사람들이 모두 효자라 칭했다.

고종 초기에 나라에서 바야흐로 서양학을 하는 사람을 잡아들이기를 매우 엄중하게 했다. 서양학을 한 무리로 감옥에 갇힌 사람이 외람되게 김병주를 끌어들였다. 이에 일을 맡은 관리가 강화부에 격문을 보냄으로써 김병주의 전 가족을 체포해 서울로 압송하게 했다. 이에 강화도 사람들이 노소 할 것 없이 모두 눈물을 흘리며 "어찌 김효자가 서양학을 하는 일이 있을 수 있겠습니까? 우리가 편안히 앉아 있기만 하고 구원하지 않으면 인지상정이 아니다"라고 하였다. 그러고는 뭇사람들이 여행 준비를 해 김병주의 뒤를 따라갔다.

김병주가 이미 서울에 이르자 죄를 조사하지도 않고 곧바로 감옥에 가두었다. 김병주가 감옥의 간수에게 말하기를 "나에게는 과부가 된

젊은 형수가 있는데 지금 함께 여기에 갇혀 있습니다. 비록 창졸간이기는 하지만 남녀의 구별이 없을 수 없으니, 이 몸을 다른 감방으로 옮겨주기를 바랍니다" 하였다. 감방의 간수들이 서로 돌아보며 "서양학을 하는 사람이 어찌 형수와 시숙을 구별하는 남녀유별의 윤리가 있단 말인가? 이 사람은 남의 원한으로 갇힌 것이 분명하다" 하고서 김병주가 한 말을 가지고 사건 담당 관리에게 말하니 그 또한 의아하게 여겼다. 담당 관리가 강화도 사람들이 "김효자는 결코 서양학을 할 사람이 아니다. 수백 명을 불러 증명해보십시오"라고 한 상소장에 쓰인 말을 보고는 김병주를 불러올 때 입었던 의관을 주었다. 그러고는 당 위에 올라오게 하며 칭찬하여 말하기를 "너는 어떻게 하여 마을 사람들에게 이런 민심을 얻었는가?" 하며 즉시 석방시켰다.

김병주는 옛날에 아전을 지낸 집안 출신이었다. 시장에서 약을 팔아 생업으로 삼았지만 항상 넉넉하지 않았다. 그가 죄도 없이 감옥에 갇혔다가 돌아오자 더욱 살림이 어려워져 다른 사람에게 조석을 빌어먹는 처지가 되었다. 하루는 갑자기 대성통곡하면서 말하기를 "나는 참으로 도적질을 할 수는 없고, 그렇다고 결코 살아갈 방법도 없다" 하고는 드디어 목매어 죽었다.

아! 김병주는 잔인한 사람이구나. 가령 김병주가 6, 7일의 굶주림을 참았다면 단정히 앉아 죽을 수 있었을 것인데, 어찌하여 급하게 죽었단 말인가? 어찌 굶주림을 참지 못하는 것이 죽음보다 심했단 말인가? 아니면 우환과 의혹으로 본심을 잃었는가?

김병주는 옛날에 우리 조부께서 자랑했던 사람이다. 그가 일찍이 나를 만나러 왔는데, 내가 마침 바둑을 두고 있었다. 김병주가 괴이하게 여기고 "제가 옛날에 그대의 조부를 배알했을 때 그대는 옆에서 조부를 모시며 독서하고 있었다. 제가 집으로 돌아와 이 사실을 다른 사람에게 칭찬하지 않음이 없었다. 그런데 오늘의 광경은 전과는 다르니 이 점을 애석히 여긴다"고 하였다.

또 말하기를 "전에 꿈에서 그대의 조부께서 『논어』를 읽고 있었는데, '가령 주공의 재주의 훌륭한 점으로도 만약 교만하고 인색하다면 그 나머지는 볼만한 것이 없다'는 구절에 이르러서는 여러 번 반복하여 읽는 것을 보았다. 그러므로 여기에 와서 그 꿈을 말한다"고 하였다. 내가 두려워하는 모습으로 용모를 가다듬고 사죄했다.

김병주가 죽은 사실을 내가 제때 모르고 있다가 뒤에 소식을 듣고는 그를 위해 눈물을 흘렸으며, 그의 현명함으로도 유종의 미를 거두지 못한 것을 슬퍼했다. 또한 나에게 충고해준 말을 잊을 수가 없다. 이 사실을 써서 서사書事를 기술한다.

서사라는 장르가 특이하다. 마치 전이나 행장 또는 사략과 비슷하기도 하다. 묘지명과는 다르지만 그 사람의 특징적인 면을 잡아 서술하는 것은 전과 매우 흡사한데 본격적인 기록보다는 있었던 일을 쓴다는 느낌이 강하다.

이 글에서 이건창은 자신과 김병주의 특별한 관계에 주목해 기술하고 있다. 그것은 김병주가 이건창의 집 안에 와서 목격한 것을 이야기하는 데 근거하고 있다. 김병주가 이건창의 집에 왔을 때 어린 이건창이 조부를 모시고 옆에서 글을 읽고 있는 아름답고 듬직한 모습을 목격했다. 그런데 그 뒤에 우연히 한번 와보니, 조부는 이미 돌아가시고 이건창이 바둑을 두고 있는 모습을 발견했다. 그런데 그 모습은 앞에서 봤던 것과는 너무나 판이하여 김병주의 얼굴에 실망하는 빛이 역력했다. 그는 차분하게 꿈 이야기를 함으로써 이건창에게 경종을 울린다.

불효자를 참회하게 만든 대국민 담화문

신효자 서사書新孝子事

보성군 대곡리에 이씨 성을 가진 사람이 살고 있었다. 본관은 경주로 유랑하며 우거해 가세를 떨치지 못했으나, 오히려 사족士族으로 행세했다. 사람됨이 노둔했으며 글자를 모르는 무식한 사람이었다. 어머니, 형과는 따로 살았는데, 자신은 농사를 지어 스스로 먹고살 수 있었다. 형은 매우 가난해 때로 어머니를 굶주리게 하는 경우가 있었지만, 동생 이씨는 못 들은 척했다. 그리하여 마을 사람들이 그를 불효자로 지목했다. 그때 나이 30여 세였다.

여름 4월에 임금의 글[制書]이 하달돼 지방의 감사로 하여금 향약鄕約을 닦게 했다. 이로써 효도와 공경을 권장하고 사벽한 것을 금지하며, 백성 중에 선한 사람과 악한 사람을 기록하여 장려하고 매질하게 했다. 보성군수가 제서를 받들고 백성들에게 널리 알리기 위해 대소 인민들을 모아놓고 포고布告하며 유시諭示하였다.

그때 이 사람이 군중 사이에서 유시문諭示文을 듣고 머리를 숙이고는

효자도. 불효자였던 이씨는 임금이 공포한 대국민 담화
문을 듣고 집으로 돌아와 자신의 행실을 곧바로 고쳤다.

번민하며 말이 없었다. 한참 있다가 곧바로 어머니가 계시는 집으로 가서 자기 형에게 꿇어앉아 사죄하며 말하였다.

"동생이 혼매하여 어머니에게 효도하지 못하고 형에게 공경하지 못했으니 죄를 용서받을 수가 없습니다. 다행히 어머니와 형의 사랑으로 내가 행실을 고치는 것을 허락해준다면, 재산 삼분의 이를 털어 형을 돕고 어머니를 섬길 것입니다. 또 저는 마음으로는 어머니를 저의 집에서 봉양하고 싶습니다. 그러나 형이 장남이니 동생이 감히 간섭할 수 없는 일입니다."

어머니와 형이 크게 놀라 감탄했다. 그가 형의 집에서 물러나와 전답과 재산을 형 앞으로 등기하고 또 개인적으로 어머니를 위해 음식물을 갖춰 봉양했다. 닷새마다 시장에 가서 생선을 사와 몸소 음식으로 올렸던 것이다. 이로부터 마을 사람들이 그를 신효자라 불렀다.

향약의 우두머리가 온 마을 사람들이 모이는 날에 그를 불러 술을 하사하고, 그 사람의 명단을 선한 행실의 문적에 올렸다. 그리고는 어찌하여 그렇게 빨리 행실을 고치게 되었는가를 물어보았다. 그 사람은 능히 대답하지 못하고 다만 고개를 숙이고 있을 뿐이었다. 이병위李秉瑋라는 사람이 나에게 위의 이야기를 해주었다.

⁂

전라남도 보성 대곡리에 불효자가 나라에서 공포하는 대국민 담화문을 들고 하루아침에 행실을 고쳐 효자가 됐다는 이야기다. 이건창이 보성에 귀양 갔을 때 지은 것이다. 그가 귀양을 간 것은 1893년 가을에서 1894년 봄까지이니 이 글에서 여름 4월이라고 한 것은 아마도 1893년인 듯하다.

한번 보면 잊을 수 없는 사람

이행서 묘지명李杏西墓誌銘

군의 성은 이씨李氏, 이름은 덕언德言, 자는 문거文擧이며 행서杏西는 자호다. 군의 아버지 이제원李悌源에 대해서는 내가 이미 묘지명을 지어서 그 집안의 세계에 대해 서술한 적이 있다. 군은 두번째 부인을 맞이하여 아들 섭영燮英·섭응燮膺·섭경燮敬과 손자 유규愈珪·혜규惠珪·필규必珪·은규恩珪·헌규憲珪·염규念珪를 낳았는데, 지금 가장家狀을 가지고 묘지명을 청하러 온 사람은 섭응이다. 군은 어릴 때 유교의 학업에 종사하다가 버리고 무과 시험으로 방향을 옮겼다. 벼슬은 하지 못했지만 나이가 많은 덕택으로 가선대부嘉善大夫의 품계에 이르렀다.

　나의 조부가 개성과 함흥을 다스릴 때 제일 먼저 군을 맞이해 자신을 보좌하게 했는데, 계획하는 일을 군에게 자문하지 않음이 없었다. 우리 조부께서는 청렴하고 강직한 것으로 소문이 났기에, 그분이 취한 선비는 결코 한 터럭의 아첨하는 태도를 가진 자가 없었다. 후세 사람들이 우리 조부에 대해 평가하는 것에 대하여는 내가 감히 알지 못한다. 그러나 조부를 아는 사람에게 들어보면 나는 그들이 그렇게 생각한 것을 알겠으니, 이런 사실을 두고 본다면 곧 군의 사람됨을 충분히 알 수 있을 것이다.

군은 넓은 이마에 우뚝한 광대뼈로 체구가 크고 훤칠해 마치 옛 그림 속에 있는 사람과 같았으며, 목소리는 종소리 울리는 것과 같았다. 어릴 때 자못 의기意氣가 있는 것으로 자부해 다른 사람들의 어려운 일을 같이하기를 좋아하고 또한 다른 사람의 선한 점을 칭찬해주기를 좋아했다. 반면 착하지 않은 사람을 보면 질시하면서 안색을 그대로 드러냈다. 이 때문에 고을 사람들에게는 꺼림을 받았다.

뒤에 우리 집안과 원한관계에 있는 감사가 어떤 사건으로 군을 연좌시켜 매우 다급하게 심문했다. 그러나 군은 머리를 바로 들고 진술하여 변론하는데, 위엄이 있었으며 흔들리지 않았다. 이 때문에 감사가 더욱 노하여 엄청난 태형을 가해 유배를 보냈다. 군이 섭응을 데리고 귀양지로 향하다가 가는 길에 있는 우리 집을 찾아 조부를 배알하였다. 조부께서 혀를 차면서 "내가 그대를 괴롭게 하였구나"라고 하였다. 군이 태연히 "이것은 천명일 뿐입니다. 어찌 감히 원망하겠습니까?"라고 대답했다. 이때 아버지 형제들은 좋은 방을 비워 군이 거처하게 했고, 어머니는 친히 물을 끓이고 종들을 시켜 군을 시중들며 상처를 치료하게 했다.

당시 나는 매우 어려서 섭응을 따라다니면서 운자韻字를 정하고 글제목을 정해 시문을 짓는 것으로 즐거움을 삼았다. 섭응은 이때 이미 글을 지은 것이 넉넉하고 행실이 훌륭하며 신실한 선비였기에, 우리 조부께서 자주 칭찬했다. 그럼에도 불구하고 오직 군은 섭응이 일을 처리하는 것에 잘못이 있으면 야단치고 꾸짖어 늠연히 법가法家의 풍도가 있었다. 군이 나를 최고로 귀여워해 때로는 손을 잡고 다니면서 웃기를 좋아했다. 그러나 그의 말은 한마디도 태만한 데서 나온 것이 없었다. 군이 유배지에서 풀렸고 그로부터 몇 년 뒤에 조부의 초상에 문상을 왔는데, 그때 모습이 더욱 늙고 병들었지만 말을 타고 달려와서 병약한 자기 몸을 아끼지 않았다. 문상을 마치고 집에 돌아가서 죽으니, 나이 73세였다. 올해는 그해로부터 윤년이 일곱 번이나 바뀌었다.

나와 섭응의 양가 부모는 모두 돌아가시고 존속친이 거의 없으니 마침내 옛일과 같이 아득하게 돼버렸다. 그러나 군의 모습과 소리는 눈에 선하니, 이는 군이 우리 집과 연고가 있는 것이 다른 사람들과는 비교가 되지 않아서 그렇게 된 것만이 아니라, 군이 다른 사람의 눈에 한번 거쳐간 뒤로는 사람으로 하여금 잊을 수 없게 하는 점 때문이다.

섭응이 군에 대하여 써온 가장이 이러했다.

"일찍 아버지를 여의고 어머니 김씨 유인孺人을 섬기셨다. 10년 동안 탕약을 받들어 모셨고 몸소 속옷을 빨았으며, 병이 위독하자 자기 손가락의 피를 내어 먹이셨다. 어머니가 돌아가시자 묘 곁에서 여막을 짓고 삼년상을 지냈다. 아버지의 묘소는 어머니의 묘소와 같은 등성이에 있으면서도 가까이 있었다. 아버지가 돌아가실 때 초상에 참여하지 못한 것을 마음 아파하면서, 이에 아침저녁으로 아버지 묘소에 가서 통곡하기를 어머니 묘 곁의 여막살이를 하는 것같이 하였다. 이렇게 삼년상을 마쳤음에도 반드시 매달 초하룻날에 성묘하는 것을 삼년상 치를 때와 같이 하였다. 집에 거처할 때 달이 밝고 밤이 고요한 날을 만나면 혹 눈물을 주르륵 흘리니, 집안사람들이 왜 그렇게 우는지 감히 물을 수 없었지만 그분이 부모님을 생각하고 있다는 것을 알고 있었다."

아! 군은 효자라 할 만하다.

또 군의 계비繼妃 강씨 유인에 대해서는 가장에 다음과 같이 기록돼 있었다. 부유한 집안에 태어났으나 화려한 수식을 좋아하지 않았다. 시집옴에 베옷과 거친 음식으로 담박하게 지냈다. 늙어서 여러 자식에게 말하기를 "자식이 된 사람은 독서하여 의리를 알아 부모를 즐겁게 해드리는 것이 봉양의 지극한 것이다"라고 하였다. 섭응은 어머니의 가르침을 잘 받아들인 사람이다.

군의 묘는 모某지에 있고 모년 모월 모일에 장사 지냈다. 부인 유인 강씨는 다른 곳에 장사 지냈다. 그러므로 묘지명을 짓는 법칙상으로 보아 부부간에 따로 묘소를 두면 하나의 묘지명으로 쓸 수가 없다. 그러나 섭응의 같이 써달라는 청이 있었기에 두 분을 함께 서술한다. 명에 말하였다.

오직 이충정공李忠貞公의 문객은 그 사람됨이 효성과 절의가 있고 질박하고도 정직하니, 등용하기만 하면 임금과 나라를 보위할 것이네. 아! 날아오르지 못하고 이 유택에 묻혔으니, 내가 지은 묘지명의 내용에 사사로운 마음이 작용하지 않는 것이 이 비석과 같으리라.

행서 이덕언은 소론계에 속하는 이시원의 적극 추종파이다. 그는 강직하고 불의를 참지 못하는 사람이었다. 남의 환란을 같이하기를 좋아했을 뿐만 아니라 선인을 좋아하고 악인을 미워했다. 특히 악인에게는 싫어하는 표정을 얼굴색에 그대로 드러냈기에 당시 마을 사람들로부터 따돌림을 당했다. 이건창은 이런 사람을 매우 좋아하고 입전하기도 즐겨했다.

이건창은 조부 이시원에 대한 존모가 남다르다. 때문에 조부가 한 일과 천거한 인물 그리고 교유한 인물에 대해 극도로 신임하고 존경을 나타냈다. 결론에 해당하는 명銘에서도 이덕언이 이시원의 문객이라는 말을 먼저 내세우고 있다.

이건창은 소론계 인물을 입전하면서 흔히 당파에 치우쳐 서술하는 것을 걱정했고, 또 타인이 그렇게 생각할까 염려했다. 이에 그는 자기가 지은 묘지명에 사사로운 감정이 개입하지 않음을 단단한 비석에 비유해 전혀 거짓이 없다고 했다.

짚신 삼기에 담긴 성인의 도

유씨 늙은이의 묘지명兪叟墓誌銘

모년 8월 계미癸未일에 신을 삼던 유군업兪君業 늙은이가 숙환으로 강화하도 윤여화尹汝化의 빈집에서 죽으니, 나이는 70세였고 자식은 없었다. 그다음날 마을 원로들이 윤여화의 집에 모여 유씨 늙은이의 장례를 지낼 방법을 모의했고, 윤여화가 나에게 와서 이 사실을 아뢰었다. 내가 농사짓지 못하는 황무지 땅을 줘서 거기에 묻게 하고 또 묘지명을 지었다.

늙은이의 자는 군업이지만 이름도 없고 족보도 없을뿐더러 호적도 없으니 마음 아픈 일이다. 그의 죽음에 대해 상세하게 기록할 것이 있지만, 살아 있을 때에 대해서는 아무것도 없다. 늙은이가 중년에 홀몸으로 여기저기 우거하다가 윤여화 집에 들어와 주객이 된 지가 30년이다. 그는 질박하고 말을 더듬으며 다른 재능이 없었고 매일 오직 신을 삼는 것을 업으로 했다. 그러나 스스로 팔지 아니하고 윤여화에게 주었다. 그러면 윤여화가 그것을 팔아 쌀을 사서 주면 늙은이가 밥을 해

짚신을 삼는 것으로 평생을 보낸 늙은이에 대한 글에서 우리는 무얼 읽는가. 이웃에 살았던 이건창이 그 얼굴을 모를 정도로 집 밖으로는 한 발짝도 내밀지 않은 그의 삶과 신을 전문적으로 만들어내는 직업은 묘하게 아이러니를 이룬다. 성인의 도는 그것을 드러내려는 작의적인 의도와는 반비례한다는 그런 깨달음을 이건창이 전하고자 하는 바가 아닐까 한다.

먹었다. 혹 신을 팔지 못해 쌀을 장만하지 못했을 경우 늙은이는 여러 날 밥을 굶었다.

마을 사람들 중에 아무런 대가 없이 와서 신을 구해도 늙은이는 즉시 신을 만들어주었다. 혹자가 외상으로 해놓고 갚지 않은 것이 오래되어도 또한 늙은이 자신이 직접 가서 돈을 요구한 적이 없었다. 때문에 한 해가 다 가도록 한 걸음도 문밖을 나가지 않았다. 나의 집은 윤여화 집과 서로 바라볼 정도로 가까웠지만 한 번도 늙은이의 얼굴을 알지 못했으니, 이런 점을 보면 늙은이가 아마도 범상한 사람이 아닌 것이다.

그런데 내가 일찍이 슬퍼하는 것은, 옛날의 성현이 종신토록 세상에 한 가지 일도 실현하지 못했지만 그들이 한 업業은 다 세상에서 행해지고 있다는 사실이다(성현이 일삼던 업을 후세 사람들이 모두 행하고 있다). 지금 이 유씨 늙은이도 평생토록 일찍이 한 걸음도 거리에 다니지 않았지만 그가 한 업은 또한 세상에 행해지고 있다(늙은이가 만든 신을 신고 사람들이 세상을 다니고 있다).

비록 성현과 늙은이가 사용한 도구에 있어서 크고 작은 차이는 있지만, 그렇게 부지런히 하고서도 자기에게 소용이 없기는 마찬가지였으니 이것 또한 슬픈 일이다. 그러나 성현은 이미 스스로 자기 도를 세상에 행할 수도 없었다. 게다가 천하 사람들이 끝내 그 도를 쓰지 않았으며, 성현은 도리어 비방을 초래하고 재앙에 걸려 근심하며 편안하지 못했다. 늙은이 같은 경우는 본디 세상에 실행하는 데 뜻이 없었지만, 이웃 사람들이 오히려 그의 신을 사용할 뿐만 아니라 값을 치러주었다. 이에 늙은이는 그런 노력의 대가로 먹고살며 늙어가서 마침내 세상을 마쳤을 뿐, 다른 걱정은 없었다. 그러므로 과연 늙은이가 범상한 사람이라면 아무런 유감이 없겠지만, 늙은이가 과연 범상한 사람이 아니었더라도 또한 무슨 유감이 있겠는가?

명에 말하였다.

오곡이 풍성한 것은 백성들이 소중히 여기는 바이니
알맹이는 거두어 먹고 짚은 버리네.
그런데 유씨 늙은이는 짚을 가지고 일생의 업으로 마쳤으니
짚으로 살아서는 신을 삼고 죽어 장례 지낼 때는 거적에 싸여 있네.

이건창은 유씨 늙은이를 성현과 비교해 논의한다. 성현의 학업이 후세에 모두 행해지듯, 유씨 늙은이가 만들어놓은 신은 세상의 모든 사람들이 신고서 길에 걸어다닌다. 비록 사용한 도구에 있어서 성현은 위대하고 크며 유씨 늙은이는 작고 보잘것없지만, 양자가 모두 부지런히 하고서도 자기에게 소용이 없기는 마찬가지였으니, 이 점이 성현이나 당사자인 늙은이에게 슬픈 일이라고 이건창은 생각했다.

그러나 성현은 천하 사람들이 끝내 그 도를 쓰지 않음으로써 도리어 근심하며 편안하지 못했지만 유씨는 본디 세상에 행하는 데 뜻이 없었다. 그럼에도 이웃 사람들이 오히려 그의 신을 사용했고 그 덕택으로 먹고살면서 다른 걱정은 전혀 없었다. 이렇듯 내공이 대단한 늙은이가 범상한 사람이라면 아무런 유감이 없겠지만, 그렇지 않더라도 또한 무

슨 유감이 있겠느냐는 것이 이건창의 생각이다.

명은 7언 절구로 돼 있는데 표현이 매우 절묘하다. 곡식의 알맹이는 사람들이 소중히 여겨 가지지만 짚은 버린다. 유씨 늙은이는 살아서는 짚으로 짚신을 삼았고 죽어서도 짚으로 만든 거적에 싸여 돌아갔다.

받아들임이 부끄럽지 않으리

김눌옹 묘갈명金訥翁墓碣銘

내가 이미 김눌옹金訥翁을 위해 그가 지은 『성오록省吾錄』에 서문을 쓴 적이 있다. 그러나 나는 실제로 눌옹을 보지 못했다. 눌옹이 내가 지은 서문을 보고 매우 기뻐하면서 그의 손자를 내가 살고 있는 서울의 집에 보내 사례하였다. 또한 식객인 이생李生을 내가 사는 강화도에 자주 보내 그가 지은 글을 질정해주기를 구하였다. 이때 눌옹은 이미 80세 [大耋]의 나이였다. 내가 이생에게 눌옹은 결국 어떠한 사람인가를 물어보았다. 이에 이생이 다음과 같이 말하였다.

어르신네가 어릴 때는 가난했는데, 한번은 밖으로 놀러 나갔다가 길에 백금이 떨어져 있는 것을 보고는 그곳에서 기다리고 있다가 주인에게 돌려주었다. 이런 선행을 한 뒤로부터는 하는 일이 문득 잘되어 집안이 융성하게 되었다. 이에 다시는 농사와 산업 등의 일에 신경을 쓰지 않고, 날마다 가축을 잡아 손님을 맞이해 자기 아버지를 즐겁게 해드렸다. 아버지가 돌아가시자 상주 노릇을 매우 잘하였다. 제사를 지냄에 예에 맞추어 재계를 반드시 3일 동안 하였다. 제사 당일에는 반드시 의관을 정제하고 바르게 앉아 제사를 기다렸는데, 지금까지 이 일을 게을리 한 적이 없었다.

학문을 지극히 좋아해 비록 여항의 소년으로 자기의 자손과 나이가 같은 자라 할지라도, 만약에 독서하여 글을 알고 문답해 의문점을 풀어줄 수 있는 사람이면 문득 "이 사람은 나의 스승이다"라고 하였다. 남산南山 아래에 집을 지어 책을 사서 가득 채워놓고, 사방의 문사文士를 널리 맞이했다. 입으로는 성인을 비난하는 글을 외우지 않고, 눈으로는 부드럽고 아름다운 여색을 보지 않았으며, 몸에는 특이한 좋은 옷을 입지 않았다.

의리를 좋아하고 재물을 가벼이 여기는 점은 대개 천성으로 타고난 것이었다. 장례를 지내지 못하고 있는 이에게 장례를 지내주고, 장가를 가지 못하고 있는 이에게 장가를 보내주며, 공부를 하고 싶어하지만 돈이 없는 이에게 불을 밝히도록 기름 값을 공급해주었고, 먼 길을 가려는데 양식이 없는 이에게는 포와 마른 양식을 주었다. 풍년이 들면 평년의 값으로 곡식을 사서 창고에 들이고, 흉년이 들면 곡식의 값을 내려서 팔았다. 식구가 많은데 양식이 부족한 이에게는 비록 촌수가 먼 사람이라 할지라도 긍휼히 여김을 싫어하지 않고 도와주었고, 수척한 모습을 하고서 애처로운 말로 구걸하면 비록 모르는 사람이라 할지라도 그에게 속을 것을 염려하지 않고 도와주었다.

내가 듣고 감탄하여 말했다. "옛날에 조위후趙威后가 말하기를 '이런 것은 임금을 위하고 백성을 기르는 것이다'라 하였으니, 눌옹 같은 이가 어찌 그런 경우가 아니겠는가?"

눌옹은 고종 28년 12월 28일에 죽었고, 그다음해 2월 6일에 고산현 운북면 문왕동 간艮 방향을 등진 언덕에 장례를 지냈다. 이생이 묘지명을 청하러 왔는데, 가장을 살펴보니 다음과 같았다.

눌옹의 이름은 서序이고 자는 경유景有이다. 본관은 김해이지만 지금은 전주에 산다. 증조부와 조부와 아버지는 모두 시골에서 은거했다. 눌옹은 무과에 급제해 남진별장南鎭別將에 제수됐다가 오위장五衛將에 올랐다. 여러 번 관찰사와 어사들이 행의行誼로 추천하는 데 힘입어 가선대부에 올랐고 추가로 자헌대부資憲大夫에 이르렀다. 그 뒤에 낙안군수에 임명됐지만 늙음으로 사양하고 부임하지 않았다. 이미 죽음에 효행을 조정에 알리니 관직을 특별히 증직하였다. 아들은 석주石柱이고, 손자는 전 감찰을 지낸 준문俊文이며, 증손자는 명규命圭로 진사이다. 그가 지은 저술로는 『성오록』과 문집 약간 권이 집에 소장돼 있다.

명에 말하였다.

부유하여 예를 좋아하고
늙어서 학문을 좋아하였네.
내가 말을 화려하게 꾸미지 않았으니
눌옹이 받아들임이 부끄럽지 않으리.

이 묘갈명은 이건창이 눌옹 김서를 한 번도 보지 못한 상태에서 식객 이생을 통해 생애와 인품을 듣고 서술한 글이다. 다시 말해 제3자의 이야기를 자기의 논리 전개로 삼고 있다. 이건창은 그전에도 눌옹이 지은 『성오록』에 서문을 지은 적이 있다고 하였다. 그러나 실제로 이 글은 이건창의 문집인 『명미당집』에 남아 있지 않으니 아마도 문집을 편집·간행하면서 삭제한 것이 아닌가 한다.

이생이 이야기한 눌옹의 행실은 한마디로 훌륭한 인간 이상이다. 그러므로 이건창이 묘지명으로 지을 만한 인물이라고 생각했을 것이다. 특히 명에서 "말을 화려하게 꾸미지 않았으니 받아들임이 부끄럽지 않으리"라고 한 것은 가식 없이 진솔하게 기록됐다는 해명이다. 하지만 길에서 돈을 주워 주인에게 돌려줬다는 이야기는 다른 묘지명에서도 반복돼 나오는 것으로 무언가 석연치 않은 점이 있다. 뿐만 아니라 주인공의 선행이 한 인간이 실행하기 어려울 정도의 규모라서 그 진위 여부를 알 수 없다. 다만 묘지명의 특성상 미화하지 않을 수 없다는 점을 염두에 두어야겠다.

모든 면이 어른 같았던 친구

의람 홍군 묘갈명瀠嵐洪君墓碣銘

옛날 내 친구 중에 의람瀠嵐 홍군洪君이라는 사람이 있었는데, 나보다 일곱 살이 많았다. 그를 처음 만날 때를 기억해보니 나는 바야흐로 귀여운 어린아이였고, 의람은 헌칠하고도 수염이 났는데 자칭 어른[長者]이라고 했다. 그가 장자라고 하자 갑자기 선배에 대한 대접을 무시할 수가 없었지만, 오랜 뒤에 차츰차츰 친하게 되었다. 의람은 참으로 어른다웠다. 내가 아는 사람이 적지 않지만 의람 같은 사람을 본 경우는 거의 없었다.

의람은 곧으면서도 사리에 통달하였고, 분별이 있으면서도 후덕함을 잃지 않았다. 여러 사람과 같이 있으면 뜻과 기상이 커서 항상 사람을 보호하고 덮어줌이 있는 것 같았다. 일을 처리함에 급한 것과 느슨한 것에 관계없이 모두 잘하였다. 다투는 사람이 있으면 천천히 나직한 소리로 그 문제점을 해결하기도 하고, 혹 조율하여 처리하는 데 얼음이 녹듯이 풀렸다. 그러다가도 의리상 불가함을 만나면 오뚝이 서서 흔들리지 않았으며, 또한 면전에서 사람을 꾸짖는 것도 어려워하지 않았다.

집 안에 있을 때도 몸을 닦고 마음을 계칙하였다. 아버지를 따라 서울에 있었는데, 아버지께서 벼슬한 지가 여러 해 되어 연로하시고도 가난했다. 그러나 의람이 받들어 모시기를 매우 잘하여 아버지로 하여금 항상 즐겁게 하였다. 내외 친척이 무려 수십 집이었기에 길사와 흉사가 없는 달이 없었지만, 의람이 모두 도왔으며 또 틈틈이 두루 돌보아주었다. 그렇다고 우리 문주회文酒會에 의람이 참석하지 않은 일이 없었으니, 그가 힘쓰고 민첩함이 또한 보통 사람보다 뛰어났던 것이다. 그런 이가 나이 겨우 38세에 포의로서 인생을 마감했으니 애석하구나.

작고한 지 15년 뒤에 의람의 아들이 나에게 묘갈명을 부탁했다. 나는 비록 인사를 접고 글을 짓는 것을 경계하던 상황이지만, 의람의 묘갈명 짓는 일은 차마 그만둘 수가 없었고 더군다나 행적을 상세하게 기록하여 전하는 일을 매우 하고 싶었다. 비록 내 글이 후세에 전할지 전하지 않을지는 모르겠지만, 그래도 이 글을 통해 일찍이 아버지를 잃어 사모하는 자식(이건창 자신)의 마음을 위로할 수 있을 것이다. 나 또한 점점 쇠약하여 그분에 대해 기억나는 것이 많지 않으니, 기억나는 것을 기록하면 이와 같은 것뿐이다.

의람이 일찍이 장인을 따라 연경에 가서 현인·호걸들과 교유하고 신간 『무비서武備書』를 구해 귀국했다. 당시에 조정에서는 척이斥夷를 숭상하며 전수戰守를 주장하고 있었다. 그러나 대부분 큰소리만 칠 뿐 실제 상황에 있어서 예기치 못한 일을 방어할 만한 것이 없었다. 의람은 이에 관심을 가지고 있던 사람이었으니, 그가 병서를 구입해온 것이 어찌 한갓 부질없는 일이었겠는가? 당시 조정에서 이것을 계기로 의람을 등용하려 했다면, 의람은 벼슬을 진실로 달갑게 여기지 않았을 것이다. 얼마 후 서양 침략의 사변이 터짐에 다시는 의람을 찾는 사람이 없었으며 그 또한 죽고 없었다. 가령 의람이 지금까지 살아서 그 사실을 알았다면, 어찌 유독 자기 일신이 불우했던 것을 가지고 유감스럽고 한스러워했겠는가?

의람의 이름은 우헌祐獻이고 자는 치언稚彦이며 본관은 풍산이다. 선대 조상으로 모당慕堂 문경공文敬公 홍이상洪履祥으로부터 이계耳溪 문헌공文獻公 홍양호洪良浩에 이르기까지 대대로 명망 있는 사람이 있었다. 증조부는 이조판서 문목공文穆公으로 이름은 희준羲俊이고, 조부는 남원부사로 이름은 석모錫謨이다. 의람은 남원부사의 둘째 아들인 당진현감을 지낸 선주善周의 맏아들인데, 성균진사로 이름이 건주健周인 백부에게 양자로 들어갔다. 부인은 창녕昌寧 성씨成氏 판서 이호彛鎬의 딸이다. 세 아들을 낳았으니, 승록承祿·승재承宰·승국承國으로 모두 책을 읽어 학문을 할 줄 알았는데, 첫째와 막내는 진사과에 합격했다. 손자와 손녀들은 모두 어리다.

의람의 묘지는 한성 동쪽 교외 우이동에 있는데, 그곳은 선영이다. 의람이 일찍이 우리 문인들과 함께 북한산을 노닐며 우이동에서 하룻밤 묵었다. 계곡의 물을 떠 마시며 등불을 밝혀놓고 시를 지었는데 그중에 '귀歸' 자 운韻을 써서 지은 시가 지금 생각난다. 아! 의람은 돌아갔구나[歸]. 그 또한 내가 묘갈명을 지은 사실을 알진저.

명에 말하였다.

북한산에 노닐면서 우이동에서 하룻밤 묵었는데, 지금 공과 공옥公玉은 모두 죽었구나.
문일文一과 성조聖肇는 군의 아들을 돌봐주고, 나는 군의 묘갈명을 문일은 묘지명을 각각 지었네.
공옥과 건표建杓는 나와 같이 성이 이씨로, 군의 외사촌이면서 덕이 군과 서로 비슷했네.
현명했음에도 장수하지 못하는 것을 생각하니 탄식이 되나, 오히려 복록을 남겨두었다가 후손을 번성하게 하였네.
나는 공옥 덕택으로 군의 묘갈명에 이름을 붙이게 되었으니, 역사 서술 관례의 변칙으로 옛날에도 이와 같았네.

명이 매우 독특하다. 명은 대체로 앞의 내용을 축약하는 것으로 상례를 삼는다. 그러나 이 명은 앞에서는 알 수 없는 새로운 내용으로 가득 차 있다. 또한 특이한 것은 이름과 자가 대거 포함돼 있다는 점이다. 공옥, 건표, 문일, 성조 등 사람의 이름이 그것이고, 거기다가 북한, 우이 등 지명까지 합하면 고유명사가 명의 대부분을 차지한다. 아마도 공옥은 이건표의 자로 이건창과 가까운 일가인 것 같다. 따라서 이건표를 통해 주인공 홍우헌을 알게 돼 자주 시주회에서 만났던 것으로 생각된다. 그 시주회는 위에서 나오는 문주회일 것이다. 이건표는 주인공과 내외종간이다. 명에 등장하는 인명 중 문일은 아마도 홍성조의 자가 아닌가 한다. 그는 일찍 아버지를 잃은 주인공의 아들을 보살펴주었고, 주인공의 묘지명도 지었다.

홍우헌의 묘갈명은 가계와 후손에 대해서는 극히 간략하게 기술돼 있는 반면 주인공의 특징적인 면모를 드러내는 것에 주안점을 둔 뛰어난 작품이다. 따라서 이 글의 첫 부분에 이건창이 주인공을 알게 된 동기와 그때 느낀 점을 기술하는 것으로 시작해, 주인공의 훌륭한 점을 대외적인 것과 집안 내에서의 행실로 나누어서 기술하고 있다. 대인관계에 훌륭했고 부모와 친척에게 두루 잘하였다는 것이다.

특히 그가 중국에 가서 『무비서』를 구입해온 것은 당시 양이洋夷들의 침략이 빈번한 상황에 대처해보려는 현실 인식이라면서 극구 칭찬하고 있다. 이런 점들이 이건창이 벼슬을 전혀 하지 않은 미미한 사람에게 묘갈명을 쾌히 지어준 이유가 아닌가 한다. 글을 지을 당시 이건창은 신변에 좋지 못한 일이 있어서 인사를 폐하고 될 수 있으면 글을 짓지 않는 것으로 목표로 삼고 있었다(아마도 귀양을 간 것이 아닌가 한다). 그럼에도 의람을 위해 묘지명을 지어서 행적을 상세히 드러내 후세에 알리려고 했던 정신에 주목하지 않을 수 없다.

나라를 지킨다는 것의 어려움

관수옹 묘갈명灌水翁墓碣銘

옛날에 타인의 명을 짓는 사람이 스스로 말하기를 "평생토록 부끄러운 얼굴빛이 없던 적이 없다"고 하였다. 그러하다면 글을 짓는 것을 어찌 쉽게 할 수 있겠는가? 또 이것은 어찌 명을 짓는 일에만 해당하겠는가? 나 또한 글을 많이 지어왔다. 타인에 대한 글을 지을 경우에 눈으로 직접 본 적이 없는 것에 대해서는 부화한 말로 드러내지 않았다. 그러나 눈으로 보지 못했음에도 글을 지어달라는 요구에 응하게 되면, 지은 글에 대해 처음에는 또한 그것이 부끄러운지 부끄럽지 않은지를 알지 못한다. 나중에 글의 주인공이 행한 업적을 상세히 알게 돼서 그것으로 지어놓은 문장을 검증하는 데 이르러서는, 부끄러운 것이 항상 많았고 그렇지 않은 것이 항상 적었다. 이에 오랫동안 그러했던 점을 마음 아프게 여기면서도, 사람이 글을 지어달라고 요구하면 또 응하지 않을 수 없으니 이 점이 더욱 부끄러워할 만한 것이다.

생각하건대 일찍이 내가 관수옹을 위해 「관수정기灌水亭記」를 지어서 그의 관개사업과 주민을 유익하게 한 일에 대해 대단히 칭찬한 적이 있었다. 그러나 당시 기문을 지을 때 관수옹의 업적이 과연 내 글에 부합하는지 알 수가 없었으니, 그 이유는 대개 직접 눈으로 보고 지은 것이 아니고 글을 지어달라는 요구에 응했을 뿐이기 때문이다.

그 뒤에 내가 관수옹의 고향 보성에 귀양을 가게 되어서 드디어 그가 주인인 관수정에 거처하게 됐다. 이에 관개한 곳을 다니며 보았고 다시 관수정에 걸려 있는 내가 지은 「관수정기」를 읽어보았다. 그러고는 이내 그 글이 거칠게 서술되어 관개사업과 주민을 유익하게 한 업적을 극진히 표현하지 못한 것 같다는 생각이 들었다. 이 때문에 도리어 관수옹에게 부끄러웠다.

가령 천하에 글을 지어달라고 부탁하는 사람이 모두 관수옹의 관개사업과 같고, 천하에 글을 지어주는 사람이 모두 나의 「관수정기」처럼 거칠게 지었다면, 글은 실제의 업적에 부합되지 않아 부끄럽게 되고 실제의 업적은 글에 부끄럽지 않게 된다.

내가 관수정에 거주하다가 한 해가 지나서 석방돼 집으로 돌아왔는데, 그 뒤 관수옹은 섬진蟾津 별장別將이 되었다. 이때 삼남三南에 대란(동학혁명)이 일어나 적도 수천 명이 섬진진을 지나면서 관수옹에게 무기[軍器]를 빌려줄 것을 요구했다. 관수옹이 말하기를 "군기가 어찌 빌려줄 수 있는 물건이겠는가?" 하니, 적도들이 군기고에 달려들어 자물쇠를 부셔버리려 했다. 이에 관수옹이 몸을 분연히 떨치고 일어나 문에서 대항하니, 적도들이 관수옹에게 칼날을 들이댔다. 관수옹이 가슴을 풀어헤치고 웃으면서 말하기를 "늙은 나는 나이가 일흔 살이다. 나라의 은혜를 입어 성을 막는 관직에 임명돼 국록國祿을 먹고 있었는데 오늘 죽을 장소를 얻게 되었다. 너희는 나의 시신에서 향기가 나는 것을 보게 될 것이다. 어서 빨리 찔러라 어서 빨리 찔러라" 하였다. 적도들이 놀라 감탄하면서 서로 이끌고 가버렸다.

적도들이 처음 봉기할 때는 오히려 일반 백성에 지나지 않았다. 그들이 관리들의 탐학함에 받은 고통을 품고 무리로 모여 웅성거리고 있으니 관리들이 문득 도망가버렸다.

이에 백성들이 다른 마음이 생겨 무기를 탈취하게 되었다. 적도들이 도망가지 못한 관리들에게 무기를 빌려줄 것을 요구하자, 곧바로 관리들이 손수 무기고를 열어 갖다 바쳐서 공손하게 적도를 따르게 되었다. 이에 백성들로 하여금 모두 무기를 탈취해 적도가 되게 했으며, 그로 인해 재앙이 만연하게 되어 나라를 나라라 할 수 없는 지경에 이르게 했다. 가령 호남의 자사刺史*들이 모두 관수옹과 같이 대처했다면 어찌 적도들에게 병기를 제공하고 양식을 공급해 성을 잃고 관직을 상실하며, 천하 사람들이 조선에는 사람도 없는 나라라고 비웃으며 말하는 지경에 이르렀겠는가? 또 외국이 우리나라의 허술한 틈을 엿보아 공격함에 마침내는 항거해 죽는 사람이 없어서, 지금처럼 나라를 나라라 할 수 없는 지경에 이르게 했겠는가?

애초에 내가 관개의 업적에 대해 기문을 쓸 때는 옳게 알지 못하는 관수옹이었고, 지금 내가 관수옹이 적에게 항거한 일을 기록한 이 글은 옳게 알게 된 관수옹이다. 앞서 지은 것이 옳게 몰랐기 때문에 거칠고, 지금 짓는 것은 옳게 안다고 하여 내 사적인 마음을 첨가해 적도들

✽
자사刺史 관찰사 이하 관리.

에게 항거한 일을 대서특필하는 것은 아니다. 이렇게 하고 나니 정히 글이 그분의 업적에 부끄럽지 않게 되었고 업적 또한 참으로 글에 부끄럽지 않게 되었다고 할 수 있다.

관수옹의 성은 임씨林氏이며 이름은 신원慎源, 자는 순여舜如다. 그의 선조는 조양兆陽 사람인데, 조양은 지금 보성에 합쳐졌다. 관수옹은 보성 읍내의 집에 살면서 읍 밖에 별장을 두었으니, 앞에서 말한 관수정이 그것이다. 관개에 대한 업적은 내가 이미 「관수정기」를 지었으니 비록 거칠기는 하지만 지금 보충할 필요는 없고, 관수옹이 자발적으로 적도들에게 항거한 업적을 기록해서 후세에 전하는 것이 좋을 것이다. 관수옹은 섬진 별장을 지내다가 고향으로 돌아간 그다음해에 아무런 질병 없이 죽었으니 향년 67세였다. 보성의 언덕에 장례를 지냈다. 1남 양온樑韞을 두었다.

내가 관수옹 집에서 객으로 있을 때 관수옹이 심력을 다해 나를 섬겼으며, 이별을 할 때 눈물을 줄줄 흘렸다. 내가 그곳을 떠난 뒤에 그는 날마다 내가 관직에 등용되기를 축원하면서 서신 연락을 아끼지 않았으니, 우호의 지극함이라 하겠다. 그러나 나는 동학난 이후에 스스로 관직에 나아가지 않을 것을 맹세했다. 올해(1896) 봄에 임금의 부름을 받았으나 칙지를 받들지 않았다. 이 때문에 감옥에 갇혀 귀양 가는 것을 의논 중인 지경에 당면하였다. 내가 감옥에 있으면서 스스로 "내가 어디서 다시 관수옹 같은 이를 볼 수 있을까?" 말했는데 관수옹은 이때 죽었었다. 내가 감옥에서 나와 고군산도에 유배됐을 때, 양온이 아버지 관수옹의 장례를 치르고 곧바로 편지를 써서 사람을 보내 안부를 물었으니, 아들은 아버지의 뜻과 같은 사람이라 할 수 있다. 그 사람이 돌아갈 때 묘갈명을 지어줘서 묘도墓道에 세우게 했다.

명하여 말하였다.

내가 일찍이 세 번 귀양을 갔는데
가는 곳마다 머물게 하는 주인이 있었네.
그분들의 노고에 보답을 하지는 못했지만
고맙다는 생각을 나의 글에다 모두 실었네.
그런데 유독 관수옹에 대한 글은 생각해보지도 않고 거칠게 지었다가
나중에 자연스럽게 관수옹의 전할 만한 업적을 짓게 되었네.
나로 하여금 관수옹에 대한 위로를 저버리지 않게 했으니
그곳에 가서 사적으로 섬진강을 볼 수 있게 되었네.

문인이 짓는 글의 내용이 실제 주인공의 행적과 일치하면서 극진하게 표현하는 것은 매우 어려운 일이다. 때문에 옛날 묘갈명을 잘 지었던 사람도 이에 대해서는 평생 부끄러운 일이 없을 수 없다고 고백했던 것이다. 이건창은 관수옹 임신원에 대해 이 글 외에 「보성정자천관수정기」라는 한 편의 글을 더 지었었다. 그러나 그 글이 미흡했던 점을 반성하여, 보다 사실에 부합하는 내용으로 보충해 주인공의 업적에 최대한 부끄럽지 않게 하고자 하였다. 따라서 이 글은 앞 글의 보유편에 해당된다 하겠다.

이건창은 관수옹이 동학혁명 때 무기고를 굳건하게 지켜 나라에 충성했던 것을 드러냄으로써 당시 부패하고 썩은 관리와 나라를 비판하고 있다. 동학혁명에 가담한 사람들은 원래 나약한 백성에 지나지 않았다. 그런데 그들이 일어나자 관리들이 먼저 달아났고, 남아 있는 관리들 역시 아무런 저항 없이 무기고를 그냥 열어주었다. 이 때문에 백성들이 폭도로 바뀌어 전국이 혼란의 소용돌이로 빠지게 됐다는 것이다.

이 묘갈명에서는 일반적인 묘갈명에 보이는 조상의 내력과 가문의 소개, 자손의 서술 등이 너무 간략히 표현돼 있어, 형식에 있어서 묘갈명이라 할 수 없을 정도로 파격적이다. 조상이 누구인지에 대한 기록이 없고 종조부와 조부, 부의 이름이 모두 모某로 처리돼 있다. 또한 어머니는 말할 것도 없고 주인공 아내의 성씨도 없다. 다만 아들의 이름만 보이는 것은 아들이 묘갈명을 부탁하는 등 이 글을 전개하는 데 필요했기 때문이다.

효행과 열부는 반드시 눈으로 확인하라

이군 묘갈음기李君墓碣陰記

효자 증贈 동몽교관童蒙敎官 이지수李志壽는 36세에 죽었다. 죽은 지 36년 만에 남원부 오수산鰲樹山 아래에 이장했고 그 부인 김씨도 합장했다. 그로부터 6년 뒤에 나라에서 관직을 추증했고 정려각을 내렸으며, 또 그로부터 3년 뒤에 비석을 세워 내가 비석의 음기陰記를 짓게 되었다.

　대개 내가 알고 있는 사람은 효자의 아들 용섭龍涉뿐이다. 용섭은 권문세가의 집에서 태어나 성장했고, 섬기는 공경 대인들이 많으며, 그 재주와 힘으로 보아 어디를 간들 자기가 하고자 하는 것을 이룰 수 있다. 그럼에도 불구하고 유독 내게 정성을 다하여 지금까지 수십 년이 지나도록 능히 그만두지 않는다. 그 사람의 뜻을 살펴보니, 내게 바라는 것이 있어서 그런 것이 아니고 반드시 내게 좋아하는 바가 있어서 그렇게 하는 것이다. 그렇다면 나에게 좋아할 만한 점이 어떤 것이 있단 말인가? 가령 나에게 좋아할 만한 점이 있더라도 또한 용섭이 간여할 수 없는 것이다. 그런데도 용섭이 오히려 내게 바람이 있는 것 같으니 이 점이 그에게 부끄러운 바이다. 가령 용섭을 위해 조금이라도 내 마음을 드러낼 수 있다면 내가 무엇을 아끼겠는가?

옛날에 망계望溪 방씨方氏*가 문장을 짓는 데 매우 삼가고 엄정하여, 평생 글을 지음에 눈으로 직접 보지 않은 것은 경솔하게 짓지 않았다. 그러나 효자와 열녀의 일만은 들음이 있으면 문득 즐겨 글을 지었다. 나는 그렇게 생각하지 않는다. 천하의 일에는 혹 눈으로 직접 보지 못하고 글을 지을 수도 있지만, 오직 효자와 열녀의 행실은 반드시 눈으로 확인한 후에 글로 지어야 한다. 비록 눈으로 확인하지는 못했지만 반드시 귀로 들음에 확실한 근거가 있다면, 눈으로 확인한 이후에 글을 짓는 것 이상일 것이다. 이효자李孝子의 효도는 이미 영광스럽게 나라에서 내리는 상장을 받았고, 민풍民風에 5장丈 높이의 정려각을 세웠으니, 증거할 만한 것이 이보다 더한 것이 무엇이 있겠는가? 하물며 내가 용섭에게 아낄 것이 없음에 있어서랴?

이효자는 본관이 전주로 아버지는 규상奎祥이고 조부는 희엽禧曄이며 증조부는 하상夏相이다. 그의 선조 중에 관직이 순창군수를 지낸 사람이 있다. 효자는 부모를 섬김에 혼정신성과 동온하정冬溫夏淸*을 하였으며, 부모의 생각에 앞서서 그의 뜻을 받들었다. 이런 일을 죽을 때까지 게을리하지 않으니 자제들이 본받아 법으로 삼았다. 또 고을 사람들이 칭찬하여 이설이 없었다.

*
망계 방씨 청나라 때 방포方苞의 호.
동온하정 겨울에는 따뜻하게 여름에는 서늘하게 한다는 뜻으로, 부모를 잘 섬겨 효도함을 이르는 말.

부모가 돌아가시면 자식은 여막에서 시묘살이를 3년간 했다. 이효자는 권세가 있는 인물임에도 부모에게 헌신을 다하는 모습을 보여 이건창은 흔쾌히 이 글을 지어주었던 것이다.

아! 이런 효행은 천하 사람들이 보통 행하는 평범한 것이지만 효자가 특별히 조정에 알려졌으니, 어찌 다행한 일이 아니겠는가? 세 아들과 다섯 손자가 있는데, 그들의 이름을 다 기록하지 않고 그 숫자만을 기록해 효자가 하늘에 보답받은 것을 드러내기를 이와 같이 한다.

권세와 실력에 붙어 아부하는 것을 싫어하는 이건창이 이지수李志壽의 묘갈명을 쾌히 쓰게 된 이유는 다음과 같다. 이지수는 전주 이씨로 대문벌 집안의 자제다. 당대의 권력가와 정치가들을 두루 사귈 수 있었고 또 마음만 먹으면 무엇이든 할 수 있는 사람이었다. 그럼에도 권력도 힘도 없는 이건창에게 수십 년간 정성을 다했으니 오로지 헌신적 봉사에서 그러했다. 그가 이건창에게 다만 바라는 것 딱 하나는 자기 아버지 묘갈명을 지어주는 것이었다. 그러니 이건창의 입장에서 그것마저도 아껴서 글을 짓는 것을 사양할 수 없었던 것이다.

더군다나 이지수는 효자상과 정려각을 받은 국가에서 공인한 효자이다. 이건창은 이 글에서 글을 짓는 데 자기 나름대로의 기준을 제시하고 있다. 일반적인 글의 경우 더러는 눈으로 직접 보지 않고 지을 수도 있지만, 효자와 열녀의 경우는 반드시 자기가 눈으로 확인하거나 뚜렷한 증거 자료가 있어야만 글을 짓는다고 했다. 이는 청나라 망계 방포가 글을 짓는 태도와 매우 다르다. 그 이유는 이건창이 효자와 열녀의 실행을 매우 중요시했기 때문이다. 혹은 가짜 효자와 열녀가 없잖아 있었다는 걸 강조하는 부분이기도 하다.

제6부 효부와 열녀

"위급한 것은 사람에게 때때로 있기 마련인데, 그 위급함을 함께하며 발 벗고 나서는 자는 항상 있지 않다. 이런 일은 예로부터 사대부들도 실천하기 어려운 것인데, 백상월은 능히 그것을 해냈으니 누가 백상월을 기생이라 말하는가?"

5부가 서민 가운데 남성의 뛰어난 행적을 모은 글이라면, 6부는 여성의 훌륭한 행실, 그중에서도 특히 열녀와 효부의 특출한 이야기를 모아놓았다. 「이수칙전」은 사도세자를 하룻밤 모신 이수칙이 평생 정절을 지키며 시집을 가지 않았다는 내용이며, 「백상월전」은 기생 백상월이 하급 관료에게 헌신적인 사랑을 바친 이야기다. 「선충정공의 김정녀 기록에 대해 삼가 쓰다」는 초례도 치르지 않은 김정녀가 시가에 와서 일생을 바치다가 임종 때 저승에서 남편을 보기 위해 신부처럼 화장하고 죽었다는 소설과 같은 내용이다. 15세에 청상과부가 되었던 천민 이씨가 몸을 훼손하면서 눈물겨운 수절을 감내해낸 이야기를 담은 「이씨 서사」, 죽은 남편의 삼년상을 마치자마자 남편이 죽은 같은 날과 같은 장소에서 죽어서 저승에서도 남편과 같이 영원히 살려고 했던 「열녀 석씨 정문명병서_{#序}」, 남편을 살리기 위해 자신이 먼저 죽은 이야기를 담은 「열부 한씨 정문명」도 여기에 실었다.

이처럼 이건창이 충신과 열녀 또는 효자에 대하여 특별히 많이 입전한 이유는 무엇일까? 그것은 말할 것도 없이 이건창 갖고 있던 확고한 의식 때문이다. 즉 "충신과 열녀의 훌륭한 행실은 대부분 나라가 망하려는 상황과 남편이 죽거나 죽으려는 처지에서 나오지만, 그것이 반드시 효과가 나타나기를 바라서 하는 경우는 거의 없고, 대부분 효과가 나타나지 않은 상태에서 허무하게 죽는 경우가 많다. 그러나 이것을 허무하게 부질없이 죽는다고 생각해서는 안 된다"는 것이 그의 의식이다. 그렇기 때문에 충신과 열녀의 행위는 이기심을 가지고 어떠한 효과가 나타나거나 포상이 내려질 것을 염두에 두고 한 살신성사가 아니라 살신성인으로 보았다. 이건창은 효부와 열녀의 행위는 반드시 효과를 염두에 두고 한 것은 아니지만 그런 사람이 사회의 대들보이며 나라의 기강이 된다고 생각했다.

위대한 사랑의 표현

이수칙전李守則傳

이씨李氏는 한양 남문 밖에 사는 훌륭한 집안의 사람이다. 영조 말에 그의 외가에 궁녀가 된 이가 있었는데, 이씨가 15세 되었을 때 어머니를 따라 궁중에 들어갔다. 그런데 그녀는 거기서 우연하게도 장헌세자莊獻世子*와 하룻밤을 지내고 궁중을 나오게 되었다. 이미 궁중에서 나와서는, 그 사실을 스스로 깊이 숨겼기에 그것을 아는 사람이 아무도 없었다.

얼마 후 장헌세자가 죽자마자 이씨는 곧바로 세수와 빗질 등을 하지 않았다. 밤낮으로 조그만 방에 거처하면서 음식을 먹는 것과 대소변을 보는 것 역시 방을 떠나지 않아서, 그 모습이 마치 미친 사람 같았다. 부모가 그 이유를 물었지만 대답하지 않았다. 이미 이렇게 여러 날을 지내고 나니, 그녀에게 악취가 나서 가까이 갈 수가 없었다. 이웃 사람

*
장헌세자 사도세자.

들이 괴이하게 생각하고 비웃으면서 마침내는 시집을 가지 못할 여자
[不售女]라고 불렀다.

　그 뒤에 부모가 돌아가시자 그녀는 동생 집에 가서 살게 되었다. 동
생이 한번은 "언니는 병든 것도 아닌 것 같은데 어찌된 일인가?"라고
물었다. 이에 이씨가 은미하게 말하면서 "이 이야기를 신중하게 지켜
서 발설하지 마라" 하고 일렀다.

　십여 년 뒤 정조가 즉위해 중외中外의 사람 중 한 번이라도 장헌세자
를 모신 적이 있는 사람에게는 모두 은혜를 내려 그 집안사람에게까지
미치게 했다. 그러나 이씨는 자기 동생에게 더욱 계칙하여 이 사실을
숨기기를 예전과 같이 엄격히 하였다. 그러나 이로부터 이씨의 일이
마을에 점점 소문나게 되었다.

　또 10년 뒤 임금이 바야흐로 인정仁政을 크게 베풀려고 오부五部*로
하여금 남녀 가운데 궁핍하여 혼인을 못 하고 있는 자를 찾아내게 하
였다. 이에 그들에게 금전과 비단을 크게 하사했으며, 혼인하지 못한
이들끼리 맺어주어 서로 장가가고 시집가도록 하였다. 또한 때를 넘겨
혼인을 하려고 하지 않는 이에게는 더욱 많이 주휼賙恤해주었다.

　하루는 남부의 관리[南部令]가 노처녀들을 조사하며 다니다가 이씨의
마을에 도착하니, 그 마을 동장이 이씨의 정절을 아뢰었다. 남부령이
깜짝 놀라 서울로 달려가 재상에게 이것을 고했고, 재상은 조용한 때
를 보아 임금에게 아뢰었다. 임금이 원로 궁녀에게 이 사실을 물어보

*
오부 한양에 설치한 동·서·남·북·중부의 행정구역. 각 부에 관청과 관리를 두어 행정 관련 일을
처리하게 함.

니, 그런 일이 있었다고 하였다. 이에 임금이 이씨를 불러 궁전으로 들어오게 해 자세히 물어보았다. 이씨가 임금에게 세자의 용모에 대해 말하는데 모두 들어맞았다. 임금이 매우 감격하면서도 한편으로 마음이 아팠다. 이내 이씨에게 수칙守則*이란 호를 내렸다. 또 삼품의 봉록俸祿을 주고 정려각을 내렸다.

외사씨는 말한다.

처음에 이씨가 동생에게 고하여 말하기를 "내가 이러한 행동을 하는 이유는 나의 의지를 견고하게 하고 몸을 정결하게 하여 죽으려고 할 따름이지, 장헌세자를 위해 하는 것은 아니다. 장헌세자가 어떠한 분인데, 어찌 천한 사람이 감히 사사의 정조를 이야기할 수 있겠는가?"라 하였다. 정조가 이 이야기를 듣고 감탄하면서 현명한 사람이라 여겼다.

그러나 이씨의 의도는 여기에 그치지 않았다. 정조대왕이 그녀의 의도를 알았지만 차마 환히 드러내서 이야기할 수가 없었다. 바야흐로 장헌세자가 살아 있을 때 적신賊臣들이 그의 영명함을 꺼려 밤낮으로 유언비어를 퍼뜨려 영조에게 참소했다. 민간에서는 장헌세자가 여염집 거리를 몰래 다니면서 예쁜 여자를 겁탈한다는 소문이 떠들썩하게 전하면서 흉흉함이 그치지 않았다.

그럼에도 이씨가 장헌세자에게 사랑을 받은 것은 세상에 환하게 드러나지 않았던 것이다. 그런 상황에서 만일 이 사실을 유언비어로 퍼뜨려 장

*
수칙 정절을 유지하며 법을 지킴.

헌세자에게 거듭 누를 끼친다면, 그 죄는 이씨에게 있는 것이다. 이씨가 깊이 숨기고 말하지 않았던 것은 이유가 있었던 것이니, 이런 점을 볼 때 그녀는 참으로 충성스럽고 지혜롭다고 말할 수 있겠다.

정조가 장헌세자에 대해 마음 아파함에 있어 일차적인 조치로 적신을 죽였고 또 이어 이이장李彛章과 임덕제林德躋 등 여러 현인을 포상하고 증직했으니, 이런 조치는 모두 장헌세자를 위하는 까닭이다. 이씨가 끝내 스스로 말하지 않고 있다가, 수십 년 뒤에야 비로소 의지를 굳건히 하고 몸을 정결하게 하는 것으로 알려졌으니, 병박양丙博陽*은 덕망으로 유명하고 이수칙은 정절로 유명했음을 더욱 믿겠다. 그러나 그들이 능히 말하지 않은 것과 보답을 바라지 않았던 점에서는 동일하다. 그러므로 누가 이들을 천박한 여자라 말하겠는가?

꽃 무늬

한 여인의 정절이 이렇게도 아름다운가? 이수칙은 열다섯 살 처녀로 사도세자와 우연히 하룻밤을 지내게 된다. 이후 이수칙은 정절을 지키기 위해 각고의 노력을 하면서 그 사실을 남에게 일체 발설하지 않았다. 사도세자가 뒤주에 갇혀 죽자 마치 남편이 죽은 것과 같이 하여 세수하는 것과 머리를 빗는 것 등을 일체 하지 않고 상주로 자처했다. 그리고 작은 방에서 밥을 먹는 것과 대소변 보는 것 등에 있어서도 전혀 그곳을 떠나지 않으면서 마치 상주가 빈소를 지키는 태도를 보였다.

*
병박양 미상.

이수칙의 위대한 점은 당시 사도세자가 당파의 소용돌이 속에서 반대파의 모함이 많아 어려운 상황에 직면해 있다는 것을 고려했다는 점이다. 당파 간의 극한 대치로 말미암아 세자의 비행이나 추행은 바로 반대파가 모함할 빌미가 된다. 이것을 알고 있는 이수칙은 자기와 사도세자 간에 일어난 일을 반대파에게 빌미로 제공하지 않음으로 말미암아 세자를 보호하려 했으니, 여기서 그녀의 숭고한 정신이 드러난다. 단순히 여자라서 지킨 절개가 아니라 하룻밤 만리장성으로도 그 사람의 모든 것을 감싸고자 한 위대한 사랑의 표현이었던 것이다.

누가 백상월을 기생이라 말하는가

백상월전百祥月傳

백상월百祥月은 안주 기생이다. 병마수兵馬帥 막좌幕佐 이군李君이 그녀를 사랑해 몇 개월을 같이 지냈다. 이군은 본래 외롭고 집이 가난했으며, 천 리 밖에서 나그네로 지내고 있었다. 병마수는 재물에 인색해 월급으로 겨우 밥값 정도만 지불하고 다른 어떤 것도 주지 않았다. 이 때문에 백상월은 이군에게 한 푼의 돈도 얻지 못했지만 다만 마음으로 그를 사랑할 따름이었다. 얼마 후 병마수가 이군과 함께 어떤 일에 대해 논란을 벌이다가 합치되지 아니하자 성을 내고 때리면서 욕보이자, 이군이 모욕을 받아들이지 않으려 했다. 이에 병마수가 매우 성이 나서 이군을 공금 6만 전을 훔쳐갔다고 윽박지른 뒤 감옥에 가두고 매우 다급하게 돈을 갚으라고 요구했다.

이에 백상루가 병마수를 찾아가 "이군은 저의 남편입니다. 지금 공公에 의해 구속됐으니, 빌건대 저를 담보로 하고 이군을 석방시켜주면 오직 공이 명령하는 대로 하겠습니다"라고 하였다. 병마수가 이를 허락하자 이군이 석방됐는데, 백상월이 그를 자기 집으로 초대해 손을 잡고서 울었다. 이군이 말하기를 "내가 비록 너 때문에 석방되기는 했지만, 실은 돈 한 푼 없어서 장차 네게 누를 끼치게 됐으니 어떻게 하면 좋을까?"라고 하였다. 백상루가 자기 집을 가리키며 말하였다. "제게는 이 집이 있고, 또 약간의 전답과 약간의 화장품 도구가 있습니다. 이것을 다 팔면 그 돈을 갚을 수 있을 것이니, 그대는 걱정하지 마십시오."

이군이 말하기를 "내가 너와 같이 산 지 몇 달 동안에 너에게 아무것도 준 것이 없다. 네가 소유한 재산은 모두 나에 앞서서 사랑하던 남편들이 준 것이니, 어찌 이 재산을 나의 빚을 갚는 데 쓰려 하는가?"하니, 백상월이 "어찌 말씀이 구구하십니까? 다만 제가 하자는 대로 따르십시오"라고 하였다. 이윽고 시장 사람을 불러 전답과 집문서, 화장품 도구를 끌어내 그 값을 계산해보니 7만 전이었다. 이에 이미 병마수가 요구하는 돈을 갚고, 나머지 돈으로는 이군의 행장을 꾸리는 것과 노잣돈으로 사용해 서울로 전송했다. 장차 이별할 즈음 이군이 차마 얼굴을 들지 못하자, 백상월이 그렇게 하지 말라면서 "저는 천한 사람으로 한 지아비만을 따를 수가 없습니다. 그대는 애를 써 밥을 많이 드셔서 건강하시고 다시는 저를 생각하지 마십시오"라고 단도리했다. 이군이 떠난 뒤 백상월은 예전처럼 기생 노릇을 계속하였다.

이봉조는 다음과 같이 말한다.

안주에 백상루가 있다. 명승지로 나라에 이름이 났으니, 백상월의 이름은 여기서 따왔을 것이다. 태사공이 "사람에게는 위급한 때가 있다"고 하였

구한말 지방 기생의 모습. 사람에게는 때때로 위급한 일이 있게 마련인데, 기생 백
상월은 몇 달간 모시고 산 이군을 위해 발 벗고 나서서 도와주었다. 이건창은 이는
사대부조차 하기 어려운 행실이라며, 이 이야기에 빗대어 당시 세태를 은연중에
비판하고 있다.

다. 위급한 것은 진실로 사람에게 때때로 있기 마련인데, 그 위급함을 함께하며 발 벗고 나서는 자는 항상 있지 않다. 이런 일은 예로부터 사대부들도 실천하기 어려운 것으로 여겼는데, 백상월은 능히 그것을 해냈으니 누가 백상월을 기생이라 말하는가?

이 작품에서는 안주에 있는 기생 백상월이 사랑하는 사람 이군을 위해 자기의 모든 것을 헌신적으로 바치는 고결한 사랑을 볼 수 있다. 이군이 어떤 사람인지는 알 수 없지만 그는 백상월의 마음을 사로잡을 수 있었던 미남 호걸인 것 같다. 그러하기에 몇 달 동안 동거하면서 한 푼의 돈을 지불하지 않아도 백상월에게 사랑을 받을 수 있었던 것이다. 가산을 처분해 빚을 대신 갚아주고 나서도 백상월은 이군에게 신분이 기생이기 때문에 따라가서 그대만을 섬길 수 없다고 도리어 미안해한다. 이건창은 "사람에게는 때로 위급한 상황이 있을 수 있다"는 사마천의 말을 인용하고서 이럴 때 존재를 드러내는 사람이 진정 의리가 있는 훌륭한 사람이라 하였다. 그런 일은 매우 하기 어려운 것으로 자고로 사대부들도 실천에 옮기기 쉽지 않았던 것이다. 그런데 일개 기생이 그것을 실천했으니 어찌 단순한 기생으로만 볼 수 있겠냐는 것이다. 이것은 당시 사대부라고 자칭하는 자들이 의리를 저버리고 친구와 지인을 배반하는 세태를 은연중 빗대고 있는 듯 보인다.

일기장을 양손에 쥐고 죽다

선충정공의 김정녀 기록에 대해 삼가 쓰다謹書先忠貞公記金貞女事後

김정녀金貞女가 초례도 올리지 않고 남편 박모에게 시집을 가서 남편의 초상을 치르고 제사를 올렸다. 또 시부모를 봉양하기를 삼 년간 하였다. 선충정공先忠貞公께서 이 사실을 기록했는데, 김정녀가 이로써 일세에 이름이 나게 되었다. 그다음해에 선충정공이 돌아가셨고, 또 6년 뒤에 김정녀가 죽었다. 통진군과 강화군 사람들이 선충정공의 글을 가지고 김정녀의 일에 대해 감사監司에게 장계를 올리니, 감사가 다시 조정에 올려 드디어 정려가 내려졌다.

이건창이 김정녀의 온전하고도 훌륭한 정조를 가상히 여겼고 또 선충정공이 미처 보지 못한 것에 대한 느낌이 있었다. 이에 문득 기록하지 못한 점을 찾아 기록해 삼가 그 뒤에 부록으로 붙인다.

김정녀가 죽기 몇 년 전에 그 시어머니가 먼저 죽었는데, 김정녀가 몸이 심하게 훼손되도록 상주 노릇을 하였다. 그러나 오히려 "내가 남편을 따라 죽지 않은 것은 시부모가 계셨기 때문이다. 지금 시어머니가 비록 돌아가셨지만 오히려 시아버지에게 의지해 살아갈 수 있으니, 내가 죽지 않고 참을 것이다'라고 하였다.

시어머니 상을 마치는 해 모월 모일은 남편이 죽은 지 7년이 되는 날이었다. 정녀가 갑자기 병이 심하여 시아버지에게 고하기를 "제가 처음에는 시아버지 봉양하기를 끝까지 마치려고 했습니다. 그러나 지금 제 남편이 부르고 있어서 섬기는 것을 마칠 수가 없게 되었습니다. 원하건대 시아버지께서는 애통해하지 마십시오"라고 하였다. 그리고 양자로 기르던 종족의 아이를 가리키며 "이 손자를 잘 보살펴주십시오"라고 하였다. 시아버지가 놀라 울면서 "네 병이 갑자기 이런 지경에 이르렀는가? 너는 어찌 차마 나를 버리는가?" 하였다. 김정녀가 대답하여 "저 또한 죽고 싶지 않은 마음이 간절합니다. 그러나 명이 다하여 스스로 어찌할 수가 없을 따름입니다"라고 하였다.

또 "제가 스스로 옷 한 벌을 지었는데, 모두 아름다운 채색으로 된 것입니다. 은밀한 상자 가운데 들어 있으니, 죽자마자 그것을 꺼내 저를 염해주십시오. 그리고 얼굴에 연지를 조금 발라주십시오. 남편이 처음 저를 보는데 혐오스럽고 추하게 보이지 않기를 바라기 때문입니다. 손수 쓴 소책자 하나를 비단주머니에 넣어서 저의 양쪽 손에 그것을 잡게 해주십시오. 남편과 제가 서로 얼굴을 모르니, 이것을 보고 모름지기 징표로 삼으려 합니다"라고 하였다.

말이 끝나자 누운 자리를 깨끗이 하고 자주 해그림자를 돌아보더니, 마침내 남편이 죽은 시각에 죽었다. 그날 저녁에 마을 사람 중에 김정녀의 남편이 푸른 도포를 입고 말을 타고 묘문墓門에 나와서 말하기를 "나는 신부를 맞이하러 간다"고 했다는 꿈을 꾸었다.

❧

  김정녀의 정절을 마치 소설처럼 서술한 작품이다. 이 작품은 원래 이건창의 조부 이시원이 지은 「기김정녀사記金貞女事」에 바탕을 두고 있다. 그러나 김정녀보다 조부가 먼저 죽었기 때문에 조부의 기록은 자신이 생존했을 때의 내용으로 한정돼 있다. 이에 따라 이건창이 조부가 미처 보지 못했던 김정녀의 여러 훌륭하고 재미있는 이야기를 뒤이어 서술한 작품이다.

  김정녀는 초례를 치르지도 않고 죽은 남편 박씨 집에 시집을 와서 시부모를 섬긴 열녀다. 시어머니가 죽자 상주 노릇을 지극히 하였고 시아버지도 끝까지 봉양하려 했다. 하지만 갑자기 병이 들어 죽게 됐는데, 그것은 바로 자기 남편이 불러서 저승에 가 혼인을 올리기 위한 것이라 믿었다. 그녀는 죽어서 남편과 혼인을 올리기 위해 채색으로 된 혼인복을 손수 만들었다. 그리하여 그것으로 자기 시신을 염하게 하였다. 또한 얼굴에 연지를 바르게 했고 평생토록 쓴 일기장을 비단 주머니에 넣어 손에 쥐어달라고 부탁했다. 죽을 때 해그림자를 자주 보면서 죽었는데 마치 죽은 남편이 자신을 마중 나오길 애타게 기다리는 모습처럼 여겨진다. 매우 허구적인 소설적 요소가 있지만 어찌 보면 조선시대 여인의 애틋하고 아기자기한 사랑의 표현을 느끼게 한다.

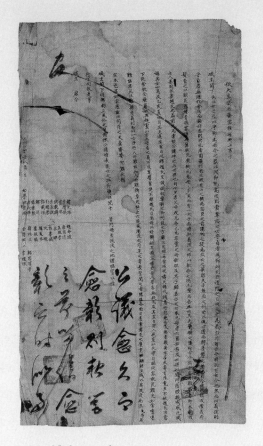

등장, 조선후기, 97.0×56.5cm.

어느 고을의 유생 23명이 그 고을 선비의 처의 순절을 정표
해줄 것을 관청에 요청하는 등장이다. 아랫부분의 큰 글씨는
관에서 내린 처분 내용으로, 의논이 충분히 수렴될 때까지 기
다리라는 요지다. 이전에는 남편이 죽은 뒤에 재혼하지 않는
것만으로도 열녀라 했으나, 이 당시에는 남편을 따라 죽어야
열녀라고 할 수 있다는 당대의 인식을 엿볼 수 있다. 조선후
기에 성리학적 윤리가 매우 강하여, 여성의 삶에 큰 영향을
미치고 있음을 보여준다.

한칼에 두 유방을 잘라버린 여인

이씨 서사書李氏事

이씨李氏 부인은 노성현魯城縣 사람 홍태복洪太福의 아내이다. 혼인하자 남편이 죽었는데, 그때 이씨의 나이 15세로 개가를 하지 않겠다고 맹서하였다. 마을의 늙은이들이 서로 "이 사람이 아직 사람의 도리를 몰라서 쉽게 말한다. 오래되면 또한 스스로 개가할 것이다"라고 하였다. 그러나 오래되어도 이씨의 의지가 더욱 견고해졌으며, 시어머니를 섬기기를 매우 경건하게 하였다. 이에 마을 늙은이들이 차츰차츰 그녀의 말을 믿게 되었다.

한번은 무뢰배들이 그녀의 정조를 빼앗을 음모를 꾸미고 있기에 마을 늙은이들이 은미하게 풍간하여 깨우쳐주었다. 집안사람들이 이에 흉흉하여 두려워하니, 이씨가 "걱정하지 마라. 무릇 사람들이 나를 취해가려는 것은 아이를 낳아 기를 수 있기 때문이다. 아이를 낳아 기를 수 있는 것은 나의 유방을 두고 하는 말이다. 즉시 유방을 제거해버리면 어찌 내가 필요하겠는가?"라 하였다. 그리고는 드디어 칼을 가지고 두 개의 유방을 도려내 높다란 장대에 매달아 마당 가운데 세워 드러내 보여서, 마을 사람들을 크게 놀라게 하였다.

　몇 년 뒤 충청우도 어사 이모씨李某氏가 지역을 순행하다가 이 마을에 이르러 이씨에게 쌀과 고기로 포상하고 불러서 오게 하였다. 이내 헝겊으로 얼굴을 가리고 그의 유방을 보니, 마치 처음부터 유방이 있지 않았던 사람과 같았다. 그 시어머니가 말하기를 "유방을 도려내는 날 저녁에 상처는 이미 아물어 아무런 고통이 없었습니다" 하였다.

　찬하여 말한다.

옛날에 하후夏侯 영녀슈女*가 남편이 일찍 죽자, 집안사람들이 개가를 시킬 것을 염려하여 머리카락을 잘라 맹서하였다. 그 뒤에 다시 두 귀를 잘랐다. 남편의 집안이 멸족하자 친정집으로 돌아와 또다시 코를 잘랐다. 옛날 열녀로서 신체를 해쳐 정절을 온전히 한 사람으로 영녀보다 더 절의가 있는 자는 없었다. 영녀가 여러 번 신체를 해친 것을 어찌 그만둘 수 있었겠는가? 이씨가 유방을 자른 것은 엄렬하고도 지혜롭다. 그러나 영녀의 집안은 대대로 귀하고 현달했던 반면에 이씨의 어머니는 남의 집의 종노릇을 했다 하니, 아! 더욱 어려운 것이 아니겠는가?

* 하후 영녀 하후문녕夏侯文寧의 딸로 조문숙曹文叔에게 시집갔다. 조문숙이 일찍 죽어 과부가 되자, 집안사람이 개가를 시킬 것을 염려하여 머리카락을 잘라 의지를 보였다. 그 뒤에 또다시 두 귀를 잘랐으며, 조씨 집안이 망하여 친정으로 돌아가서는 또다시 코를 잘라 정절의 의지를 보였다.

충청남도 논산군 노성면에 살던 홍태복 부인의 정절에 대한 기사다. 마치 전傳이나 다를 것이 없다. 게다가 찬贊까지 곁들인 매우 특이한 형태다. 주인공 이씨는 혼인하자마자 남편이 죽었다. 15세의 청상과부가 정조를 지키는 것은 여간 어려운 일이 아니라고 말한 마을 늙은 이들의 말을 무색케 했다. 그들은 인생의 경험자로 그렇게 말한 것이다. 그럼에도 불구하고 그녀는 잘 지켜냈다. 특히 무뢰배들이 그녀의 정조를 빼앗을 것에 대비해 두 개의 유방을 도려내 긴 장대에다 높이 걸어서 모든 사람들이 보게 했다. 이때 신기하게도 유방의 상처가 그날 완전히 아물었으며, 마치 태어날 때부터 유방이 없었던 사람같이 되었다는 것이다.

이건창은 이씨의 정절을 중국 영녀에 비교했다. 영녀가 머리카락, 귀, 코를 베는 등 신체를 훼손하는 일이 여러 차례 한 것도 대단하지만, 이씨가 한 칼에 끝낸 것이 더 엄렬하고도 지혜로운 것이라 하였다. 게다가 영녀는 대단한 문벌 집안 출신이지만, 이씨는 자기 어머니가 종으로서 천한 계급이었으니, 더욱 어려운 일이 아니겠는가 하고 찬미한다.

조선시대 여인들은 남편이 죽은 후 무뢰배들에 의해 겁탈당하고 정절을 지키지 못할 경우 목숨을 끊었다. 이런 수치심을 막고자 홍태복 부인은 유방을 도려냈던 것이다. 위 사진 역시 젊어서 남편을 잃은 김석몽의 처 남평문씨가 하루는 냇가에서 빨래를 하고 있었는데, 악한이 달려들어 겁탈하려 하자 문씨가 이에 굴하지 않고 순절했음을 알리는 편액과 열녀문이다(조선 후기 영조 40년).

남편의 도포를 입고 죽다

열녀 석씨 정문명 병서烈女石氏旌門銘并序

석씨石氏는 본관이 은진恩津이다. 나이 18세에 여산礪山의 최순명崔順明에게 시집가서 마을 사람들로부터 부모에게 효도하고 남편에게 순종하는 것으로 칭찬을 받았다. 얼마 있지 않아 남편 최순명이 들판 개울에 목욕하러 갔다가 물에 빠져 죽고 말았다. 이에 석씨는 통곡하며 기절한 것이 여러 번이었다. 겨우 살아나 죽지 말라는 시부모의 말씀을 받들어 죽지 않을 정도로만 억지로 밥을 먹으며 연명했다.

그로부터 3년 뒤 남편이 죽은 날이 돌아왔다. 제사를 마치고 철상을 한 뒤 집안사람들이 석씨가 없어진 것을 알게 되었다. 대문을 나가 찾아봤는데, 달빛과 별빛이 어슴푸레한 그 시간에 석씨가 들판에 서 있으면서 망망하게 무엇을 구하고 있는 듯하였다. 이때 석씨는 집안사람들이 자기를 찾아온 것을 알고서 돌아보고는 갑자기 앞 개천에 스스로 몸을 던져 진흙 모래에 굴렀다. 하지만 물이 얕아 즉시 죽지 않았으므로 집안사람들이 마주 잡은 손 위에 그녀를 태워 집으로 돌아왔다. 집안사람들이 숟가락에 물을 떠서 먹기를 권하니, 석씨가 혀를 깨물어 피가 줄줄 나왔다.

그날 밤은 그렇게 지나갔다. 다음날 석씨가 시어머니에게 고하기를 "저는 남편이 죽은 날 남편이 죽었던 곳에서 죽고 싶습니다. 그런데 오늘 집에서 죽게 되었고, 게다가 남편이 죽은 날에서 하루를 넘기게 되면 한스럽고 한스럽습니다. 남편이 입던 옛 옷을 저의 가슴속에 품고 있으니, 제가 죽으면 이것으로 염을 해주시길 바랍니다"라 하였다. 말을 마치자 숨이 끊어졌다.

열녀의 일이 알려지자, 조정에서 정려를 내려 열녀라 하였다. 석씨는 자식이 없었으므로, 시부모가 남편 동생의 아들 모씨를 취하여 양자로 삼아주었다. 그러나 양자는 오랫동안 가난해 정려각을 세울 수가 없었다. 양자가 말하기를 "어머니의 정절을 덮어둘 수 없습니다" 하였다. 이에 장사를 해 돈을 벌어서는, 고을 사람을 크게 모아놓고 정려각 건립을 계획했다. 양자가 이웃 사람 방달주方達周의 소개로 나에게 와서 글을 지어달라고 했다. 이때는 석씨가 작고한 지 여러 해가 지난 때였다. 명을 지어 말한다.

대호의 물[錦江]이 강경江鏡을 감싸고 흐르네.
옥녀봉玉女峯이 높고 험한데 우뚝하게 홀로 강물에 비추네.
최씨에 시집간 완순한 석씨 부인은 오직 정절이 기특하네.
신령스럽고 빼어남을 타고남이 어찌 남자에게만 한하겠는가?
의리와 부끄러움이 없는 뭇사람들은 임기응변으로 내달리네.
좋은 일을 하는 사람을 두고 다만 고생만 하고 무익하다 말하네.

열녀는 남편을 따라 죽을 것을 내심으로 결단하였네.

과격하거나 괴이한 행동을 하지 않았으니 옛날이나 지금에도 거의 없는 일이네.

누가 그녀에게 정려를 하였는가? 나라에서 맡았네.

누가 정려각 짓는 일을 주관하였는가? 집안에 들어온 양자가 있네.

누가 아름다움을 드러내지 않으며, 누가 꽃다움을 잇지 않으리?

우뚝한 저 오두烏頭[紅門]가 하늘의 빛처럼 하계를 비추네.

열녀 석씨는 여산의 최순명에게 시집가서 부모에게 효도하고 남편에게 순종하여 마을에서 칭찬이 자자했던 사람이다. 시집간 지 얼마 되지 않아 남편이 들판의 개울에서 목욕하다가 빠져 죽고 말았다. 남편을 잃은 석씨는 통곡하며 몇 번 기절했고, 이어 남편을 따라 바로 죽고 싶어한다. 그러나 시부모의 간곡한 만류와 아울러 남편의 삼년상을 치러야 한다는 것을 생각한 석씨는 시부모가 죽지 말고 같이 살자는 명령을 공경히 받아들인다. 남편이 없는 세상은 실상은 사는 게 사는 게 아니었다.

그러다가 삼년상을 마치는 바로 그날, 남편의 제사를 지내고 죽으려 했다. 이것은 갑작스럽고도 우연한 충동적인 행위가 아니고, 남편이 죽은 뒤부터 3년간 마음속으로 준비해온 일이었다. 그것도 남편이 죽은 같은 날과 같은 장소에서 말이다. 이것은 죽어서 저승에 있는 남편에 돌아가는데, 같은 날 죽고 같은 장소에서 죽음으로 말미암아 남편과 영원히 같이 하겠다는 의미다. 제사를 마치고 남편이 빠져 죽은 개울에서 죽으려 했지만, 발각되어 가족들에게 실려 집으로 돌아왔다. 다음날은 남편이 죽은 날에 해당하므로, 이날만큼은 넘기려 하지 않았다. 또한 남편이 입던 도포의 옷깃을 3년 동안 가슴에 품었다가 시어머니에게 그것으로 자신을 염해주기를 부탁한다. 남편의 옷깃에 남편의 영혼이 깃들어 있다고 생각했기 때문이다. 이 역시 죽어서도 남편과 함께하겠다는 생각에서 나온 것이었다.

몸을 죽여서 인仁을 이루다

열부 한씨 정문명烈婦韓氏旌門銘

아! 신하이면서 임금을 위해 죽고 아내이면서 남편을 위해 죽는 것은 모두 스스로를 다한[自盡] 것이니, 임금과 남편에게 반드시 유익함을 목표로 한 뒤에 죽는 것은 아니다. 만약에 임금과 남편에게 유익함이 있은 뒤에 죽는 것을 목표로 한다면, 반드시 죽어야 하는데도 죽지 않는 자가 나올 것이다. 그러므로 몸을 죽여서 인을 이룬다고 말하였지[殺身成仁], 몸을 죽여서 일을 성사시킨다[殺身成事]고는 말하지 않았던 것이다.

그러나 예로부터 충신과 열녀는 망하려는 나라와 남편이 일찍 죽은 집에서 많이 나오지만, 죽어서 유익함이 있는 자는 항상 적고 무익한 자가 항상 많다. 이에 세속에서의 논의가 왕왕 충신과 열녀의 죽음이 헛된 죽음이라고 허물하고 있다. 비록 세속의 견해에 대해 변론할 가치도 없지만, 그것이 충신과 열녀에게 불행이 될 경우 해가 너무 심하다. 만일 죽어서 임금과 남편에게 유익할 수 있다면, 비록 그가 스스로 다한 바의 것에 진실로 더 보탤 것이 없을 뿐만 아니라, 죽은 혼백도 알아주어 지하에서 유쾌하게 여길 것이니 어찌 다행이 아니겠는가?

이렇게 되면 이른바 헛된 죽음이라는 세속의 의논이 입을 닫고 말을 내지 못하게 된다. 또한 세상에서 풍교風教를 주관하는 사람(임금 또는 위정자)이 그런 분위기를 등에 업고 백성들에게 널리 선양하여 충신과 열녀가 없어서는 안 되는 것이 이와 같음을 알게 만드는 것이다. 이로 인하여 이른바 무익하다는 자와 유익하다는 자가 모두 자신을 다하는 일을 하여 이리저리 몸을 사리지 않을 것이다. 그렇다면 이것은 어찌 유익하다고 주장한 사람의 공로가 아니겠는가?

옛날에 나의 선대부 충정공 이시원이 서원西原의 「홍열부시洪烈婦詩」를 지은 적이 있는데, 그 시의 대의는 홍열부가 자기 목숨을 끊어 남편을 구했다가 비록 효험이 없었으나 유감이 없었다는 것이다. 대개 홍열부는 유익함이 있기를 서원했으나, 끝내 무익하고 말았다. 그럼에도 불구하고 나의 조부께서는 오히려 표창하여 드러냈다. 하물며 구제하다가 효험이 있는 경우와 유익함이 있기를 바라다가 마침내 유익함이 있은 경우에 있어서야 더이상 말할 것이 있겠는가?

함흥咸興의 유흥신劉興臣이 전모前母 한씨韓氏의 행장을 가지고 나에게 와서 정문명을 부탁하기에 내가 병서를 짓고, 이어 다음과 같이 명을 단다.

옛날 금등金滕*에서, 모가 모의 목숨을 대신한다고 했네.

*
금등 비적秘籍을 넣고 쇠띠로 엄하게 봉한 상자. 주나라 무왕이 병에 걸리자, 동생 주공이 그 병을 대신할 것을 선왕先王에게 빈 내용의 글.

무왕武王은 해가 없게 되었고, 주공周公 또한 만수무강하였네.

바야흐로 주공이 축원을 할 때, 어찌 기필코 이것이 성사되리라 생각했으리?

당황하고 절박한 나머지, 간절한 마음과 절박한 표현이었지.

남편은 평상에서 속광屬纊을 하고, 열부는 그릇에 짐독을 부었네.

또한 어찌 요행을 바랐으리? 차마 앉아서 가만히 있지 못해서이네.

산 사람은 막 죽고, 죽은 사람은 갑자기 살아났네.

비록 천명이 있다고 말하지만, 어찌 정성이라 말하지 않으리?

진실로 이미 하늘을 감동시켰는데, 어찌 두 사람 다 살리지 않는가?

자기 몸을 해치지 않으면, 어찌 절개를 드러내랴?

공이 큰 아름다움을 사양하니, 한 가지 선善만이 아니네.

한씨가 시집와서, 죽음으로써 드러났네.

저 단물이 나는 예천醴泉이, 누가 근원이 없다고 말하는가?

왕후의 종손이요, 현조의 후손이네.

자식이 능히 집을 잘 다스려, 아름다운 열부로 드러내네.

우뚝한 저 붉은 정려가, 백세토록 빛나리.

함흥에 사는 한씨 열부에 관한 행장을 후처의 아들이 이건창에게 가지고 와 정문명을 부탁하기에 지은 것이다. 한씨의 행적에 대해서는 상세하게 알 수 없다. 병서에 해당하는 앞부분에 이건창이 자신의 의식을 드러내는 말을 했을 뿐이고, 그 내용에 대한 것은 없기 때문이다.

위의 글은 일반적인 정문명의 체제와는 매우 다르다. 대개 병서에서 주인공의 행적 전말을 언급하고 이어서 명에 앞의 내용을 축약하는 것이 일반적이다. 그런데 위의 글은 병서에 해당하는 부분이 충신과 열녀에 관한 자기 입장을 피력하는 것으로 채워져 있다. 즉 충신과 열녀가 살신함으로 유익한 경우는 별로 없고 무익한 경우가 대부분이다. 그러나 그 무익하다는 것도 한갓 무익한 것이 아니라, 살신성인함으로 풍속을 교화하고 인심을 분발케 하는 유익한 효과가 있는 것이다. 때문에 이건창은 충신·효자·열녀 등을 적극적으로 입전하여 후세에 알리려 했다.

인물 기사와 이건창의 글쓰기
산택이나 초야에 숨어 있는 사람들을 포착하려는 욕구

동양의 전통적인 글쓰기의 장르 가운데 기사記事라는 것이 있다. 기사라는 글쓰기에 대해서 처음 제대로 언급한 이는 중국 명나라의 서사증徐師曾으로 그는 『문체명변文體明辯』에서 다음과 같이 규정했다.

"사관史官이 시사時事를 기록하는 일을 맡아보았으나, 이목이 미치지 못하는 것은 종종 빠뜨리게 되었다. 이에 문인 학사들이 견문한 바가 있으면 손 가는 대로 기록하여 혹 사관의 채록에 대비하기도 하고, 사적의 망실을 보충하기도 했던 것이다."

기사는 역사적 사실을 대상으로 한 글쓰기이며 주로 문인 학사들에 의해 씌어졌다는 것을 알 수 있다. 사관이 아니라 개인들이 쓴 글이기 때문에 기사는 사견이 들어갈 소지가 애초부터 있었으며, 문학적 변개가 개입될 가능성도 안고 있었다. 한 사건(인물)만을 명료하게 드러내던 기사는 후대로 올수록 사건을 복잡하게 기술하거나 작가의 의론議論이 첨입되기도 하며 변모가 일어났다. 이 같은 변화는 오히려 그 장르적 정체성을 모호하게 만들었고, 급기야 기사가 '잡

기사에서 다뤄지는 여항의 서
민들은 지배층보다 그 행실이
탁월한 면이 많았다. 조선후기
에 이들을 다양하게 취재하여
남긴 흥미로운 기록물이 간혹
전해지고 있다.

기류'로 분류되게 만들었다. 그럼으로써 기사류는 전傳이나 야담 등과의 구분이

불분명해졌다. 흥미로운 점은 이 같은 불안정한 기사의 속성이 오히려 조선후

기의 다양한 인물 군상을 취재 기록하는 데 보다 유효하게 작용했다는 점이다.

  인물 기사에서 다뤄지는 인물 유형 중에 가장 많은 양을 차지하는 것은 열녀

와 효자, 덕행을 실천한 인물들이다. 이는 조선사회가 지니고 있는 지배적인 특

징이 반영된 것이다. 그다음 서생, 중인 등의 인물 취재도 다양하게 이뤄졌다.

역관, 서리, 병졸 등 자신의 직분을 의연히 지킨 인물들에 대한 시선도 감지할

수 있다. 한편 조선후기에 오면 하층민과 유협遊俠, 예인藝人과 이인異人의 행적

을 추적하는 기사들이 많아진다. 하층민의 경우 승려, 노비, 갖바치, 도둑에 이르기까지 매우 다양하다.

이 같은 인물 기사의 장르적 변이 과정에서 드러나는 특징은 첫째, 취재 인물의 다양화이며 둘째, 취재 방식의 다양화이다. 예전까지의 기사는 대체로 인물에 대한 한 가지 일화를 기술해서 인상을 남겼으나 후기로 올수록 그 인물을 지속적으로 추적하거나 전문傳聞을 통해 접한 사실들을 나열해 보다 구체적인 형상을 묘사하고자 한다. 서사의 폭도 확대되어 '그가 그런 일을 한 적이 있다' 는 정도의 줄거리가 '왜 그런 일을 했고, 어떤 결과를 초래했는가' 까지 부연됨으로써 서사적 긴장을 확보한다. 뿐만 아니라 작가의 시각과 평론이 개입되어 그 인물의 행적에 끼어들어 잘잘못을 따지는 작품이 늘어났으며 허구적 요소도 가미되어 흥미로운 요소를 배가시키고 있다.

조선후기 기사류가 기인을 다루는 구체적인 양상을 보면 다음과 같다. 신광수申光洙(1712~1775)의 「서마기사書馬騎士事」를 보면 그 모습이 가관이다.

"예의도 차리지 않고 곁에 앉더니, 이윽고 주머니에서 돈 백 닢을 꺼내 술집 주인을 불러 술과 돼지머리 하나를 내오라 했다. 연거푸 몇 사발을 들이키고 나서 차고 있던 칼을 뽑아드는데, 그 빛이 사람을 비추었다. 그 칼로 돼지고기를 썰어 으적으적 먹는데, 의기가 찌를 듯하며 남을 아랑곳하지 않았다."

작가 신광수는 그의 모습에 주눅들지 않고 접근해 내력을 캐보았는데, 고개를 넘다 도적의 무리를 한칼에 해치우는가 하면, 평양 기생을 얻었는데 그녀가 배신하자 바로 죽이고 도망쳐 강호에 몸을 숨긴 존재였다.

심노숭(1762~1837)이 취재한 구인주는 구제 불능의 인물이다. 그의 부친이 여

속세의 인간처럼 좀스럽게 굴
지 않는 기인들 역시 기사류의
소재로 많이 채택되었다.

주 목사로 있을 적에 그의 형 택주宅柱가 급제를 했기에 잔치 비용이 필요했다.
부친은 팔주를 시켜 형에게 5만 전을 보냈는데, 그는 그 돈으로 술과 소를 싣고
서울을 지나쳐 그대로 바닷길로 나아갔다. 서해로 나가 기생들과 질탕하게 노
는 데 다 써버린 것이다. 그런데 구팔주는 막돼먹은 행동을 서슴지 않다가도 군
수가 되어서는 그 군을 잘 다스렸으며, 뒤에 금강산을 유람하고 온 뒤에는 모든
인사를 끊어버리고 거문고에 잠심했다. 심노숭의 작가의식을 사로잡을 만한 인
물인 것이다.

강이천姜彝天(1769~1801)이 만난 창해옹은 세상 사람들을 진흙 속의 지렁이나

젓갈 속의 초파리쯤으로 아는 그런 존재였다. 그는 속세의 인간처럼 좀스럽게 되지 않기 위해 산수유람을 했는데, 강이천과 만났을 때 백두산과 한라산을 빼고는 전국 명산을 모두 답방한 상태였다.

이렇듯 기인 기사에 나타나는 공통된 경향은 무례함과 산수유람 그리고 문예 취향이다. 왜 이것들은 기인들에게 삼위일체로 나타났던 것일까. 그들은 세상에 불만이 가득했고, 산수와 문예는 도피처요 대안처였다고 신광수는 말하고 있다.

조선후기 서사문학에서 기사의 역할은 적지 않다. 정환국 동국대 교수는 「조선후기 인물기사의 전개와 그 성격」이란 논문에서 그 특징을 몇 가지로 추리고 있다. 먼저 조선후기 인물 기사는 역사물의 보조적 성격에서 문예물로 그 성격이 변했다. 조선중기 사화, 전란에서 산생된 기사는 점점 인물이 중심에 오면서 역사적 사건의 향방에는 관심이 없어지고 인물의 행위에 관심이 모아졌다. 그리고 '익명'의 숨어 있는 인물들을 포착하려는 욕구가 전면화되었다. 신광수는 "산택이나 초야에 숨어 세상에 나오지 않는 사람들이 어디 이뿐이겠는가. 어부나 나무꾼으로, 혹은 장사치로, 시정 사람과 하인으로, 중, 거지, 술장수, 백정, 짚신 짜는 이들로 그 진면목을 감추고 자취를 숨긴 채 끝내는 늙어 죽고 만다"는 안타까움을 기사 쓰기의 동력으로 삼았다. 이런 기사들은 단순히 한 인물에 대한 호기심을 넘어 그 시대의 사회상을 적잖이 포착해서 보여주기도 한다. 구체적인 생활상은 물론이고 과거 제도의 부정, 복수담의 전개, 정치권의 알력 등은 인물들의 움직임 속에서 포착할 수 있는 당대 사회의 진면목이다.

이건창의 산문에도 인물 기사가 많다. '서' 뒤에 다루는 대상을 넣고 '사'로 끝나는 "書○○事"라는 제목이 바로 인물 기사다. 그냥 지나치고 나면 묻혀버리고 말 뛰어나고 이채로운 인물들의 삶을 그 또한 그냥 지나치지 못하고 기사로 남겼던 것이다.

그렇다면 기사와 전, 야담의 차이는 무엇일까. 정환국 교수는 전은 규범적이고 폐쇄적인 데 반해, 야담은 자유분방하고 개방적이라고 말한다. 그런데 조선 후기에 오면 전이나 야담 어느 한쪽으로 충분히 드러낼 수 없는 인물들이 많이 생겨났다. 이 시점에서 인물 기사는 한 인물의 생생한 모습을 취재하면서, 동시에 그 인물이 활동하고 있는 현장을 스케치해냈다. 그러면서 야담에서 할 수 없는 적당한 경계와 의론을 전개할 수도 있는 작품이었다. 기사는 이처럼 무거움과 가벼움 사이에 어른거리면서 조선후기에 새로운 장르적 특징을 갖추고 등장했던 것이다.

■참고 문헌

정환국, 「조선후기 인물기사의 전개와 그 성격」, 『한국한문학연구』 제29집, 2002

제7부 생활과 성찰

"분분하게 치달리며 황망하게 구하면서 닦았다고 말할 수 있는 자가 많겠는가? 그렇지 않겠는가? 그대가 다행히 나의 말을 미친 것으로 여기지 않는다면 어찌 나와 더불어 서로 몸을 닦아서 이 당에 부끄러움이 없도록 하지 않겠는가?"

앞의 주제에 속하진 않지만 결코 빼놓을 수 없는 이건창의 걸작들을 모아놓았다. 일정한 주제는 없지만 편마다 다양한 문제와 내용을 보여주고 있다. 「수당기」는 서울에서 벼슬할 때 남산 미아리골에 같이 우거하던 이남규의 당호에 쓴 기문이다. 「숭양기구전발」은 김택영이 지은 개성 출신의 전기문에 쓴 발문이다. 이건창은 김택영과 친숙했거니와 개성은 이건창과 밀접한 관련이 있는 고을이기에 이 글을 지었다. 「동선 산신령에게 기도하는 글」은 이건창이 1878년 벽동으로 귀양 갔을 때 그곳에 있는 산신령에게 올린 제문이다. 귀양으로 험난한 인생이 예고된 이건창은 앞으로 별 탈 없는인생을 살아갈 수 있도록 신이 수호해주기를 기도하고 있다. 「성황신에게 고하는 글」은 증산현감으로 있는 아버지를 대신하여 지은 것이다. 증산에 호랑이가 자주 나타나서 막대한 인명과 재산의 피해를 입는 것을 보고, 조리가 있고 설득력 있게 성황당신에게 고하고 있다. 「은진현감으로 가는 정선생에게 부탁하는 글」은 정기우를 전송하면서 지은 글로, 관직에 있는 사람에게 귀감이 된다.
「경봉대사탑명」과 「이봉화상탑명」은 두 스님에 대한 사리탑명이다. 특히 전자는 불교에 대해 근원적인 문제점을 파헤쳐 비판하고 있다. 일반적으로 사상이 다른 사람이 글을 청탁했을 때는 애초에짓지 않거나, 짓더라도 근원적으로 비판하지 않는 것이 상례다. 반면 이 글은 그렇지 않으니, 이 점에서 자신의 가치관에 맞지 않는 것은 추호도 용납하지 않는 이건창의 의식을 엿볼 수 있다. 후자의글은 전자와 사뭇 다르게 칭찬 일변도로 되어 있다. 그 이유는 이봉 스님이 불가에 몸을 담고 있지만, 충효를 잘 실천한 사람이기 때문이다. 「수승대기」는 거창에 있는 수승대의 경치를 묘사한 동시에 수승대 주인의 시비를 논의한 글이다. 「갈하백담녕와명」은 갈세량의 담녕와에 대한 기문인데, 이 글에서 이건창이 명미당 외에 초기에 영재라는 호를 쓰게 된 근거를 알 수 있다.

그대는 장차 어디를 수리하려는가?

수당기修堂記

나의 집은 강화도[沁都] 바닷가에 있고 원팔元八은 대호大湖의 서쪽에 살아서 그 사이의 거리가 수백 리인데, 그 사람의 이름을 듣고서 그 사람을 보리라 생각한 것이 무려 10년이 되었다. 이제 함께 서울에 모여 사니, 그 기쁨이란 알 만하다. 항간에서 미나리골이라 부르는 곳이 회현방會賢坊과 장흥방長興坊 사이에 끼여 있어, 마치 나사 모양 같기도 하고 개미허리 꺾어진 것 같기도 해 협착해서 수레와 말이 들어갈 수 없는데, 우리 두 사람은 그 가운데 우거하고 있다. 매양 찾고 싶으면 문을 나올 때 의대衣帶를 입은 채 띠를 매지도 않고 신이 먼저 그 집에 나가기 일쑤였다. 몇 잔의 술을 데우기라도 하면 편지 쪽지를 보내어 모셔 가곤 했는데, 술이 채 데워지기도 전에 웃는 입이 이미 벌어졌으니, 이 또한 즐거운 일이라 하겠다.

나와 군은 다같이 시골에 세거해 선조가 남겨준 전택田宅을 지키고 있다. 거기는 아름답고 무성한 나무와 맑은 샘물 그리고 높은 곳에 올라 먼 경치를 바라보는 것으로 모두 스스로를 기쁘게 하기에 족하다. 또한 대문 앞에는 바닷물이 바로 통하기 때문에 바람과 조수가 순조로우면 우리는 배를 타고 서로의 집까지 하루 만에도 왕래할 수 있다. 그리하여 만약 광원廣遠하고도 청한淸閑한 구역을 찾아 마음을 풀어놓고 형체를 잊어버린 채 쾌연히 평소의 마음을 더 털어놓는다면 그 즐거움을 이루 다 말할 수 있겠는가? 어지러운 곳에서 종신토록 사는 것이 조용한 산중에 한 달 사는 것만 못하다. 지금 우리가 서울에서 담장을 사이에 두고 살지만 논두렁과 밭두렁을 넘어다니는 맛이 있는 것만 못하다.

티끌세상이 눈을 현혹하여 사람의 풍도와 정신을 초췌하게 하며, 기거동작 모두가 무형의 가운데서 제약받음이 있는 것 같으니, 무슨 까닭으로 그렇게 되는지를 모른다. 그러나 오직 도를 배워 조화에 가까워져서 능히 천하 만물을 다스릴 수 있다면 이것을 걱정하지 않을 수 있다. 또한 부귀와 영화를 달게 여겨 이것으로 죽고 살기를 한다면 이것을 잊을 수 있다. 안과 밖 높은 것과 낮은 것 어느 것도 이루지 못하고 다만 친구들과 서로 어울려 위로하고 의지할 따름이니, 마치 물고기가 연못 가운데의 물속으로 찾아드는 나처럼 악착한 사람은 진실로 족히 이야기할 것이 없다. 비록 군의 뛰어난 재주와 풍부한 지식으로 장차 세상에 시행할 것이 있더라도 나의 말을 들으면 또한 서글퍼서 스스로 이해하지 못하는 것이 있을 것이다.

군이 자기의 객사를 새로 수리하고 나에게 수당기修堂記를 지어달라고 부탁하기를 여러 차례 하였다. 사람이 천지간에 태어나 살면서 어디를 간들 우거 아닌 곳이 없다. 그러나 군에게 있어서 수당은 우거 중의 우거다. 이미 가족을 거느리고 오지도 않았으며, 완미할 만한 서책도 없고, 그릇과 의복 등 기타 가재도구도 없다. 다만 몇 개의 서까래가 비바람을 막아주고 밥솥 하나가 끼니를 제공해주고 있으니, 어느 날 싫증이 나서 고향으로 돌아가면 이 물품들은 이 집을 지키는 자의 것이 되고 말 것이다. 여기에 어찌 수리를 할 것이며 또 어찌 기문을 쓸 것이 있겠는가?

옛날에 곽유도郭有道가 객사를 거쳐갈 때면 반드시 깨끗이 소재했고, 뒤이어 사람들이 "여기는 곽유도가 숙박한 곳이다"라고 기록했다. 사정이 이와 같다면 군이 당을 수리하는 것과 내가 기문을 쓰는 것이 모두 하지 못할 바는 아니다. 오직 집이 몇 칸이 되는 것과 준공한 날짜를 적지 않는 것은 우거의 뜻을 기록한 것이기 때문이다. 글이 이미 완성되자 군이 또 나에게 이르기를 "여기에다 명銘을 붙여 내가 마음을 살펴서 스스로 몸을 닦도록 하는 것이 좋겠다" 하였다. 이에 다음과 같이 사辭를 붙인다.

그대는 장차 어떻게 수리하려는가?　　　　　　　　　子將奚以修乎

수리한다면 무엇부터 먼저 하겠는가?　　　　　　　　修且奚先乎

침실은 그대가 쉬는 곳이고　　　　　　　　　　寢乎子之所休也

문은 그대와 빈객이 다니는 곳이며　　　　　　門乎子與賓客之所由也

담장은 또 도둑들이 아침저녁으로 엿보며

도모하는 곳이네.　　　　　　　垣乎又寇盜之所朝夕伺而謀也

어느 것인들 그대가 거처하는 곳이 아니겠으며　　　　孰非子之居

어느 것인들 하루라도 수리하지 않을 수 있겠는가?　　孰可以一日而不修

벽에 흰 분을 바르고 두공에 수초를 그리면서도	粉其壁而藻其栱
그 기둥이 흔들리는 줄을 모른다면	而不知撓其棟
비록 이미 수리를 마쳤다고 하나	雖曰已修
나는 반드시 쓸 만한 것이 되지 못한다고 말할 것이네.	吾必謂之不可以用
분분하게 치달리며	紛乎其馳也
황망하게 구하면서	遑乎其求也
닦았다고 말할 수 있는 자가	而可以語此者
많겠는가? 그렇지 않겠는가?	多乎不乎
그대가 다행히 나의 말을 미친 것으로 여기지 않는다면	子幸不以余言爲狂
어찌 나와 더불어 서로 몸을 닦아서	盍與余而交修
이 당에 부끄러움이 없도록 하지 않겠는가?	無爲堂之修

ﾟ✦⁓

이남규李南珪의 수당修堂에 지은 기문이다. 이남규는 아마도 김제 벽
골지 서쪽 바닷가 즉 군산이나 장항이 고향인 듯하다. 이건창은 강화
도가 고향이다. 이 두 사람이 벼슬 때문에 서울 남산 아래 미나리골이
라 불리는 곳에 우거하고 있다. 그곳은 길이 고불고불해 소라와 같이
빙빙 돌고 개미허리처럼 잘록하기도 하다. 또 매우 좁아 거마가 들어
가지 못한다. 이 두 사람은 이곳에서 집을 마주하여 살고 있다. 그리하
여 술이라도 한잔하려고 종이쪽지를 보내면 쾌히 응하여 옷고름을 맺
기도 전에 발이 먼저 그의 집에 가 있다고 했다.

그러나 이곳은 도심의 복잡한 거리이므로 진정 세상을 잊어버리고

이남규와 이건창은 수레와 말이 들어갈 수 없는 곳에서 세거하며,
의대를 입고 띠도 매지 않은 채 서로의 집을 오가곤 했다. 변변한
가재도구도 없이 서까래 몇 개로 비바람을 막고 있는 집이건만, 이
남규는 건창에게 수당기를 지어달라고 부탁해 이를 건네줬다.

수양할 수 있는 곳이 못 된다. 이남규나 이건창의 고향은 바다에 바로 통하는 곳이며 논두렁과 밭두렁을 넘어다니면서 마음과 형체를 잊어 버릴 수 있는 곳이다. 그러므로 이곳의 우거는 수양에 적당하지 않다. 그러나 도심의 복판에서도 인생의 고해를 잊어버릴 수 있는 것에는 두 가지 방법이 있다. 하나는 도학에 깊이 몰두해 능히 천하 만물을 잊어 버리는 것이고, 또다른 하나는 오히려 부귀와 영화를 죽기 살기로 달 게 여기며 세상을 잊는 것이다. 이남규와 이건창은 두 가지 모두를 시 행하고 있지 못하다. 더군다나 이남규의 수당이라는 집에는 가족도 없 고 책도 없으며 가재도구도 없는 우거 중의 우거이므로 공허한 것인 데, 왜 집을 수리해 수당이라 하고 기문을 받으려고 하는가 물었다. 그 는 그럼에도 자기가 지나간 곳을 기념하는 것은 의미가 있다고 했다.

이남규가 이 글 마지막에 명을 붙여서 자신의 성찰에 도움이 되게 하려 했다. 이에 이건창은 명을 지었다. 기문에 명문이 있는 것은 매우 특이한 형태다. 물론 한 구의 글자 수가 일정하지는 않고, 정해진 구에 반드시 운자를 놓은 것은 아니나 전체적으로 운자를 사용하고 있는 명 이다. 대표 운자는 평성 우尤자이며, 운자는 수修·휴休·유由·모謀· 수修·수修·구求·불不·수修·수羞이다. 총 17구로 이뤄져 있으며, 한 구의 글자 수가 일정하지 않아 적게는 네 자에서 많게는 열세 자까 지 다양하다. 또 운자도 수修자를 세 번이나 사용하고 있고, 운자를 제 1·3·4·5·7·10·13·15·17·18구에 두는 등 변칙 중에 변칙 이다.

개성 사람들의 세상에 전할 만한 것

숭양기구전발松陽耆舊傳跋

소호생詔濩生은 숭양松陽 고덕산古德山 속에 살면서 책을 읽고 고문사古文
辭를 지으며 스스로 즐겼다. 일찍이 그의 친구인 이봉조가 "소호생은
글을 짓는 데 역사에 재주가 있으니, 소호생을 사관史館에 두고서 한
시대의 역사를 쓰게 한다면 또한 좋지 않겠는가?" 하였다. 소호생이
깊은 한숨을 쉬면서 다음과 같이 말하였다.

"우리 숭양은 옛날 고려시대의 도읍지이며, 우리 조선이 나라를 건국한
곳 또한 이 고을에서였다. 이곳은 서울[漢京]과 거리가 백수십 리 떨어져
서 외부로부터 제어하고 방어하는 삼보三輔의 중요한 위치다. 이곳 출신
사람이 어찌 영남과 호남 출신만 같지 않겠는가? 서문강공徐文康公과 송충
렬공宋忠烈公의 위대한 이름이 세상에 알려져 있으니, 진실로 내가 사사로
이 칭찬하는 것이 아니다. 그 밖에 어진 사대부와 숨어 사는 군자들도 오
히려 뛰어나 세상에 전할 만한 사람이 많지만, 세상 사람들이 우리 숭양

에 이런 사람이 있다는 것을 어찌 알겠는가? 아! 이것은 나의 책임이다."

이에 그는 300년간에 걸쳐 성리性理 · 문장文章 · 효의孝義 · 절렬節烈
이 있는 사람과 여항의 필부로 한 가지의 행실이라도 있는 사람, 그리
고 그 밖에 방기方技 · 무용武勇 등이 뛰어나면서도 법도에 어긋나지 않
은 사람들을 모아 차례지우고서, 『숭양기구전』이라 이름하였다.

혹자가 말하기를 "소호생이 자기 고향을 사사로이 위하는 역사책을
지었으니 옳겠는가?" 하기에, 나 봉조는 다음과 같이 대답하였다.

"소호생이 역사가로서 재주를 지니고서도 이를 세상에 베풀 곳이 없어서,
자기 고향에 적용한 것을 두고 '사사로이 위했다'고 하는 것은 또한 마땅
하다. 그러나 가령 소호생이 가지고 있는 역사가로서의 재주를 자기 고향
에 사사로이 위하는 데 그치지 않고 세상을 위해 사용했다면, 저 300년
동안 어진 사대부와 숨어 산 군자들이 또한 어찌하여 나라의 세상의 사람
이 되지 못하고, 오직 숭양만의 인물이었겠는가? 이 사람은 제 몸에 도를
품고 덕을 안으며 재주를 쌓아 기량을 갈무리한 이니, 그 마음이 또한 어
찌 모두 세상에 사용하고 싶지 않고, 한갓 자기 고향에만 사사로이 위하
고 싶었겠는가? 부득이해서 그러한 것이다. 옛말에 '옛 나라 옛 도읍을
바라보니 개연히 탄식이 난다'고 했고, 『시경』에 '비록 노성한 사람은 없
어도 아직 법도가 있네'라고 했다. 대개 숭양의 기구들이 이처럼 어질고
이처럼 많은데도, 세상에서 역사를 논하는 자들은 그들이 누구인지도 모
르고 있다. 다행스럽게도 소호생이 있어 그들을 전했거늘 사람들은 또한
그가 사사로이 위했다고 의심하고 있으니, 아아! 이는 300년 동안 나라

사관들의 잘못이지 소호생의 허물은 아니다."

이때 소호생이 또다시 벼슬살이에 뜻을 얻지 못하여 산속으로 돌아가다가 이 책을 가지고 나 봉조를 찾아왔다. 그리하여 나는 그를 위해 이렇게 발문을 쓴다.

1885년에 김택영의 『숭양기구전』에 쓴 발문이다. 김택영은 이건창과 매우 절친했고 같은 문학의 길을 걸은 사람이었다. 또 이건창은 강화도 출신이지만 개성과 많은 인연이 있다. 자기 조부가 개성에서 벼슬하고 있을 때 부모가 같이 거주했고, 어머니가 그곳에서 이건창을 배태했다. 『숭양기구전』은 개성 출신의 여러 훌륭한 인물의 전기문이다. 여기에는 성리학자·문학자·효자·열녀뿐만 아니라 서화가·무용가·기술자 등 여항의 서민에 이르기까지 다양하게 포함돼 있다. 김택영은 역사를 기술하는 데 뛰어난 재주를 가지고 있었다. 그럼에도 불구하고 국가 기관인 사관에 채용돼 정사를 기술하지 못한 점에 대해 이건창은 아쉬워하고 있다. 그러나 그것의 대안이며 위안으로 자기 고향 개성의 훌륭한 인물들의 전기문 짓는 것은 매우 의미 있는 일이다. 그러므로 어떤 이가 김택영의 『숭양기구전』은 자기 고향을 위하는 사사로운 일이라고 비난하자 이건창은 이와 같이 발문을 쓴 것이다.

제가 말을 하지 못하게 해주십시오

동선 산신령에게 기도하는 글禱洞仙嶺神文

모년 모월 모일에 벽동군으로 유배된 이모李某는 삼가 100전의 돈을
갖추어 동선洞仙의 산신령에게 다음과 같이 기도합니다.

제가 죄를 지어 서쪽으로 천 리 귀양을 왔네.

인생의 길이 매우 험난함은 이로부터 시작되었네.

풍문으로 들어보니 산신께서는 매우 영험함이 있다 하네.

그래서 나그네들이 이곳을 왕래함에 반드시 경건하게 기도드린다 하네.

재능이 없는 제가 내 자신을 잘 도모하지 못하였네.

사람들에게 인심을 얻지 못하였고 산신에게 의지하며 허둥거리네.

지금 큰 곤궁함을 만나 애오라지 울부짖고 있네.

비록 울부짖으나 하소연할 바를 모르겠네.

가엾게 근심하고 묵묵하게 지내며 산신과 같이 토우土偶가 되리라.

저의 어리석음이 이와 같으니 산신께서는 허물하시지 말기 바랍니다.

평안북도 북부 벽동의 모습. "가엾게 근심하고 묵묵하게 지내며 산신과 같이 토우가 되리라." 억울하게 벽동으로 귀양 온 심정을 이렇게 기도함으로써 이건창은 산신령에게 속내를 털어놓았다. 남의 비리를 울부짖고 싶지만, 차라리 은거하는 것이 그의 인생관에 적합한 것이었는지 모른다.

아울러 저더러 말을 하지 못하게 하여 혹 아름다운 곳에 처하도록 해주소서.

　명미당이 1878년 27세 때 벽동에 귀양을 가서 동선의 산신령에게 드린 제문이다. 명미당은 조병식의 비리를 탄핵하다가 별다른 죄가 없이 평안북도 압록강변 벽동에 처해졌다. 서울에서 천 리의 먼 곳에 귀양을 간 그가 지금부터 고난이 시작된다고 말한 것은 앞으로의 인생이 얼마나 험난한가를 예고하는 것이다. 이렇게 된 것은 암행어사로 관찰사의 비리를 고발한 데서 연유했다. 그것이 비록 옳았다 할지라도 결국 오늘 여기에 온 것은 곧은 언사로 인해 저질러진 것이다. 그러므로 그는 이제부터 자신을 가엾게 생각하면서 말하지 않고 묵묵히 지내기를 마치 산신의 토우처럼 살겠다고 다짐한다. 이는 그가 정당하게 관찰사의 비리를 고발했음에도 불구하고 도리어 자기가 귀양 오게 된 것을 이해할 수 없다는 다른 표현이며, 이에 따라 이 세상을 위해 비리를 고발하는 것보다는 그냥 조용하게 지내고자 하는 인생관을 나타낸 것이기도 하다. 이 글의 끝에 가서는 산신에게 "자기가 말을 하지 못하게 만들어 별탈이 없는 인생을 살아갈 수 있도록 해달라"고 부탁한 것은 이런 맥락에서 이해된다. 4언으로 된 운문이다.

호랑이를 잡고자 하는 수령의 고민

성황신에게 고하는 글告城隍神文

이 글은 아버지를 대신하여 지은 것이다. 호랑이의 난폭함이 날로 심해지자 백성들이 무당을 불러 재앙을 떨쳐버리자고 청하였으나, 아버지께서는 허락하지 않았다. 이 제문을 지은 후 10일 만에 큰 호랑이 두 마리를 잡았다.

모월 모일 모관某官 이모李某는 감히 증산현甑山縣 성황신에게 고합니다. 오직 하늘이 성황신에게 총명과 정직을 내려주시어 이 고을을 돕도록 하셨고, 수령인 저는 비록 재주가 없는 사람이나 또한 조정의 명령을 받아 이 고을에 와서 다스리고 있습니다. 이 고을이 비록 작지만 성황신에게 항상 제사를 올리고 있고 수령은 정해진 봉록을 받고 있으니, 이것은 모두 이 고을 백성이 내는 세금에서 나오는 것입니다. 백성의 봉록을 먹으면서 백성의 일을 돌보지 않는다면 이것은 하늘과 조정이 부여한 바의 뜻을 어기는 것이니, 이를 두고 자기 직분을 수행하고 있지 못하는 바라고 말하는 것입니다. 직분을 수행하지 못하면 문책이 따르는 것이니, 어찌 수령에게만 문책이 있겠습니까? 성황신에게 또한 마땅히 그런 문책이 적용될 것입니다.

그러나 수령과 성황신은 맡은 직분이 같지 않고 책임 또한 같지 않습니다. 수령의 직분은 양陽을 주관하고 성황신의 직분은 음陰을 주관합니다. 관리들이 포학함을 자행하고 백성들이 양심을 무너뜨리며, 간사한 아전들이 재물을 갈취해 폐단이 백성에게까지 미친다면 그 책임은 수령에게 있는 것입니다. 가뭄과 수해로 기후가 고르지 않고 역병이 무시로 일어나며, 호랑이와 표범이 횡행하여 백성이 이 때문에 편안히 살 수 없다면 그 책임은 성황신에게 있는 것입니다. 각각 자기 직분을 다하고 각각 자기 책임을 면하여, 서로 고유의 범위를 침범하지 말 것이며 또 서로 책임을 미루지 말아야 합니다. 그렇게 해야만 백성들이 복이 있을 것이고, 우리가 이 고을에서 아무 하는 일 없이 공밥을 먹지 않는 것입니다. 비록 그러하지만 불행하게도 직분을 수행하지 못해 문책을 받게 될 경우 수령은 조정으로부터 폄출되어 이곳을 떠나버리면 그만이지만, 성황신은 여기를 두고 어디로 갈 것입니까? 아! 그런 점에서 성황신이 자기의 임무를 수행하기가 수령보다 더욱 어려운 것이 아니겠습니까?

지금 이 호랑이가 난폭함을 부리는 것은 어찌하여 그렇게 된 것입니까? 이 고을의 부인을 잡아먹어 죽게 한 것이 두 명이고, 어린아이를 다치게 한 것이 한 명이며, 소와 말을 잡아먹은 것이 헤아릴 수 없이 많습니다. 이 조그만 고을에 수개월 만에 여러 사람을 죽게 했으니 어찌도 그리 맹렬하단 말입니까? 몇 사람이 호랑이에게 죽자 남편이 아내를 잃기도 하고 아버지가 자식을 잃기도 하며, 자식이 어머니를 잃기도 했습니다. 또 몇 사람은 소와 말을 잃어버려 가정 살림을 꾸려나갈 수 없는 형편입니다. 이상의 몇 사람은 모두 부르짖으며 몹시 원망하고 갖은 어려움으로 곤궁하게 살고 있으니, 그 형편이 죽지 않으면 다른 곳으로 이사를 가야 할 판입니다. 이런 상황이 계속된다면 얼마 가지 않아 이 고을이 없어질 것입니다. 그렇게 되면 참으로 수령이 수령으로 남아 있을 수 없을 것입니다. 그러나 조정의 율령律令에 보면 호랑이의 피해 때문에 수령을 문책하는 경우는 있지 않으니, 그렇다면 오직 하늘이 성황신에게 또한 문책하지 않고 그만두겠습니까? 천도天道의 뜻은 높고도 멀어서 수령이 감히 알 수 없습니다. 그러나 백성들에게 그 이야기를 들어보면, 모두가 반드시 성황신을 문책해야 한다고 합니다. 백성의 마음은 하늘의 마음과 동일합니다. 백성들이 이런 것을 성황신에게 바라고 있으니, 하늘이 반드시 이것으로 성황신을 문책할 것입니다. 이 점이 수령인 제가 성황신에게 걱정되는 일입니다.

한편 일찍이 들어보니 인사를 잘못 처리하면 성황신의 노여움이 이른다 하니, 수령이 성황신에게 죄를 지은 것이 있기에 성황신이 노여움을 드러낸 것이 아닐까요? 그러나 길사와 흉사가 일어남에는 각각 거기에 해당하는 원인이 있고, 그로 인한 결과의 대소와 강약에는 조금도 이치가 어긋날 수 없습니다. 지금 호랑이가 사람을 잡아먹는 것은 포학함이 이것보다 더 큰 것이 없습니다. 만약 사람이 이런 짓을 했다면 이것은 반드시 탐학하고 가혹하게 대하며 대단한 위세로 엄한 벌을 주어 백성으로 하여금 죽이게 할 것입니다. 그런 뒤에 성황신이 호랑이로 그 사람에게 위협을 주어 그에 대한 보복의 벌이 이와 같다는 것을 알게 하는 것은 괜찮은 일입니다. 그러나 성황신의 노여움으로 호랑이를 풀어 사람을 죽이게 한 것에

"성황신은 이 고을을 도와 크게 위령을 떨쳐서 이 고을에서 사람으로 사상자에 이르게 한 모든 호랑이는 다 죽여서 놓아두지 말 것이며, 사람을 죽이지 않는 호랑이는 쫓아내버려서 이 고을 엿보지 못하도록 하십시오." 이건창은 마을에 나타난 호랑이 때문에 피해가 심각해지자, 수령으로서의 자기 역할에 빗대며 성황신이 호랑이를 물리쳐줄 것을 빌고 있다.

대해서는 반드시 크게 부득이한 점이 있었을 테고 장난삼아 한 일은 아닐 것입니다.

지금 수령이 이 고을을 맡은 지 2년이 되었습니다. 스스로 정치의 잘못된 것을 반성하고, 항상 조심하고 두려워하며 직분을 수행하지 못하여 문책을 당할까 염려했습니다. 대개 어리석고 파리하며 재주는 졸렬하고 마음고생만 하고 있으니, 이것은 참으로 수령의 불초한 점이지만 그 외에 다른 죄는 없습니다.

옛날에 고을을 다스린 사람 중에 호랑이를 자기 고을 밖으로 내쫓은 자도 있었고, 비록 자기 고을에서 호랑이를 쫓아내지는 못했지만 백성들을 다른 곳으로 이주하지 않도록 한 자도 있었으며, 호랑이의 위엄을 빌려 행세한 자도 있었고, 자기 몸이 직접 호랑이로 변신한 자도 있었습니다. 나와 같은 경우는 비록 현명함이 참으로 앞의 두 가지에는 미칠 수 없지만, 그렇다고 악독함이 뒤의 두 가지에는 이르지 않았습니다. 그러므로 감히 한갓 손순하고 나약하게 엎드려서 스스로 허물을 뉘우치는 말 따위는 하지 않겠고, 다만 이것으로 성황신에게 책임을 돌리려는 것입니다. 이러한 태도는 또한 옛날의 곧은 도리로써 백관들이 서로 규계하는 의리이며, 감히 세속의 정으로 성황신을 섬기는 것은 아닙니다.

또한 성황신에게 아뢸 것이 있습니다. 이 고을 백성들이 무당을 좋아해 너울너울 춤을 추며 거만하고 방탕한 태도로 신을 장난거리로 삼았는데, 수령이 항상 그것을 하지 못하도록 금했으나 완벽하게 막지를 못했습니다. 생각건대 성황신이 이 점에 대해 마음이 언짢아서 장차 수령을 크게 경계하며 격발시킨 것입니까? 이 점에 대해서는 수령이 감히 사양하지 못할 잘못이 있습니다.

지금 수령이 청결하게 재계하고 조촐하게 정성을 갖추어서 몸소 성황신에게 명을 청하노니, 장차 이 제사를 드린 뒤에 강력한 화살과 맹렬한 대포를 가지고 호랑이와 싸울 것입니다. 그때 성황신은 이 고을을 도와 크게 위령威靈을 떨쳐서, 이 고을에서 사람을 사상자에 이르게 한 모든 호랑이는 다 죽여서 놓아두지 말 것이며, 사람을 죽이지 않은 호랑이는 쫓아내버려서 이 고을을 엿보지 못하도록 하십시오. 그리하여 백성의 바람에 어긋남이 없게 하며 하늘이 준 직분을 묵살하지 않는다면, 수령이 비록 재주가 없으나 노둔한 재능을 채찍질하여 미흡했던 곳에 더욱 힘쓸 것입니다. 또한 성황신과 교제를 닦아서 성황신에게 부끄러운 짓을 하지 않을 것입니다. 성황신은 이 점을 살펴볼 것이며, 성황신은 이 점을 생각해보십시오.

명미당이 증산현감을 지내고 있는 아버지를 대신해 지은 성황당신에게 바치는 제문이다. 증산현에는 호랑이가 나타나 사람을 죽이고 아이를 다치게 하고 소와 말을 잡아먹는 등 그 피해가 막대했다. 이에 제문을 지어 성황신에게 바치면서 성황신의 책임을 추궁했다. 수령인 본인은 하늘과 백성의 뜻을 받들어 이 제사가 끝난 뒤에 화살과 대포를 가지고 호랑이 사냥에 나선다고 선포하고 있다. 사냥에 나선 결과 열흘도 되지 않아 큰 호랑이 두 마리를 잡았다고 제목 아래 주를 달고 있다.

명미당은 가장 상위 개념으로 하늘이 있다고 보았고, 그 아래 고을마다 성황신과 수령이 있어 각 분야를 맡아 다스린다고 생각했다. 따라서 여기서 신은 성황신으로 수령과 동급이며 주로 음적인 일을 맡는다. 수령은 정치를 잘했다고 할 순 없지만 아주 난폭하게 하지는 않았다고 스스로 고백하고 있다. 그 예로 역대 고을에 호랑이가 나타나 백성을 해친 경우 수령이 대처하는 방법은 네 가지가 있었는데, 자기는 중간 정도의 대처를 했다고 한다. 첫번째가 가장 잘한 것으로 호랑이를 자기의 경내에서 밖으로 쫓아낸 수령이고, 두번째가 다소 수준이 떨어지는 자로 호랑이를 사라지게 하지는 못했지만 선정을 베풀어 백성들이 다른 지역으로 이사를 가지 않게 한 수령이다. 세번째는 가짜 호랑이의 위세를 빌려 포악한 정치를 하는 호가호위형 수령이고, 네번째는 가장 나쁜 것으로 자신이 직접 호랑이로 변신해 백성들에게 가혹한 정치를 행한 수령이다. 자기는 앞의 두 가지 수령의 훌륭한 점에는 미치지 못하지만, 뒤의 두 가지 포학한 수령보다는 낫다고 했다.

그러나 이 고을 사람들이 무당으로 춤을 추며 성황신을 희롱한 것에 대해서는 수령 자신이 일정한 책임이 있다고 했다. 수령은 본래 그런 것을 믿지 않아서 하지 못하도록 말렸지만 민간의 풍속을 철저하게 막지는 못했다는 것이다. 백성들의 좋아하는 것을 강제적으로 막아버리는 것은 쉬운 일이 아니고, 신중히 해야 하는 일이기 때문이다.

가렴주구되기는 얼마나 쉬운가

은진현감으로 가는 정선생에게 부탁하는 글送鄭雲齋先生監恩津序

수령[長吏]과 백성의 관계는 부모와 자식의 관계와 같다. 부모는 죽을 때까지 자기 자식을 기르지만 때로는 자식한테서 봉양을 받기도 한다. 수령은 한 해가 다하도록 백성을 먹여 살리지만 때로는 백성한테서 봉양을 받기도 한다. 그러나 부모가 자식을 사랑함에 있어서는 항상 자기 몸보다 더 사랑함으로, 반드시 요구하는 것은 적고 은혜를 베푸는 것은 많다. 반대로 수령들이 백성을 사랑함에 있어서는 항상 자기 몸만 같지 못하므로, 반드시 갈취하는 것은 많고 베풀어주는 것은 적다. 그러므로 세상에 자애롭지 않은 부모는 없지만, 청렴한 수령은 혹 드문 것이다.

천하의 정은 은혜를 갚는 것과 베푸는 것 두 가지뿐이니, 대개 그 근본은 반드시 도리에서 나오기 마련이지만 그 끝은 반드시 이해관계로 귀착된다. 지금 물건을 남에게 주면서 말하기를 "차라리 저들이 갚지 않을지언정 내가 베풀지 않을 수 없다"고 하는데, 이것은 도리에서 나온 말이다. 그런데 혹 주고 싶지 않은데도 주면서 말하기를 "주는 것은 나에게 은혜롭게 생각하기를 바라는 것이고, 주지 않으면 나를 원망할까 두려워서이다"라고 하니, 이것은 이해관계에서 나온 말이다. 그러므로 도리에서 나온 말을 이해하기를 숭상해야 한다. 무릇 수령이 되고서 청렴하지 않은 것은 다만 이해관계에서 나온 말을 이해하지 못했을 따름이다.

대저 은혜를 베푸는 것에 있어서 아랫사람에게 하는 것보다 어려운 것이 없고, 원망함에 있어서는 윗사람에게 하는 것보다 쉬운 것이 없다. 그러므로 부모가 자식을 사랑하는 것에 비하면 자식이 부모를 사랑하는 것이 항상 따라가지 못한다. 하물며 백성과 수령은 진실로 길에서 처음 만난 사람처럼 별 상관없는 관계인 데다가, 윗사람이 아랫사람 보기를 자기 몸 같게 여기지 않으면 아랫사람이 윗사람 보기를 장차 길 가는 사람만도 못하게 여길 것이다.

윗사람은 많이 취하려 하고 아랫사람은 더욱 적게 주고자 하며, 윗사람은 적게 베풀어주고자 하고 아랫사람은 더욱 많이 가지려 한다. 이렇게 되면 처음에는 분분하게 떠들어대고, 중간에는 시끄럽게 다투며 마지막에는 분연히 들고 일어나는 사건이 연속될 것이다. 이런 상황인데도 수령이 백성의 요구를 들어주지 않으면 난동이 일어나게 되고, 백성의 요구를 들어주면 권력이 백성에게 있게 돼 수령은 백성들이 하자는 대로 따라가야 한다. 그전에 많이 거두어들인 자는 적게 거두어들이지 않을까 걱정하고, 적게 베푼 자는 많이 베풀지 않을까 걱정한다. 그리하여 창고의 곡식을 조사해보면 쓸쓸하게 하나의 물건도 남아 있지 않게 된다. 천하의 지극히 청렴한 수령인데도 백성들은 오히려 다투기를 그만두지 않으니, 그 이해관계란 어떤 것인가?

만약 천재지변이 일어나서 해마다 기근이 들 것 같으면, 이런 때에는 수령이 오히려 백성들을 먹여 살리는 것만이 있을 뿐이고, 백성에게 봉양을 받지 못할 것이다. 이를 비유하자면 사람의 자식으로서 부모를 봉양해야 하는 것을 모르는 바는 아니지만, 갑자기 사지가 병이 나서 병세가 위독해 죽음의 지경에 이르면, 그 부모에게 먹을 것이 없는 것을 알면서도 누워서 보기만 하고 아무 힘도 쓰지 못하는 것과 같다. 이런 광경은 비록 길에서 처음 만난 사람이 보더라도 오히려 측은해서 슬퍼할 것이거늘, 하물며 부모의 이름을 띤 자(수령)로서 어찌 차마 이를 구제할 것을 생각하지 않고 도리어 자식의 도리를 다하지 못하는 것을 책망하겠는가?

이런 관점에서 말해보면 오늘날 수령이 된 자는 마땅히 이해관계는 따지지 말고 오직 도리만을 급하게 여겨야 할 것이 분명한데도, 어떤 사람들은 오히려 이것을 급한 일로 여기지 않는 것 같다.

아! 운재 정선생은 집안이 대대로 청렴하기로 소문이 났으며, 특히 선생은 더욱 인자하고 지조 있는 선비이니 반드시 백성들에게 부모 노릇을 할 것에 의심이 없다. 오직 나만이 오늘날의 관리들이 옛날의 관리만 같지 않아서 백성들을 어렵게 만드는 것에 개연히 탄식하여, 문득 이런 말들을 써서 선생을 은진恩津의 수령으로 보낸다.

───❧───

운재雲齋 정기우鄭基雨(1832~1890)가 은진현감으로 가는 것을 전송하면서 지은 서문이다. 명미당은 수령과 백성의 관계를 부모와 자식의 관계로 보았다. 부모가 거의 평생 동안 자식을 위해 길러주고 돌봐주지만, 만년에 가끔 자식에게 조금의 봉양을 받기도 한다. 이와 마찬가지로 수령도 임기 내내 백성들을 잘 먹여 살리는 것에 전력해야 하고 간혹 백성들에게 봉양을 받는 것은 드물게 해야 한다. 그럼에도 불구하고 요즘 대부분의 수령은 이것과 반대되는 경우가 많아서, 수령이 백성의 부모가 되지 못한다고 했다.

천하의 일은 보답과 베푸는 것 두 가지로 나뉜다. 은혜를 베푸는 것에 있어서 아랫사람에게 하는 것이 가장 어렵고, 원망을 함에 있어서는 윗사람에게 하기가 가장 쉽다. 그러므로 수령은 베풀기 어렵고 백성들은 원망하기 쉬운 것이다. 이렇게 되면 수령과 백성이 이해관계에 얽매여 서로 싸우니, 이것이 극도에 달하면 백성들이 난동을 일으킬 것이다. 그러므로 부모와 자식처럼 가없는 사랑을 베푸는 도리의 입장에서 수령은 백성들에게 부모처럼 많이 베풀어야 한다.

명미당은 이 글의 마지막에서 운재 선생이 수령으로 부임해 위에서 말한 부모의 노릇을 잘 수행하는 훌륭한 수령이 될 것에는 의심의 여지가 없다고 했다. 다만 당시 대부분의 수령이 백성들에게 베풀지 않고, 반대로 가렴주구하여 자기 이익만을 챙기는 것에 대해 염려하며 경계하는 것이 이 글의 요지라 하겠다.

사찰은 집이 아닌가

경봉대사탑명景峰 大師塔銘

세상에서 말하는 불교의 가르침은 무無를 숭상하며 버리는 것[捨]을 좋게 생각하여, 천하의 만리萬理와 만사를 다 버려서 공적空寂으로 돌아가려는 것이다. 그런데 불교를 믿는 사람들은 문득 "이것마저도 다만 자취일 뿐이고 마음만은 일찍이 무에 한결같지 않음이 없다"고 한다. 나의 관점에서 보면, 이 두 가지 설이 모두 잘못됐다. 애초에 불자들의 마음은 실제로 모든 것을 버리려 하고 또 무에 한결같이 하려고 하나, 그 자취는 도리어 능히 그렇게 되지 못한다. 아니 자취가 능히 그렇게 되지 못할 뿐만 아니라 진실로 그렇게 할 수가 없는 것이다. 이에 불자들이 자기가 소유했던 것을 버리고 그가 본래부터는 가지지 않았던 것으로 바꾼다. 그런데 왕왕 바꾸는 것이 번화하고 사치하여, 도리어 버리는 것보다 많아서 심하게는 열 배나 백 배에 이르며 그 숫자를 헤아릴 수 없을 정도가 된다. 드디어 장황하게 과장하고 빛나게 꾸며 천하의 도구를 가득 갖추니, 공적의 본마음은 찾아볼 수가 없다.

지금 불자들이 반드시 "나는 출가해야 한다"라고 말한다. 그러나 나의 관점에서 본다면, 출가했다 하더라도 어디에 가지 않을 수 없다. 그래서 산으로 들어가면 산이 집이 되고, 수풀에 들어가면 수풀이 집이 된다. 다만 세속의 집은 사람이 살기에 마땅한 곳이었지만 산이나 수풀은 그렇지 않은데, 불자들이 집을 버리고 그것으로 바꾸었을 따름이다. 그러나 진실로 능히 산과 수풀을 집으로 생각하고 다시는 다른 집을 구하지 않는다면, 비록 살아가는 이치가 사람과는 어긋나지만 집 안의 일이 없다고 할 수 있다. 그렇다고 도리어 사슴이나 돼지가 되거나 족제비와 다람쥐가 될 수는 없는 일이다. 이에 출가하되 집을 따로 두니, 그것을 사찰寺刹과 암료庵寮라 부른다. 그런데 사찰과 암료의 번화하고 사치함을 세속의 집과 비교해보면 어떠한가?

스님들은 죽으면 반드시 시신을 화장해 모든 것을 연기와 먼지로 만든다. 이와 같이 하면 아무것도 없는 것[無]이라고 말할 수 있을 것이다. 비록 화장의 이치에 대해 더욱 따져볼 수는 없지만, 그 행위가 불교 교리에는 최고로 적합한 일이다. 그러나 나는 이미 시신을 연기와 먼지로 만들어놓고 또다시 아무것도 없는 땅 위에 봉토를 만들며 돌을 포개어 탑을 만드는 것에 대해 괴이하게 여기니, 이것은 무슨 이야기인가? 불교의 법을 터득한 사람은 몸 안에 이른바 사리舍利라는 것을 가지고 있는데, 화장해도 부서지지 않는다. 그러면 그 신도들은 반드시 그것을 취해 보배로 여기며 갈무리하니, 여기서 탑이 생겼다. 아! 신체를 버리고 사리로 바꾸었으며, 무덤을 버리고 탑으로 바꾸었으니, 이것은 참으로 아무것도 없는 무[眞無]라 할 수 없다.

옛날 성인이 장례를 지냄에 봉분封墳을 만들지 않았고 주위에 나무

"불자들은 사찰이나 암자에 몸을 의지하니, 집을 버린 것이 아니고 또다른 형태의 집을 차지한 것이다. 스님들은 죽으면 자취를 없애기 위해 화장을 하고, 이로써 얻은 사리로 부도를 만든다"라며 이건창은 당대 불교에 대해 강한 비판을 가했다.

도 심지 않았으며, 그저 땅을 평평하게 하여 능을 만들었다. 그러므로 그의 죽음을 장례로 바꾼다고 말했는데, 후세의 제도는 이미 이것을 잃어버렸다. 그런데 불교에서는 부처의 사리를 천하에 두루 나누어 갈무리하는데, 그것이 몇 군데인지도 모른다. 또 사리를 갈무리하는 탑에 금은주패金銀珠貝의 장식과 기물을 새겨 다듬는 비용과, 또한 불자와 서민들이 탑 주위를 돌며 드리는 수많은 기도 등은 세속의 무덤과 비교해 어떠한가? 그러므로 공적의 본마음은 볼 수가 없다고 말하는 것이다.

스님 모씨가 자기 스승 경봉景峰 스님의 행장을 가지고 와서 탑명塔銘을 지어주기를 구하였다. 경봉은 불교를 공부하여 그 법을 체득했기에 화장을 함에 사리가 나왔다. 사리가 나왔는데 탑을 세우지 않을 수 없고, 또 탑을 세워놓고서 명이 없을 수 없다. 이에 짐짓 내가 다음과 같이 명을 짓는다.

회진會津 출신의 임씨林氏는 아버지가 웅진應鎭이고
어머니 신씨申氏는 태몽으로 목탁을 꿈꾸어 조짐부터 떨칠 것을 예상하였네.
어찌 도를 따름에 공자를 배우지 않고
일찍 지리산에 들어가 스님이 되었던가?
세 대사大師를 배알하고 법인法印을 전수받아
법명을 지원智圓이라 하며 적통을 이었네.
화엄경의 심오하고 높은 경지
앉아서 당堂을 열지 않고도 도가 더욱 진척되었네.

세상의 일이 모두 무상하여 사람들은 또한 자연의 순리를 따르니
66세에 죽자 화장하여 재가 되었네.
상서로운 채색 연기 피어오르고 특이한 음악 소리 울리는데
사리 두 개를 얻어 신표로 삼았네.
아! 경봉 스님이 여기에 죽음이여
탑을 만드니 명을 짓는 일에 인색하지 않네.

이 글은 경봉 스님 부도탑에 대한 명이다. 스님의 행적은 거의 보이지 않고 불교 원리에 대한 비판으로 일관되어 있다. 마무리 명에 가서 스님의 행적을 축약해 기술하고 있으나, 역시 자세한 업적은 알 수 없다. 따라서 이 글은 경봉 스님의 일대기 서술이나 찬양과는 거리가 멀고 이건창이 평소에 불교에 대해 어떻게 생각하고 있는가를 피력한 것이다. 스님의 탑명을 지으면서 불교의 원리에 대해 이렇게 신랄하게 비판하는 것은 그 어디에서도 유례를 찾아볼 수 없을 정도로 놀랍다. 과연 이 탑명을 받은 당사자는 이 글을 탑에 새겼는지 궁금하지 않을 수가 없다.

이건창은 불교가 기본적으로 무를 숭상하며 가진 재물을 희사하는 것을 아름다운 일로 여겨, 결국에는 아무것도 가진 것이 없는 공적으로 돌아가는 것을 목표로 한다고 했다. 그러나 불도들은 공과 무를 주장하면서도 실제로는 전혀 그렇게 하지 못한다고 했다. 여기서 이건창이 이야기하는 무는 불교의 제행무상 또는 색즉시공 공즉시색과 같이

어느 것에 집착할 것이 없다는 개념과는 달리 이해하고 있어, 불교의 기본 원리를 잘 알고 있지 못한 것이 아닌가 한다.

어쨌든 간에 불자들은 무를 주장해 출가하여 밖으로 나간다. 그러나 밖에 나가서 산이나 수풀에서 살 수가 없고 결국은 사찰이나 암자에 몸을 의지하니, 이것은 집을 버린 것이 아니고 또다른 형태의 집을 차지한 것에 불과하다는 것이다. 게다가 사찰이나 암료가 때로는 세속의 집보다 몇십 배 화려하고 사치스러운 경우가 종종 있으니, 이렇게 하고도 어찌 불도들이 무와 공적을 지향하는 것이 되겠는가라고 따지고 있다. 또 스님들은 죽으면 자취를 없애기 위해 화장을 하고 이로써 얻은 사리로 부도를 만든다. 아무것도 없게 만들려면 화장으로 끝내고 부도를 만들지 말아야 하는데, 도리어 부도를 만드니 세속의 무덤과 다를 것이 무엇이 있겠느냐는 것이다. 경봉 스님도 화장하여 사리를 얻었고 얻은 사리를 안치하기 위해 부도탑을 만들었다. 그러고 보니 탑명을 짓지 않을 수 없다. 이에 이건창 내가 탑명을 짓는다는 식이다.

불교에 대한 비판으로 일관하고 있는 매우 특이한 글이다.

부모 삼년상을 치른 스님을 기림

이봉화상탑명离峰和尚塔銘

순천順天 대각암大覺菴의 스님 혜근惠勤이 나의 유배지인 패주에 거처하고 있는 집에 찾아와서는, 자기 스승 이봉화상离峰和尚의 행장을 보여주면서 "이것으로 탑명을 지어주기를 원합니다"라고 간청하였다. 혜근은 단아하고 조심성이 있으며 유가의 책에 통달한 사람이었다. 더욱이 시를 잘 지었기에 나는 그와 매우 즐겁게 교유하였다. 내가 이미 탑명을 지어줄 것을 마음으로 허락해놓고 있었는데, 또 그가 편지를 보내어 말하기를 "우리 선생님은 불교 교리에 정통했다고 말할 수 있고 또 사찰에 끼친 공도 크다고 할 수 있다. 저는 평소에 들어보니, 사대부들은 문장을 짓는 데 체도가 있어서 불자들을 위해 글을 짓는 일을 즐겨하지 않는다고 합니다. 이에 제가 감히 억지로 강요할 수는 없습니다. 다만 우리 선생님은 일생토록 충효를 실천해, 그의 마음 씀씀이는 환하고 밝게 나타나 사라질 수가 없는 것입니다. 그러므로 아마도 입언立言하는 군자가 거절하지 못할 것입니다"라고 하였다.

내가 그 사람 말의 아름다운 점과 돈독한 성심을 가상히 여겨, 그가 가지고 온 행장을 살펴보니 다음과 같았다.

스님의 이름은 낙현樂玹이고 자는 천연天然이며 호는 이봉이다. 그의 선조는 가락국駕洛國의 왕족인 김해 김씨의 시조 김수로왕이다. 아버지는 김원중金顯中이고 어머니는 박씨朴氏로 영암에서 나주로 이사해 스님을 낳았다. 스님은 어려서부터 아름답고도 지혜로웠는데, 부모가 점술가의 말을 받아들여 출가시켜 중이 되었다. 13세에 청계사淸溪寺에서 삭발하고 난 뒤 여러 곳을 두루 다녔으며, 30세에는 비로소 학문의 수준이 높아져 중들을 교수해 종풍宗風을 크게 떨쳤다. 중년에는 멀리 유람하여 동쪽으로는 금강산에, 동남쪽으로는 태백산과 소백산에 각각 갔고, 또 지리산 옥부대玉浮臺에서 참선하였다. 만년에는 장흥長興 송대에 거처하다가 뒤에 순천 보조암普照菴으로 옮겼는데, 나이 81세 되던 윤 2월 17일에 질병의 기미가 보이자 스스로 게송을 짓고 붓을 던지고는 죽었다. 사흘 뒤 동봉東峯 아래에서 화장하여 사리를 거두어 탑을 만드니, 이 해는 실제로 고종 35년에 해당한다.

스님은 17세 때 부모상을 연달아 당했는데, 형체를 훼손하여(삭발하고 승복을 입음) 중이 된 자신이 유가식으로 삼년상의 예를 할 수 없다고 생각했다. 이에 애통하게 통곡하고 피눈물을 흘려 몸이 초췌하고 바짝 말랐다. 또 삼 년 동안 간장을 먹지 않으니, 이웃 사람들이 그를 효동孝童 또는 효승孝僧이라 하였다. 평생토록 반드시 자시子時가 되면 일어나서 먼저 북쪽 대궐을 향해 4배를 했는데, 비바람이 불고 몸이 아파도 한 번도 그만둔 적이 없었다. 나라에 대상大喪*이 있으면 문득 스스로 재초상齋醮床

을 마련해 정성을 다하여 기도했다.

혹자가 "불교의 법은 도를 닦는 것을 즐거움으로 삼으니 그대는 어찌하여 악착같이 하기를 이와 같이 하는가?"라고 물으니, 스님은 다음과 같이 대답했다.

"충과 효는 이치상 본래부터 있는 것이니, 유자에서 불자가 되었다고 하여 충효를 잊어버리는 것은 이른바 도가 아니다. 장부가 훌륭한 임금을 만나 등용이 되면 조정에서 하는 충성이 있어야 하고, 그렇지 못해 불우하여 은거하게 되면 산림에서 하는 충성이 있어야 한다. 내가 아침저녁으로 참배하며 몸을 닦아 임금의 은혜에 보답하기를 맹세하는 것은 바로 이렇게 하는 것이 도라고 여기기 때문이다."

아! 이런 점이 혜근이 말하는 사라질 수 없는 훌륭한 행실로, 그가 나에게 탑명을 구한 이유가 아니겠는가?

내가 들어보니 임진왜란 때 선조께서 서쪽 평양으로 피난을 갔다. 그때 청허대사淸虛大師 휴정休靜이 길에 엎드려 아뢰기를 "저는 늙어서 능히 전쟁에 참여할 수 없지만, 청컨대 저의 두 명의 제자가 임금을 찾아뵙도록 하겠습니다"라고 하였다. 이에 송운松雲 유정惟政은 일본에 사신으로 가서 대화로 교활한 오랑캐들을 꺾었고, 기허騎虛 영규靈圭는 중봉重峰 조헌趙憲 선생의 금산 전투에 참여해 창과 방패를 가지고 싸우다가 죽었다. 송운의 공로와 기허의 공열은 모두 청허대사가 가르친 것이다.

*
대상 임금이나 세자의 죽음.

또 들어보니, 병자호란 때 남한산성에서 강화조약이 이뤄지자 효종이 임금이 되기 전 봉림대군鳳林大君으로 심양에 볼모로 갔다. 그때 장사 김여준이 따라갔는데, 길목에서 만주 사람들이 큰 잔치를 벌이고 있었다. 이에 김여준이 술을 마시고는 만주 사람들에게 매우 욕설을 한 뒤 스스로 혀를 깨물어 자결함으로써 그들이 감히 자기를 해치지 못하게 했다. 그 뒤에 효종이 왕위에 올라 궁궐에 있을 때 "가을바람에 기러기 소리 들으니 슬프게도 김장사가 생각나네秋風聞鴻雁聲 恨然思金壯士"라고 했는데, 지금까지도 이 노래가 전해온다. 그런데 이봉 스님은 김장사의 후손이며, 청허대사는 이봉 스님이 몸담고 있는 불교계의 법조法祖다. 따라서 이봉 스님에게 충의가 성품으로 몸에 배인 것은, 그가 세속에 남아 있거나 세속을 벗어나 스님이 되거나 간에 달라지는 것이 아니라, 그 근원되는 뿌리가 있어 그렇게 만든 것이 아니겠는가?

비록 그렇다고 하지만 청허대사는 공적이 이미 국사에 기록돼 있고, 김장사의 성명은 오히려 야사에 빛이 나고 있다. 한편 이봉 스님 같은 경우는 태평시대를 만나 죽을 때까지 여윈 몸으로 고생하며 살았으니, 그 스스로 산림의 충성이 있었다고 말하나 누가 능히 알아주겠는가? 비록 그렇다고 할지라도 내가 근세의 사대부들을 보니, 조상의 벌열閥閱에 기대고 임금의 은총에 힘입어서 그것을 바탕으로 하여 출세한 자들이니, 이는 부시婦寺의 자질구레한 충성[小忠]*에 지나지 않는다. 그들은 정성에서 나오는 마음은 항상 적고 이익에서 나오는 마음은 항상 많다. 그렇다면 스님이 다른 사람들이 모르는 곳에서 대궐을 향해 바

*
부시의 자질구레한 충성 부인과 환관이 남편과 임금에게 바치는 보잘것없는 충성.

라보며 절하고 기도했던 것을 죽을 때까지 해이해지지 않게 한 것은 현명한 일이라 말할 수 있겠다.

명하여 말하였다.

글을 잘 짓기 때문에 진신대부에게 이름이 났고, 베풀기를 좋아하기에 가난한 백성에게 은혜를 주었으며, 엄정嚴淨했기 때문에 항상 보호하는 신이 있었네. 이와 같이 특이함이 매우 많지만, 나는 다 진술하지 않네. 그의 충효만을 기록하노니, 이 비석을 보라.

이 글은 명미당이 보성에 귀양 가 있을 때 지은 것이다. 바로 앞의 글 「경봉대사탑명」은 불교에 대해 매우 비판적인 반면, 이 글은 사뭇 다르다. 그 이유는 이봉 스님이 비록 불가에 몸을 담았지만 유가에서 중시하는 충과 효를 잘 실천한 사람이었기 때문이다. 이봉 스님의 이런 점이 명미당의 취향에 들어맞았고 그래서 이 탑명을 쓰게 된 듯하다.

이봉 스님의 효도는 출가하고 난 뒤 바로 연이은 부모상에서 잘 나타난다. 이런 것은 보통의 스님들이 실행하기 어려운 일이다.

또 충성에 있어서는 매일 자시가 되면 일어나서 북쪽 대궐을 향해 4배를 하였다. 혹자의 물음에 그는 조정에서의 충성이든 산림에서의 충성이든 상관없다면서 자기는 산림의 충성을 하고 싶다고 했다.

이봉 스님의 이러한 충성된 행실은 우연하고도 갑작스레 이루어진 평지돌출의 것이 아니고, 그 뿌리가 있었다. 병자호란 때 자결했던 홀

류한 김여준이 바로 이봉 스님의 조상인 것이다. 또 하나는 명미당이
스님으로 국난을 도외시하지 않았던 사람으로 서산대사의 두 제자 사
명당과 영규대사를 예로 들고 있다.

사명당과 영규대사의 업적은 국사에 기록돼 있고, 김여준의 일도 야
사에 전해온다. 반면 이봉 스님의 행실은 남에게 드러나지 않고 또 난
세를 만나지 않았기 때문에 공적을 세워 역사책에 오르지는 못했다.
그러나 요즘 조정에 있는 사대부들의 충성에 비하면, 이봉 스님은 대
충大忠에 해당한다는 것이다.

명미당은 이런 충성스럽고 효도스러운 이봉 스님이 비록 산림에 있
지만 요즘 조상의 벌열 덕분으로 조정에 앉아 있는 관리들에 비해 훨
씬 낫다고 해, 이 점이 글을 쓴 동기이며 이봉 스님에 대해 호감을 가
지게 된 이유로 여겨진다.

명미당이 지은 명문에는 한 가지 특색이 있다. 주인공의 행적이 훌
륭해 드러낼 만한 사람이며 또 명미당 자신과의 가치관에 부합하는 사
람이면, 행적 부분인 서문이 길고 명문 부분은 짧게 언급돼 있으니 이
글이 바로 거기에 해당한다. 훌륭한 행적이 별로 없고 명미당의 가치
관에 부합하지 않는 사람에게는 서문의 내용이 거의 생략돼 있으며 대
부분 명문으로 채워져 있으니, 경본대사탑명이 그 예이다.

수승대는 자연의 개울가에 있는 것

수승대기搜勝臺記

대의 옛 이름인 수송대愁送臺는 어디에서 왔는지 모르겠다. 혹자는 "신라와 백제가 대립할 때 양국의 사신들을 여기에서 서로 전송했는데, 문득 그 근심을 이기지 못했다. 그러므로 근심스럽게 보낸다愁送는 뜻으로 칭했다"고 하였다. 또다른 혹자는 "대의 아름다운 경치가 사람으로 하여금 근심을 잊게 한다"고 했으니, 이렇게 할 경우 수송愁送은 근심을 흘러 보낸다送愁는 뜻이 된다. 그러다가 퇴계 이선생이 갈천葛川 임훈林薰에게 시를 지어 보내자, 이름을 수승搜勝으로 바꾸었다. 이로부터 수승대로 소문이 났다.

덕유산의 동남쪽은 영취산靈鷲山이고 서남쪽은 금원산金猿山이다. 물줄기가 두 산 사이에서 나와 월성 마을과 갈천 마을을 이루는데, 무릇 수십 리를 걸쳐서 모두 맑은 물과 너럭바위로 이루어져 있다. 갈천으로부터 동쪽으로 수 리를 가면 황산黃山이라는 마을이 있다. 갈천에서 황산까지는 산의 색깔이 모두 희고, 물은 깊은 웅덩이처럼 모였다 흐르며 돌은 검푸르니, 그 형상이 한 번 변한다. 여기서 또 1리를 가면 물줄기가 여러 번 꺾이고 돌아서 급한 여울이 되기도 하고, 폭포가 되기도 하며, 연못이 되기도 한다. 돌 색깔은 다시 희고 언덕 되 뿌리와 바위 골짜기는 송림 가운데 덮여 가려져 있다. 거기에 하나의 물체가 개울가에 돌출하여 멀리서 바라보면 하늘처럼 둥글한 것이 있으니, 이것이 바로 수승대이다.

수승대는 개울가에 있는 하나의 큰 돌로 이루어져 있다. 높이가 십수 장이며 그 위에는 백 명 정도가 앉을 수 있다. 대에 올라 멀리 바라보면 원근의 모든 산들이 굽이쳐 달려와 각각 아름다움을 뽐내면서 대의 전후좌우에서 구부리고 읍을 한다. 대의 조금 위쪽에는 흐르는 물은 고리 모양 같고, 구슬 모양 같고, 누인 명주 같고, 주름 비단 같다. 또 둥글고 모나며, 굽고 곧으며, 나르고 엎드리며, 움직이고 고요한 물의 모양이 오묘함을 극진히 한다. 그리하여 빼어나고 온화하며 길게 연잇고 오묘하여 마치 다 표현할 수 없는 것 같았다.

대의 위에는 소나무 백 그루가 움푹 파인 곳에서 자생하고 있고, 사방 모퉁이에 돌을 포개놓은 것이 마치 담장과 같다. 대의 벽에는 '수승대搜勝臺' 세 자와 퇴계시退溪詩가 새겨져 있다. 그리고 '퇴계가 이름 지은 대退溪命名之臺'와 '갈천이 노닐던 곳葛川杖屨之所'이라는 것도 새겨져 있다.

개울가에 정자를 짓고 요수정樂水亭이라는 편액을 달았으니, 요수는 처사處士 신권愼權의 호이다. 그는 임갈천의 뒤를 이어 이곳에 살았다. 퇴계가 수승대라 명명한 것은 갈천으로 말미암은 것이기에, 갈천의 자

경남 거창군 위천면 황산리 황산마을 앞 구연동에 위치한 수승대. 삼국시대에는 신라와 백제의 국경 지대였고 조선시대에는 안의현에 속해 있다가 일제 때 행정구역 개편으로 거창군에 편입돼 오늘에 이르고 있다. 현재는 놀이공원처럼 되어 늘 사람들이 북적이지만, 이건창이 머물던 시절 이곳의 정취는 신선이 놀다간 자취처럼 아름다웠으리라.

손들은 수승대의 일을 기록하면서 갈천을 높은 자리에 올렸고 퇴계를 짝으로 두었다. 때문에 신씨愼氏들은 이것을 감히 바라볼 처지가 아니었다. 그러나 뒤에 신씨들이 대대로 그 자리를 고수하여 살았고, 또 과거 시험에 합격해 벼슬살이하며 권력 있는 사람이 많이 배출되어 임씨林氏 집안을 능가하게 되었다. 이에 그들이 "수승대는 우리 집안의 것이다" 하고서 시를 지어 대의 반대편 벽에 새김으로써 자기 조상을 성대하게 추대해 대의 주인으로 삼았다. 그 아래에는 또한 자손과 종족의 이름을 수없이 새겨놓아 연이은 모양이 비석에 새긴 자손의 계보와 같았다.

이렇게 되자 이 지역의 역대 군수들과 오가는 사신과 객들이 수승대를 보고 모두 신씨의 소유인 것만 알게 되었고, 원래 임씨의 소유였다는 것은 알지 못했다. 이에 임씨들이 크게 성을 내어 말하기를 "여기는 갈천이 노닐던 곳이니, 저 신씨들이 어찌 관여하겠는가?"라고 하였다. 이에 임씨와 신씨가 서로 증오하면서 현에 소송하고, 더 높이 감사에 소송하고, 또 더 높이 나라에 소송하여, 서로 간에 승부를 겨룬 지 지금까지 100년이 되었지만 해결이 나지 않았다. 그사이에 소송으로 죽은 자가 몇 사람이 되며 패가하고 파산한 사람도 대략 그 정도가 된다. 남방의 선비들은 대부분 수승대의 주인으로 임씨의 편을 들고 있다. 그러나 나의 관점에서 보건대 수승대는 개울 가운데 있는 하나의 바위덩어리이다. 전답, 주택, 동산과 같은 물건처럼 주인이 있을 수 없다. 그러므로 어찌 소송이 있을 수 있겠는가? 나는 이미 수승대의 구역이 아름다움에 대하여는 가상히 여기지만, 두 성씨의 비루한 투쟁을 민망히 여긴다. 이것을 아울러 써서 기문으로 삼는다.

안의에 있는 수승대에 대한 글이다. 1882년 이건창의 아버지가 안의현감으로 재직 중일 때 부모님을 찾아뵙고, 아울러 그 일대에 있는 수승대를 구경한 뒤 지은 작품이다. 수승대는 옛날에는 안의에 속했지만, 지금은 거창군 위천면 대정리에 속해 있다. 퇴계는 원래 수승대의 경치도 구경하고 또 거기 가까운 데 거처하는 갈천 임훈을 만나기 위해 이곳을 방문하려 했다. 그러나 거창 마리면 영승迎勝이라는 곳에서 갑자기 일이 생겨, 수승대를 방문해 갈천을 만나지 못한 채 돌아가고 말았다. 그러나 그는 시를 한 편 지어 임갈천에게 남겨주고 떠났다. 퇴계는 그 시에서 수송을 수승으로 바꿨으면 한다고 했고, 갈천도 그것을 받아들여 이후로 수승대로 불리었다.

물이 덕유산에서 발원해 여러 마을을 거치면서 만든 계곡의 아름다움을 묘사한 뒤 수승대의 언급으로 들어갔다. 또한 수승대 주위 경관과 수승대 자체의 아름다움, 그리고 수승대 바위벽에 새겨진 수많은 글자에 대해 소상히 언급했다. 마지막으로 이 대의 주인과 관련한 투쟁과 논란에 대한 것도 다루었다.

이건창의 논리는 다음과 같다. 이 대는 원래 임갈천이 먼저 소요하며 즐겼는데, 그 뒤에 신권과 그의 후손들이 귀연서원龜淵書院과 관수정觀水亭 같은 거대한 건물을 짓고 대대로 살면서 독차지해버렸던 것이다. 그리하여 그곳에 가서 본 사람들은 대부분이 신씨의 소유물인 줄 잘못 알고 있다는 것이다.

이렇게 된 데에는 퇴계와 갈천 그리고 요수가 지은 한시에도 원인이 있다. 퇴계가 지은 시 제목은 「수승대 시를 지어 부친다」고 하여 누구에게 부친다는 말이 없다. 물론 전후 사정을 보아 갈천에게 부친 것이 틀림없다. 갈천은 자기 시의 주에서 "퇴계가 수승대로 이름을 고친 것에 대해 해명한다"고 했지만, 그러나 그의 시 제목이나 내용에 있어서는 퇴계와 관련 있는 내용이 없다. 더군다나 시의 형식은 양자가 판이하게 다르니, 퇴계의 시는 5언 율시이고 갈천의 시는 7언 절구다. 즉 갈천의 시는 퇴계의 시에 차운한 것이 아니다. 그러나 신권의 시는 퇴계의 운자를 그대로 따르고 있기에, 마치 신권의 시가 퇴계의 시에 화답한 것처럼 보이고, 그것으로 말미암아 두 사람이 더 긴밀한 관계였던 것처럼 느껴졌던 것이다.

수승대에는 퇴계와 갈천, 신권의 시를 모두 새겼으며, 임씨와 신씨들은 각각 자기 조상들이 노닐던 장소라는 말도 새겼다. 그리하여 100년 이상 투쟁하면서 관청에 소송했는데, 아직 해결되지 않았다. 하지만 그 지역을 비롯한 남방의 선비들은 대부분 임갈천의 소유로 인정하고 있다고 말하면서, 이건창 자신도 같은 입장이라고 했다. 그러면서도 수승대는 자연의 개울가에 있는 것으로 누구의 소유가 될 수 없는데, 두 집안이 다투고 있는 것이 민망스럽다며 일침을 가하고 있다.

오직 칡만은 향기도 없고 무성하지도 않네

갈하백담녕와명葛夏帛澹寧窩銘

내가 호를 담녕澹寧으로 사용한 것이 오래되었다. 그런데 지금 미중美中이 "갈세량世良이 또한 담녕이란 호를 사용하고 있다"고 하였다. '담녕'이라는 용어는 본래 갈씨 집안에 전해오는 가풍이다. 이에 내가 감히 갈세량과 담녕의 호를 가지고 다툴 수가 없었다. 갈세량이 "담녕의 호에 대해 글을 지어주기를 청합니다" 하거늘, 내가 또한 사양할 수 없어서 다음과 같이 명을 짓는다.

공자와 맹자가 시기적으로 머니 이理와 사事가 둘로 나뉘었네.
도道는 무용하게 되고 용用은 공리만을 추구하네.
가의가 왕도를 보좌할 만한 인재라 하지만 그 학문에는 문제점이 있고
동중서가 큰 근원을 보았다고 하나 그 시행에는 결핍의 요소가 있네.
빛나고 빛나는 너의 할아버지는 천지를 경위하니
실제에 부합함은 이윤伊尹과 부열傳設이고, 좀 부족한 이로는 관중管仲과

악의樂毅이네.

사관이 역사책을 수찬함에 병법을 하등으로 하고 관리를 우등으로 했으며

패가稗家들이 허탄함을 저술함에 신귀한 황홀한 것을 원용했네.

속된 유자들은 자취에 구속되니 신불해와 한비자이네.

송나라가 천하를 통일하여 거의 삼대에 가까운 정치가 되었네.

자양紫陽이 『소학』으로 종지宗旨를 표방하였네.

편안하고 고요함이 원대함을 이룰 수 있고 담박함이 뜻을 밝힐 수 있네.

오직 정미로움을 연마하고 오직 성품을 다스리네.

이것이 존심양성이 되고 이것이 격물치지가 되네.

사백 년 뒤에 부절符節과 같이 부합하였네.

그 근원을 보지 않으면 어찌 그 끝이 멀겠으며

그 뿌리를 징험하지 않으면 어찌 그 무리를 무성하게 하랴?

제가·치국·평천하는 수신과 정심正心을 하여 이르고

손자·증손자·현손자는 아버지와 조부에서 시작되네.

갈씨가 면면히 이어 멀리 동쪽으로 건너왔네.

충성과 효도가 있었으나 크게 번성하지는 못하였네.

그대에 이르러 전통 잇기를 생각하고 가문 추락을 두려워했네.

일찍이 사우들을 좇아 배워 인의의 도리를 즐겨 들었네.

내가 그의 학문을 시험해보고 나의 부족함에 부끄러움이 있는 것 같네.

그가 오직 실천에 어려움이 있었던 것은 부모 형제가 있었기 때문이네.

커다란 후회가 없기를 바랐고, 도리를 행하고 남은 힘이 있으면 문자 공부를 하였네.

내가 그대의 말을 들어보고 이미 감탄하였네.

영정치원은 제갈공명의 좌우명으로, 자녀교육에 인용했다고 전해지는 '영정치
원담박명지寧靜致遠澹泊明志'에서 유래하며 '마음이 편안하고 고요해야 원대한 포
부를 이룰 수 있다'는 뜻이다. 이건창과 갈세량은 모두 '담녕'이란 호를 사용했
는데, 바로 이 말에서 따온 것이다.

충무후忠武侯 제갈공명은 바야흐로 재주를 숨기고 시도하지 않았네.

그대의 행위를 상상해보니 공명의 이런 태도를 넘지 않았네.

이런 태도를 넘는다면 이것은 분수에 넘는 일이네.

이것은 밖의 것을 원함이며 이것은 특이한 것을 추구하는 것이네.

비록 문달聞達이 될 수는 있겠으나 담녕澹寧은 되지 않네.

칡덩굴이 뻗음이여 천하 사람들이 이것으로 옷을 지어 입네.

후비后妃(문왕비 태사)가 채집하여 문왕의 옷을 짓네.

사람들이 그것을 영광으로 여기나 칡이 스스로 자랑하지 않네.

빈 골짜기에 칡덩굴이 무성하게 뭇 풀들과 섞여 있네.

오직 칡만은 향기도 없고 무성하지도 않네.

내가 담녕에 명을 지어 그의 뜻을 드러내네.

충무 제갈공명에 후손이 있으니 그와 닮지 않았다고 말하지 못하리.

⁂

갈세량의 담녕와에 대한 명이다. 이건창도 담녕이란 호를 오랫동안 사용했다고 한다. 담녕의 호는 제갈공명이 자식에게 훈계한 "영정치원담박명지寧靜致遠澹泊明志"에서 따온 것이다. 이건창은 갈세량에게 명을 지어주면서 이 호를 포기했지만, 담녕이란 표어는 가슴속에 지니고 있었을 것이다. 이 명의 전체가 유가의 본 취지와 어긋나게 달리고 있는 후대의 세태를 기술한 것이다. 제갈공명이 남긴 훈계의 뜻에 따라 잘 처신하고 있는 갈세량을 칭찬한다. 이건창도 그러한 가치관을 추구했을 것이다.

이건창의 자는 봉조鳳朝이니 조선 공정왕恭靖王(정종)의 아들 덕천군의 후손이다. 아버지는 양산군수로 휘諱는 상학象學이고 조부는 이조판서이자 영의정으로 추증됐고, 시호는 충정忠貞이며 휘는 시원是遠이다. 증조부 이상의 가계에 대해서는 건창이 지은 「충정공묘지忠貞公墓誌」에 실려 있다.

고종 3년에 서양인이 강화도를 함락하자 충정공이 순국했는데, 조정에서 그 집에 '충정지문忠貞之門'이라는 정표를 내렸다. 이 해가 바로 병인년으로 나의 나이 15세였는데 급제 출신*에 뽑혔다. 고종 7년에 기거주起居注에 보임돼 관례에 따라 옥당玉堂(홍문관)에 선임되었다. 고종 11년에 왕명을 받들고 행인行人으로서 연경에 갔으며, 그다음해 봄에 연경에서 돌아왔다. 고종 14년 가을에는 왕명을 받들어 호우湖右의 안렴

*
급제 출신 과거 시험에 합격했으나 아직 벼슬에 오르지 못한 사람.

사按廉使(암행어사)가 되었고 그다음해 여름에 돌아왔다. 그러나 호우에서 암행어사로 있을 때 사건에 연좌돼 관서의 벽동에 유배되었다가 또 다음해 봄에 사면되었다. 고종 19년 가을에 통정대부에 승진됐고, 특명으로 지제교知製教 직책을 항상 가지게 했다. 이 해에 다시 경기도에 안렴사로 나갔다가 다음해 여름에 돌아왔다. 고종 21년에 모친상을 당해 서울에서 강화도로 반장返葬하였다. 이로부터 고향에 거처하는 날이 많았다. 고종 25년에 양산에서 아버지가 돌아가셨으므로 분상奔喪하여 시신을 운구해 강화도로 돌아왔다. 고종 28년에 세속으로 나와 경조소윤京兆少尹에 임명되었고, 다음해에 왕명을 받들고 북도로 나가 함흥민란을 조사했으며, 돌아와 승지에 임명되었다. 고종 30년 가을에 말을 잘못한 죄로 호남 보성에 귀양 갔다가 다음해 봄에 사면되었다. 이 해에 가선대부에 올랐다. 새로운 관직 제도가 시행되자 여러 번 협판協辦에 제수되었고 시강관 등에 특진되었지만 모두 나아가지 않았다. 고종 33년 봄에 해주부 관찰사에 임명되자 세 번 사직소를 올렸으므로, 이에 원래 관직으로 외직에 보임되었다. 얼마 후 고군산도에 유배되었다가 한 달여 만에 사면되었다. 이상이 내가 지낸 관력의 대략이다.

내가 처음 벼슬을 시작할 때 조정 가운데서 최연소자였다. 하루는 임금께서 대전에 앉아서 멀리 나를 바라보고는 사람을 시켜 나이를 물어보게 하였다. 그리고는 임금께서 웃으시면서 "이 사람이 나와 동갑이구나" 하셨고, 또 생일을 물어보고서는 "달[月]은 나보다 앞서는구나" 하셨다. 매양 임금을 모시고 어떤 일을 기록함에 임금의 뜻에 부합되게 하니, 임금께서 출입할 때마다 문득 애써 보살펴주셨다. 그러나 대원군이 당시의 국권을 장악했는데, 나는 일찍이 대원군에게 거슬림을 당했을 뿐만 아니라 집안이 대대로 당시 인사들과 사이가 좋지 못한 경우가 많았다. 그러므로 같은 반열에 있는 이들이 회피했고, 이 때문에 옥당에 십수 년간 근무하게 됐으며, 중간에 잠깐 타직에 나가기는 했지만 또한 오래 재직하지 못했다.

최익현이 상소하여 대원군의 비리를 공격하니, 온 세상 사람들이 떠들썩하게 일어나면서 최익현의 상소가 곧은 일이라 하였다. 그러나 내가 사헌부 지평 벼슬에 있으면서 "나 홀로 『춘추春秋』에 가까운 이를 위하여는 비리를 숨긴다' 하였으니, 최익현이 비록 곧기는 하지만 죄가 없을 수 없다" 하고서 대사헌을 맞이해 함께 상소문을 작성했으나, 그 논변이 보고되지 않았다. 이로부터 조정의 일을 입에 올리기를 어려워하게 되었다.

내가 호우의 암행어사가 되었을 때 조부 충정공이 처음 암행어사가 되어 큰 명성을 세운 것을 염두에 두고 그것의 만분의 일이라도 이을 수 있기를 바랐다. 이에 도보로 고을을 다니며 백성의 고통을 일일이 살폈다. 비록 벼슬아치들의 일에 대해 익숙히 알지는 못했지만 내가 아는 바를 다하여서 백성들에게 이익 되는 것을 궁구하여 베풀어주었다. 충청감사 조병식은 대문벌 집안사람이다. 벼슬 초기에 뇌물을 바침으로 임금에게 총애를 얻었고, 이것으로 외직에 나아가 자잘한 재주를 행하여 어리석은 백성들에게 칭예를 얻고서는 도리어 그들에게 탐잔貪殘하고 방자하였다.

조병식이 나를 두려워해 재원을 마련해 노잣돈으로 주었다. 내가 물리치면서 "어찌 어사가 조사하러 와서 뇌물을 받는 자가 있겠는가?" 하였다. 이에 조병식이 곧바로 크게 두려워하면서 유언비어를 퍼뜨려

서울에까지 들리게 했다. 이때 대원군이 별일 없이 한가하게 있었는데, 그의 빈객 중에는 조정에서 득죄한 이들이 많았다. 때문에 조병식은 암행어사인 내가 대원군의 지시를 받고서 장차 자기를 넘어뜨리려 한다고 생각했다. 재상 민규호가 조병식의 의견을 가지고 다른 사람을 시켜 내게 겁주면서 "화가 장차 이를 것이니, 어찌 스스로 그만두지 않으리요?"라고 하였다. 나는 그 이야기를 듣지 않고 곧바로 말을 달려 공주감영에 들어가 조병식이 숨겨놓은 장물 거만鉅萬을 적발하고, 그날 밤에 서울에 돌아와 임금에게 아뢰었다.

근세에 암행어사들이 논핵을 할 때 먼저 부본으로 아뢴 후 '가可'를 기다린 뒤에 감히 보고서를 올릴 수가 있었다. 그런데 이때 나는 아무런 기록도 없는 백지를 소매에 끼워 어떤 절차를 거치지 않고 곧바로 대궐로 들어갔다. 임금께서는 이미 유언비어의 말을 어느 정도 듣고 있었으며 또 내가 조병식에게 사사로운 감정이 있어 모함한다고 생각했다. 그리고는 나를 불러서 꾸짖으니, 그 위엄스런 목소리에 두려워서 좌우의 다리가 후들후들 떨렸다. 임금이 "무릇 네가 조사한 것은 모두 네가 직접 보고 들은 것이냐? 아니면 다른 사람한테 들은 것이냐?" 하였다. 내가 대답하였다. "한 도道의 일은 번잡한 데다가 신 또한 병이 많아 실제로 일일이 몸소 조사하지는 못했습니다만, 감사를 논핵하는 일에 대해서는 삼가지 않을 수 없습니다. 그러므로 신이 모두 직접 살펴보고 확인한 후에 보고하는 것이며 또 문서로도 갖춰져 있으니, 거기서 확인할 수가 있습니다."

이에 임금이 다른 사자를 명하여 가서 확인해보게 하니, 모든 것이 나의 말과 같았다. 조병식이 마침내 죄를 받게 되었고, 공주의 인사 중 나에게 장형을 맞은 자가 출옥해 분을 참지 못하고 굶어 죽었다. 이에 그의 아들이 내가 드디어 사람을 죽였다고 아뢰었기 때문에 나는 극변 極邊에 귀양 보내졌다. 이때 민규호 한 사람만이 원한을 품고 조병식을 위해 나를 죽이려 했으며, 그 나머지 나를 아는 사람이든 모르는 사람이든 간에 모두 탄식하면서 나를 위해 옹호해주었다. 이 사건으로 말미암아 내 명성이 당세에 알려졌다. 민규호 또한 조금 뒤에 이 일에 대해 후회하다가 병들어 죽으면서 스스로 한스럽게 생각한다고 했다.

초기에 조정에서 일본과 서양을 배척하며 그들과 싸워서 나라를 고수할 것을 주장했다. 그러나 실제로 그 요령을 얻지 못하고 있기에 내가 걱정했다. "일찍이 중국이라는 곳은 외국인들이 모이는 중심지이다. 만약 중국에 들어가 잘 살피면 외국의 정황을 알 수 있을 것이다." 이미 중국에 들어가 보고는 탄식하여 "나는 오히려 중국이 이런 지경에 도달한지는 생각도 못 했다. 중국이 이와 같이 되었다면 우리나라도 반드시 그 추세대로 될 것이다" 하였다.

이홍장이 내게 편지를 보내어 통화通和의 유리함을 들어서 속이려 했다. 그때 사람들이 모두 이홍장은 중국의 명신으로 그의 말은 믿을 만하다고 했다. 그러나 나만은 홀로 "이홍장은 큰 거간꾼이다. 거간꾼은 오직 시세를 좇을 따름이다. 우리가 스스로를 믿지 않고 이홍장을 믿다가는 뒷날에 반드시 나라를 팔아먹게 될 것이다" 하였다.

어윤중과 김옥균은 재주와 영민함으로 이름을 날렸으며 국내외 일에 대해 잘 안다고 알려져 있었다. 나는 때때로 그들과 왕래하며 논변했는데, 일본의 여러 가지 일에 미쳐서는 그들이 시대의 여론을 따르자고 주장했다. 척리戚里* 민영익은 어린 나이에 명성이 있어서 여러 사람들이 그를 추종했다. 어윤중과 김옥균 등은 민영익에게 내가 사방에 사신으로 갈 만한 사람이라 했고 민영익 또한 내게 관심을 기울이면서 장차 관직에 추천하려고 했다. 이에 내가 벽동에서 사면될 수 있었던 것은 민영익의 힘이었다.

이때에 김홍집이 일본에서 돌아와 청나라 사람 황준헌黃遵憲이 지은 조선 책을 가지고 임금에게 올렸는데, 그 내용은 서양의 여러 나라와 모두 통상하자는 설이었다. 하루는 민영익이 나를 불러 술을 마셨는데, 그 자리에 김홍집·박영효·홍영식 등이 있었다. 나는 민영익이 김홍집을 비롯한 여러 사람의 힘을 빌려 자기주장을 떠받치려 한다는 것을 마음속으로 알아차리고, 이에 우선적으로 김홍집의 얼굴을 보면서 그 죄상을 꾸짖으며 말하였다. "황준헌은 기독교가 해가 없다고 분명히 말했다. 그런데 그대는 상소에서 황준헌은 척사라고 말했으니 이것은 사람을 만홀히 여김이 아니고 무엇이랴?" 이에 김홍집은 겸양하며 사과했지만 민영익은 성을 내면서 술자리를 파했다. 그리고는 나는 조정에 들어가 임금에게 아뢰었다. "제가 여러 사람과 시사時事를 논했는데, 저만이 빗나가는 의견을 내놓았습니다. 이 사람[이건창]이 비록 관직은 낮지만 문학을 잘한다는 이름이 자자합니다. 저 외 여러 사람들이 이와 같으니 국시를 정할 수가 없습니다." 임금이 이 사건을 계기로 더욱 나를 좋아하지 않게 되었다. 또 혹자가 "건창은 안으로 시무時務에 실로 밝지만, 다만 하지 않을 뿐이다"라는 말을 했다. 나는 이것 때문에 더욱 곤란한 지경에 빠지게 되었다.

＊
척리 임금의 내척과 외척을 아울러 이르는 말.

임오군란이 일어나자 청나라 군대가 출정해 대원군을 잡아 북쪽으로 갔다. 임금이 밤에 예문관 제학 정범조를 불러 주문奏文을 초안케 하고는 "들어보니 이건창이 글을 잘 짓고 또 중국의 일에 대해 박식하다고 하니, 나의 뜻으로 그를 불러서 함께 의논하라" 하였다. 내가 조정에 들어가 정범조에게 "천자에게 올리는 조서는 지을 수 있지만 이 주문을 지을 수는 없다. 이 주문은 모름지기 성상께서 면전에서 그 대의大意를 지시해야 글을 쓸 수가 있는 것이다" 하였다. 정범조가 "그대의 뜻은 어떤 것인가?" 하자, 내가 "성군은 인륜의 지극함이다. 오늘날 우리 임금의 도는 죄를 업고 사특함을 끌어당길 뿐이다" 하였다. 정범조가 조정에 들어가 임금에게 고하니, 임금이 탄식하면서 오랜 시간 뒤에 나를 불러서 "글을 짓는 데 그대가 꼭 필요하다. 스스로 국난을 지은 허물은 다 나에게 돌리겠다. 다만 대원군을 위해 명백하게 사실을 밝혀 이 글을 보는 사람으로 하여금 한 글자를 볼 때마다 한 방울의 눈물을 흘릴 수 있게 하라" 하고는 인하여 나에게 명해 대원군의 행렬을 배호陪護하도록 했다. 그러나 청나라 관원 마건충馬建忠 등이 듣고 내가 함께 가는 것을 원하지 않아 임금에게 건의해 나를 국내에 머무르게 했고, 내가 초안한바 주문 또한 저지당하고 사용되지 못했다.

이때 김윤식과 어윤중이 정권을 장악하면서 참으로 나를 옆에 두고서 도움을 받고자 하여, 매양 봉지奉旨라 말하면서 기무機務를 물으며 글을 짓기를 요구했으나 나는 이 모든 것을 사양했다. 하루는 조정에 들어오라고 급하게 부름에 가보니, 어윤중이 편전의 문밖에서 임금의 유지를 구두로 전하였다. "그대는 천진으로 가고 싶은가? 일본으로 가고 싶은가? 아니면 여기에 있으면서 국가 기무에 참여하고 싶은가?"

나는 사례하면서 말하였다. "아무것도 하고 싶지 않고 또 어떤 직책에도 능하지 못합니다." 어윤중이 혀를 차면서 "고루하구나" 하였다. 편전으로 들어갔다가 조금 후 다시 나와서 "나라 안 지방직에서는 오히려 최선을 다할 수 있겠느냐?" 하였다. 내가 부득이하여 "그렇게 하지요"라고 대답했다. 이에 경기도 암행어사에 임명되었다. 임금이 친히 봉서封書를 주면서 "다만 예전에 했던 대로 잘하라. 내가 지금에야 너를 알겠다" 하였다.

기호 지방에는 13개 고을이 기근에 시달리고 있었는데, 내가 진대賑貸*를 설치해 먹였다. 또 광주·개성·수원 등지에 세금을 줄여주었는데, 모두 만 건이나 되었다. 이 모든 것을 편의에 입각해 시행하고 번거롭게 임금에게 보고하지 않았다. 별도의 단자 수십 조항에는 '조정의 법령이 일정하지 못함朝令無常'과 '백성이 곤궁함을 당하는 형상生民受困狀'에 대하여 극진히 진술했는데, 그 주청奏請한 것 중에 윤허를 받은 것이 많다.

이런 일이 있은 이후에 근신近臣으로 외직에 나가 탐욕을 채우는 자가 있으면, 임금이 사람이 시켜서 사사로이 경계하여 "만약 악행을 개선하지 않으면 내가 장차 이건창 같은 암행어사를 보낼 것이니, 너는 후회가 없도록 하라" 하였다. 이 이야기를 들은 사람들은 나에 대해 감탄하면서 부러워했다.

내가 부모상을 만나 삼년상을 마쳤지만 벼슬에 부름이 있지 않았다.

*

진대 재난이나 흉년 든 해에 어려운 백성에게 나라의 곡식을 꿔주던 일. 고구려 고국천왕 16년부터 시작한 제도였는데, 고려 성종 때 빈민을 구제할 목적으로 쓰였고, 조선시대에 환곡법으로 부활했다.

어떤 이가 임금에게 건의했지만 임금께서는 문득 벼슬 임명을 아끼고 있다가 오랜 뒤에야 소윤少尹에 임명했다. 통상이 시작된 이후 청나라와 일본 상인들이 우리나라 사람들과 소송하는 경우가 많았는데, 경조윤이 모두 처리할 수 없으므로 별도로 소윤을 두어 이 일을 전담하게 했다. 그런데 전후로 이 직책을 맡은 사람은 대부분 요직에 있던 이들이었다. 이에 세상 사람들이 "건창은 앞으로 높은 관직에 오를 것이다"라고 하였다.

업무를 시작한 지 한 달여 만에 상소를 올려서 "정부에서 은동전을 사용하기를 요청함에 따라 외국인이 화폐의 권한을 잡아 무궁한 폐단을 일으킨다"고 했다. 또한 각 나라 외국인들이 국내 가옥을 사들임이 끝이 없으므로, 우리 백성이 가옥을 파는 것을 금하기를 청했다. 이에 청나라 관원 당소의唐紹儀가 성을 내 "가옥을 파는 것을 금하는 조항은 계약에 없다"라고 하면서 편지를 보내 힐난했다. 내가 "우리가 우리 백성을 금하는 것이 무슨 계약에 위반된다는 말이냐?"라고 대답했다. 당소의가 이홍장의 말로 정부에 압력을 넣어 위협하면서 금지 조항을 느슨하게 하려 했다. 이에 내가 가옥을 파는 사람을 은밀히 찾아 문득 다른 죄로써 가해버리니 백성들 중에는 가옥을 파는 사람이 없어졌고 청나라 사람들 또한 더이상 따지지 못했다.

이때 함흥 안핵사로 나갔는데 백성들이 예전처럼 다시 멋대로 가옥을 팔았다. 함흥의 난리가 시장 사람에서 발단됐는데, 시장 사람들은 죄를 다 자복했지만 주동자의 이름을 파악할 수 없었다. 나는 "시장 사람들이 감히 난리를 일으키지는 못할 것이고, 반드시 믿는 곳이 있었을 것이다" 하였다. 이에 구거술鉤鉅術*을 사용해 음밀히 사주한 읍의

토호를 잡아 신문하자 모든 것을 자백했다. 시장 사람과 주동자가 이런 지경에 이르자 스스로의 죄를 깨달았으나, 이미 임금에게 주문을 올릴 때 감사 이원일李源逸이 탐욕하고 혼미함으로 인해 난리가 일어나게 된 상황을 상세하게 논하여 첨부하고 함께 죄를 주도록 했다.

은대銀臺*에 있으면서 한번은 밤에 임금과 마주 대하고 있었는데, 한나라 역사책을 읽다가 "후한의 환제와 영제 때에 군자의 도가 쇠퇴한 것은 충간하는 것을 꺼렸기 때문이다. 이로 인해 한나라가 드디어 멸망하게 되었다"라고 은밀하게 말했다. 이에 임금께서 "충간하지 않은 것은 신하의 죄이고, 그 임금 또한 능히 포용하지 못한 까닭이다"라고 했다. 내가 축하하면서 "임금님의 말씀이 이와 같으시니 저희 신하들은 매우 다행입니다"라고 했다.

호우湖右와 호좌湖左에서 적당賊黨이 일어나자 내가 상소해 빨리 군사를 발하여 번져가는 화를 끊으라고 청했다. 그리고 왕의 윤허를 자주 번거롭게 만들고 다만 위무만 일삼아 적의 마음을 교만하게 하는 것은 부당하다고 했다. 또 "선무사 어윤중이 사사로이 적당을 만들어 민당이라 이름하고 있는데, 민당이라는 것은 백성이 주인이 되어 임금을 무시하는 것으로 외국에서 들어온 사설邪說이니 그 화가 홍수와 맹수보다 심합니다" 하였다. 또 성덕을 높이고 성지를 굳건히 하며, 여자와 음악을 멀리하고 상과 물품을 하사함에 절도 있게 하며, 군대의 법률을 엄하게 하고 변경의 관직 임명에 신중할 것을 청했다. 그때에 경보警報가 바야흐로 삼엄했음에도 경상감사 이용직이 연금으로 관직을 팔아서 중외中外에 더욱 민심이 흉흉해졌으므로 상소문 가운데 함께 언급했다.

또 대제학 김영수가 왕을 대신하여 조칙을 찬술함에 백성들을 위로하고 깨우치는 유시에 실수를 했기에 상소문에 이 점을 함께 언급해 장차 그에게 죄주기를 청했다. 임금은 김영수를 총애했으므로 죄주지 않으려 했으나, 나를 무마시킬 수 없었다. 김영수는 도리어 나에게 중죄를 주려고 했다. 그런 까닭에 나의 상소문을 보류해두고 오래토록 올려 보내지 않았다. 때마침 권봉희와 안효제가 연이어 상소해 임금이 성내도록 자극했고 어윤중 또한 다른 일로 죄를 받았기에 나도 함께 귀양 가게 되었다.

내가 부모님을 여읜 이후 스스로 의지할 곳은 오직 우리 임금밖에 없다고 생각했는데, 나랏일은 날로 그릇돼가고 있었다. 이에 비로소 상소의 말을 올리는 것으로 최선을 다해보고자 했다. 그러나 감히 단점을 일부러 들춰내려 하지 않았고, 성의를 계속 쌓아 신뢰를 얻기를 바랐다. 임금 또한 내가 다른 마음을 가지고 있지 않았다는 것을 알고 가볍게 벌을 주었다.

그다음해에 호남에 도적이 다시 일어났는데, 임금이나 신하들이 다 나를 등용할 것을 생각했지만 난은 이미 어찌할 수가 없었다. 일본 군사가 대궐을 침범해 국정에 큰 변화가 일어났다. 대원군이 국무를 보았고 김홍집이 재상이 되었다. 이에 나는 공조참판, 동생 건승은 정부 주사에 임명했다. 그러나 나는 병을 핑계대고 나아가지 않았으며, 건승도 임명장을 받는 즉시 사직하고 돌아왔다.

초기에 조정이 외교를 시작할 때 대원군은 집에 머물면서 옛날 주장을 견지했으며, 자못 사류士類들과 호흡을 같이했다. 그러나 임오군란 이후에는 문을 걸어 잠그고 있은 지가 오래되었다. 이때 이르러 대원군은 일본군에게 협박받아 밖으로 나와 관리들의 벼슬을 마음대로 임명할 수 있었다. 이에 신구의 사류를 막론하고 모두 대원군에게 쏠려 앞다투어 벼슬을 하려 했다. 그럼에도 불구하고 내가 홀로 머뭇거리고 있는 것을 묵묵히 안 임금은 마음으로 나를 기특하게 여겼다.

겨울에 일본 사신 정상형이 임금에게 친정하도록 청하였다. 임금이 이에 나를 법부협판法部協辦*에, 한기동을 탁지협판*에 각각 임명했다. 이에 정상형은 갑자기 크게 성을 내면서 "대원군이 주인이니 어찌 마음대로 관직에 임명한단 말이요?" 하면서 포효하기를 그치지 아니하니 임금이 관직 임명을 거두었다. 일본으로 달아났던 박영효와 서광범이 돌아와 국정을 장악했다. 그 뒤로 관제를 다시 고쳤는데, 임금께서는 구신舊臣과 귀척들을 염두에 두고서 궁전 내에 별도로 관직을 설치하고 '특진特進'이라 했으며, 나도 거기에 속해 있었다.

민비 시해 사건이 일어나자 나는 친구인 전 참판 홍승헌·정원하와 함께 상소문을 올렸는데, 그 내용의 대략은 다음과 같다.

왕후의 폐함에 대해 성상의 뜻이 아니라는 것을 신은 알고 있습니다. 도로에서 백성들이 서로 전하면서 모두 "적이 이미 왕비를 시해했습니다만, 시해자가 일본 사람인지 우리나라 사람인지 판단할 수가 없다"고 합니다. 신하가 임금을 시해하면 관직에 있는 자는 그 사람을 죽여서 용서하

---

*
법부협판 조선후기에 둔 법부法部의 벼슬.
탁지협판 대한 제국 때에 둔 탁지부의 버금 관직. 대신의 청으로 임금이 임명했다.

"왕비 또한 임금입니다. ……필부필부가 그 천명대로 살지 못하고 죽더라도 원한을 갚아주지 않음
이 없거늘, 어찌 국모가 시해되었는데 끝내 원수에게 복수를 하지 않는단 말입니까?" 민비 시해 사
건이 일어나자 이건창과 홍승헌·정원하는 함께 상소문을 올렸다.

지 않아야 합니다. 군부의 원수와는 천하에 함께 살 수 없는 것이 춘추의 관례입니다. 왕비 또한 임금인데도 저 각부의 대신들은 오직 이 의리를 모른단 말입니까? 어찌하여 사실을 감추고 엄폐해 마치 태연히 아무 일도 없었던 것처럼 합니까? 이것은 신하 가운데 또한 재앙을 탐하고 변란을 바라서 윗사람을 협박하고 아랫사람을 제어해 권세를 훔쳐 마음대로 하려는 계획을 가지고 있는 사람이 있는 것이 아니겠습니까? 요컨대 변란을 일으킨 자가 병兵인즉 병을 죽여야 하며, 정신廷臣인즉 정신을 죽여야 하며, 일본인인즉 일본인을 죽여야 합니다. 필부필부匹夫匹婦가 그 천명대로 살지 못하고 죽더라도 원한을 갚아주지 않음이 없거늘, 어찌 국모가 시해되었는데 끝내 원수에게 복수를 하지 않는단 말입니까? 이에 왕비를 그 자리에 복위시키고 발상發喪하기를 청합니다.

내각 대신 김홍집이 상소문을 보고 웃으면서 "이것은 나를 조순趙盾으로 생각하는 것이다" 하고는 도리어 임금에게 올리지 않았다. 홍승헌의 자는 문일文一이며 정원하의 자는 성조聖肇로 두 사람 모두 강화도에 피난 와 우거하고 있었다. 나와 이웃해 살면서 일찍이 함께 선비의 출처를 논했는데, 두 사람은 전적으로 고요히 숨어 있는 것이 의리라 생각했다. 그러나 나는 오히려 "천하는 개혁이 불가능할 때가 없으며, 군자는 어느 때라도 벼슬에 나아가 개혁하려고 하지 않음이 없다"고 생각했다. 일이 여기에 이르자 스스로 세상과 등지기를 결의했다.

단발령이 내려지자 나는 세상을 피해 보문도에 들어갔다. 거기에서 공곡가인空谷佳人이 되어 노래를 지어 뜻을 보였다. 이때에 임금이 시강관에 임명했으나, 상소문을 올려 "내 몸을 절에 의탁해 여생을 마칠 것입니다. 만약 어명을 거부한다 하여 계속 나오기를 재촉한다면 신은 죽음이 있을 뿐입니다"라고 스스로 진술했다.

얼마 후 임금이 행신倖臣 이범진의 말을 좇아 러시아 공관으로 옮겨 가자, 나랏일이 다시 변하여 명령과 토벌의 권한이 임금에게서 어느 정도 나오게 되었다. 이범진이 나를 추천해 해주 관찰사에 임명하도록 했다. 임금이 나를 정계에 나오도록 하려고 비답을 내려 기리고 칭찬하여 "벼슬을 사양하고 받아들임은 때에 맞는 의리가 있으나, 경은 지금 고사함이 마땅하지 않다"라고 하였다. 또 "경이 절개를 지키고 있음에 대해 짐이 다 알고 있음에도 오히려 벼슬을 내리는 것은 어찌 까닭이 없겠는가?" 하였다.

내가 읽어보고 오열하면서 "임금이 나에게 이렇게 지극하시구나. 그러나 맹서한 말을 어찌할꼬?" 하였다. 해주 관찰사에 임명됐다는 것을 듣고 그날 해주에 달려가 민가에서 죄를 기다리면서 "외직에 임명한 것은 허물을 꾸짖는 것이니 감히 그곳에 가지 않을 수 없습니다만, 관찰사는 영광스런 벼슬이니 감히 받아들이지 못하겠습니다" 하였다. 임금이 나의 의지를 꺾을 수 없다는 것을 알고 죄인을 법사에 내려 다스리게 명령했다. 이에 신법을 적용해 마땅히 3년 유배를 보내야 하지만 임금이 어명을 바꾸어 2년의 유배를 보내게 했다. 그러나 임금께서 실제로 나에게 죄를 주고 싶지 않았기 때문에 얼마 있지 않아 사면해 시기를 채우지 않았다. 대개 내가 벼슬한 이래 나의 지론을 가지고 일을 하다가 비방과 죄를 얻었지만 끝내는 임금께서 알아줌을 입음이 이와 같았다. 또 요사이 변고가 있음으로부터 비난을 면할 수 있어서 자못 선비들의 여론이 나를 허여하는 것이 되었다.

그러나 나는 태어나서 세상에 아무런 보탬이 없었고, 또 편안하게 살기를 스스로 도모하는 사람과 다름이 없었었다. 그리하여 처음 가졌던 마음을 저버렸으니, 몸을 어루만지며 스스로 슬퍼할 따름이다.

나는 어릴 때부터 조부 충정공에게 글을 배워 글자를 아는 것이 말하는 것보다 앞섰다. 열 살 때 사서삼경을 통독했는데, 충정공께서 장차 운명하시면서 유서를 남길 적에 정자의 '바탕이 아름다우나 명철함을 극진히 하다質美明盡'는 말을 인용해 면려했던 까닭에 명미당明美堂으로 당호를 내걸었다. 과거에 급제한 이후 고시문古詩文을 익혔다. 일찍이 500년 조선조의 문장에 있어서 일가를 이루는 것으로 스스로 기약했기에 시인時人과 나란히 일컬어지는 것을 달갑게 여기지 않았다. 중국에 들어가서는 황옥黃鈺·장가양張家驤·서부徐郙 등 명가들이 한번 보고는 탄식하여 "이 사람이 중국에서 태어났다면 마땅히 우리의 벼슬을 양보해야 할 것이다" 하고서 나의 시집에 서문을 지어주었다.

중년에 우환과 곤궁함으로 인하여 자못 성명性命의 학문에 마음을 노닐어 스스로 넓히기도 했으나, 그 본업은 문장에서 떠나지 않았다. 바야흐로 득의해서는 혹 스스로 고인에게 크게 부끄럽지 않다고 생각했다. 오랜 뒤에 수준이 향상됨에 미쳐서는 고인을 따라갈 수 없다는 것을 점점 알게 되었다. 그러나 이른바 수준이 향상됐다는 것은 식해識解일 따름이다. 장하며 날카롭고 꽃처럼 빛나는 기운은 날로 쇠퇴하였다. 우주의 큰 변란을 만나서도 구차하게 살면서 죽지 않고, 요순과 주공 그리고 공자의 한 가닥의 도통이 위태해 장차 끊어지려는 것을 눈으로 보고 있었다. 하물며 이른바 시고문詩古文이란 것에도 어찌 해볼 수 있겠는가? 이 때문에 더욱 문장의 수준이 향상되는 것에는 뜻이 없을 뿐만 아니라 그 수준을 향상시킬 수도 없었던 것이다. 나이 오십이 되지 않아 벼슬과 문장 일체에 스스로 획을 긋고 포기하니, 장래 아득한 미래에 어떤 사람이 될 수 있을까? 고군산도에서부터 돌아온 해 겨울에 명미당시문집서전을 쓴다.

이 글은 이건창 스스로 지은 자신의 일대기이다. 언뜻 글 제목만 봐서는 자기 시문집에다가 쓴 서발문序跋文류가 아닌가 하는 생각이 들지만, 전혀 그렇지 않다. 일반적으로 한 사람의 일대기는 타인에 의하여 행장이나 묘지명 따위의 장르를 빌어 서술되거나, 아니면 집안사람 누군가가 쓴 가장家狀의 형태로 지어지게 마련이다. 이런 형태의 글들은 대부분 한 인물의 사후에 이루어지는 것이다. 물론 생전에 자작 묘지명을 짓는 경우가 있다 할지라도 극히 드문 일이며, 짓더라도 아주 간략한 것이 일반적이다. 그러나 이건창은 자신의 일대기를 「명미당시문집서전」이라는 제목 아래에 마치 행장처럼 길게 기술하고 있다.

이 글의 끝에서 이건창은 "고군산도에 귀양을 갔다 온 뒤 그해 겨울에 지었다"고 하였다. 그렇다면 이 글은 그의 나이 46세 되던 1896년에 지은 것이며, 그해는 작고하기 불과 2년 전이다. 따라서 이 글에는 이건창 최후 2년의 생애 기록만 빠져 있는 셈이다.

우연의 일인지는 모르겠지만, 그의 문집에는 그의 생애를 알 수 있는 행장이나 묘지명 같은 것이 전혀 없다. 조선조의 웬만한 학자와 문인이라면 행장과 묘지명은 다 갖추고 있다. 그런데 대문인 이건창에게 이런 것이 없으니, 아이러니하다. 따라서 이 글이 없었더라면 이건창의 자세한 생애를 알 길이 없었을 것이다. 이건창이 이런 점을 염려하여 미리 이 글을 지었는가? 참으로 알 수 없는 기이한 일이다.

이건창은 김택영·황현과 함께 구한말 3대 문장가로 우리나라 최후의 위대한 한문 학인學人이라 할 만하다. 개화와 수구가 한꺼번에 소용돌이치는 속에서 그는 지식인으로 고뇌에 찬 삶을 살다 갔다. 신라 최치원에서 시작된 한국 한문학은 그의 손에 의하여 대단원의 막을 내리게 된다. 2천 년 동안의 한문학을 총결산이라도 하듯 그의 글은 참신하고 영롱하여 사람에게 깊은 감동을 불러일으킨다.

나는 이건창의 글을 읽어보고는 가슴 뭉클하게 와닿는 것이 있어서 매우 좋아하게 되었는데, 이렇게 책으로까지 내게 된 데에는 다음과 같은 계기가 있었다. 나는 15년 전부터 이동길, 박준호, 강판권, 김숭호 선생 등과 함께 한문 윤독회를 결성해 한문 고전을 공부해왔다. 윤독회의 이름은 주덕회周德會다. 우리는 일주일에 한 번씩 모여서 유교의 기본 경전인 사서를 비롯해『고문진보』『심경』『근사록』등을 차근차근 공부해왔다. 이렇게 한문의 기본 경전을 수박 겉핥기식으로나마 대략 훑어본 우리는 수년 전에 이건창의 문집을 윤독하기로 결정하고 공부를 시작했다. 그때 나는 솔직히 말해서 이건창의 글이 이처럼 천하의 명문장이리라는 사실을 알고 시작한 것은 아니었다. 그 동기는 어떻게 보면 모험이었다.

나는 30년 가까이 한문 공부를 해오고 있는 한문학도이다. 그럼에도 불구하고 아직까지도 한문 문장을 내어놓아 읽고 해석해보라 하면 두려움부터 앞선다. 완전한 문리文理를 얻지 못했다는 말이다. 한문은 지극히 어려운 것이어서 그 문리를 얻기까지의 어려움은 이루 다 말로 표현하기 어렵다. 한문 공부에 최소한 10년 정도 투자해야 겨우 한문의 겉문리가 난다. 10년 동안이라 해도 이것저것에 기웃거리며 대강 해서는 안 되고, 오직 여기에 전념하여 독실하게 했을 때라야 가능한 일이다. 여기에다가 또다시 10년의 세월을 보내야만 속문리가 나게 된다. 그렇다고 하여 완전히 된 것도 아니다. 그만큼 어려운 것이 한문이다. '지구상에서 가장 어려운 외국어는 한문이다'라고 해도 과언이 아닐 것이다.

오늘날 우리는 인터넷 덕분에 의심나는 것은 무엇이라도 물어보면 즉시 답을 얻을 수 있다. 그러나 한문만은 그렇지 못하다. 때문에 한문 공부를 시작했던 사람들이 오랜 시간을 견디지 못하고 중도하차하는 경우가 대부분이다. 선비는 빈한貧寒한 것이 본분이라 하지만, 물질 만능의 시대를 사는 우리는 경제적인 어려움으로 인해 대부분 10년을 넘기지 못한다. 더군다나 20년이라는 세월은 버티기가 어려운 것이다. 한문 공부의 어려움과 아울러 큰 한학자의 배출이 드문 원인이 여기에 있다.

또 오늘날 사람들의 한문 공부는 옛 선현들이 했던 것에 비하면 공부의 양에서 있어서 천양지차다. 옛날 선비들은 사서 같은 것은 최소한 1천 번 이상 읽지 않은 사람이 없었다. 아니 천 번을 읽지 않으면 선비 축에 끼지도 못했다. 그런데 지금 우리는 어떠한가? 천 번이 아니라 백 번을 읽은 사람도 그리 많지 않다. 따라서 지금 이 시대 최고의 한학자라 하더라도 옛날 선비의 공부 수준에 이르는 것은 거의 불가능하다.

나는 여기에 훨씬 못 미쳐서 사서를 겨우 몇 번 보는 데 그치고 있다. 한문 문리 향상의 길은 요원하고 방법은 아득했다. 그래서 나는 모험을 해보고자 했다. 우선 그 방법으로는 어떤 것이 좋을까 고심해보았다. 윤독회에서 여태까지 본 책은 대부분 경전과 명저로 구두점이 찍혀 있고 해석본이 있는 것들이었다. 맹자가 '약이 아찔할 정도가 아니면 병이 낫지 않는다'고 했듯이, 구두점이 없고 해석본도 전혀 없는 책을 가지고 갖은 고민을 하면서 씨름해봐야겠다고 생각했다. 즉 명문가 문집 중 아직까지 번역되지 않았고, 구두점도 전혀 찍혀 있지 않은 소위 생글을 보아서 문리를 진작시켜보자는 것이었다. 그런 조건에 적합한 책이 이건창의 문집이었다. 실제로 윤독을 해보니 글이 만만치 않았다. 그러나 그 난관을 헤쳐나가는 것이 큰 공부였으며, 그런 과정은 문리를 얻는 데 많은 도움이 되었다. 또 무엇보다 중요한 것은 이건창의 글 한 편 한 편이 너무 참신하고 독창적이어서 윤독이 자못 흥미진진했다는 점이다. 이 책은 그중에 일부를 뽑아 주제에 따라 새로 편집하고 해설을 단 것이다.

이건창은 문학에 있어서 구한말의 문장가 중 가장 우뚝한 존재이며,

특히 산문 분야에서는 그 누구도 따라올 수 없는 경지에 이르렀다. 아울러 그의 굳센 의지와 절개는 어떤 사람도 꺾지 못했다. 그는 전주 이씨의 대문벌 집안 출신으로, 강화도 화도면 사기리에서 태어났다. 그러나 지금은 모든 것이 너무 초라하다. 그가 태어나서 성장한 생가는 팔려서 강화군청에서 관리하고 있고, 묘소는 생가에서 멀리 떨어진 양도면 건평리 건평교회 앞에 10평 남짓한 땅을 차지하고 있다. 묘소에는 비석도 하나 없어 누구의 묘인지 알 수가 없을 정도다. 나는 강화군청 문화재 관리 공무원에게 몇 번 전화를 한 뒤에야 겨우 찾을 수 있었는데, 그곳은 팔십은 족히 넘었을 법한 노인이 강화군청에서 한 달에 5만 원씩 받으며 관리하고 있었다. 이건창이 살아서도 자기의 포부를 펴지 못했고 죽어서도 푸대접을 받고 있다고 생각하니 눈물이 나왔다. 이 책이 나오면 먼저 그의 묘소에 가서 고유告由하여 조금이라도 위로를 해드려야겠다고 생각했다. 그러나 역시 두려움이 앞선다. 혹 이건창이 이 책을 보고 "이 따위 것을 책이라고 내었는가? 잘못된 번역과 엉터리 해설은 또 어떻게 할 것인가?"라고 준엄하게 꾸짖을까 해서이다. 그러나 '천 리 길도 한 걸음부터'라고 했듯이, 미흡하나마 이 책을 계기로 이건창에 대하여 새로운 조명이 있기를 바랄 따름이다.

이 책을 낼 수 있었던 것은 주덕회에서 윤독한 덕분이니 그분들에게 우선 감사의 말씀을 드리지 않을 수 없다. 글항아리는 나의 글을 책으로 낼 것으로 적극 추진했고 또 어설픈 글을 다듬어주었으니 고맙다는 말을 전해야겠다.

마지막으로 결혼한 지 20년 가까이 되도록 어려운 한문 공부를 한답시고 집안일을 등한시하는 나를 아무 불평 없이 묵묵히 지켜보면서 내

조하고 있는 아내에게 고마움을 표하며, 아울러 그동안 아버지로서의
역할을 소홀히 했던 근무와 근후에게 이 책이 조금이라도 위안이 되길
바랄 뿐이다.

2008년 5월

관선재觀善齋에서 덕암德庵 송희준宋熹準은 삼가 쓰다

조선의 마지막 문장

초판인쇄 2008년 5월 13일
초판발행 2008년 5월 23일

지은이 이건창 ｜ 옮긴이 송희준 ｜ 펴낸이 강병선

편집인 강성민 ｜ 편집장 이은혜 ｜ 책임마케터 신정민
마케팅 장으뜸 방미연 정민호 ｜ 제작 안정숙 차동현 김정후
관리 박옥희 경성희 김정인 ｜ 마케팅 지원 지수현 한숙경 박숙진 한보미
CP 안정원 한민아 ｜ 광고 최용화

펴낸곳 (주)문학동네 ｜ 출판등록 1993년 10월 22일 제406-2003-000045호
임프린트 글항아리

주소 413-756 경기도 파주시 교하읍 문발리 파주출판도시 513-8
전자우편 bookpot@hanmail.net
전화번호 031-955-8888(관리부) 031-955-8898(편집부)
팩스 031-955-2557

ISBN 978-89-546-0547-2 03900

글항아리는 (주)문학동네의 임프린트입니다.

이 도서의 국립중앙도서관 출판시도서목록(CIP)은 e-CIP홈페이지(http://www.nl.go.kr/cip.php)에서
이용하실 수 있습니다. (CIP제어번호: 2008001417)

조선이 버린 여인들

실록이 말하지 않은 이야기 손경희 지음

**같은 여자들에게조차 상처를 받아야 했던
33명의 조선 하층민 여인들의 삶을 다시 읽는다!**

세종~성종 연간 조정을 가장 떠들썩하게 만든 살인·간통 사건의 중심에는
조선사회의 밑바닥에서 살아간 노비, 기녀, 첩, 비구니, 무녀들이 있었다. 이
책은 조선시대에 일어난 하층민 관련 범죄 사건을 다루면서 그중에서도 여성
들의 삶을 포착해들어갔다. 33편 모두가 가슴을 쥐어짜는 것처럼 슬프고 잔혹
한 이야기이지만 거기에는 강상 윤리라는 족쇄에 맞선 그녀들의 통쾌한 반란
도 숨어 있다.

미궁에 빠진 조선

누가 진짜 살인자인가 유승희 지음

**끝까지 손에 땀을 쥐게 하는
조선시대 조사관과 범인의 두뇌 대결**

『일성록』에 수록된 범죄 관련 기록을 중심으로 당대를 떠들썩하게 했던
14가지 살인 사건을 살핀 책이다. 흔적을 없앤 범죄와 몇 년간 해결되지 않았
던 사건들 위주로 다뤘으며, 수사관이 단서를 잡아 범인을 쫓는 과정, 살인의
원인을 규명하는 모습, 그것이 조선사회와 맺는 관계가 무엇인지 등을 흥미롭
게 재구성하고 있다.

역사, 길을 품다

풍찬노숙에 깃든 조선의 삶과 고뇌 최기숙 외 지음

**조선시대를 치열하게 살다간 이들이 길 위에서 펼치는 삶
지금, 그들의 숨소리와 맥박 뛰는 소리까지 들려온다**

열 갈래의 길로 조선인의 삶을 실감나게 묘사했다. 청천벽력처럼 유배의 명령
이 떨어졌을 때(유배길), 목숨 걸고 압록강을 건너 적진을 염탐하러 나섰을 때
(첩보길), 선비들이 의견을 모아 그 억울함을 호소할 때(상소길), 회환과 그리움
으로 단짝과도 같은 아내를 떠나보냈을 때(장례길) 등을 일기 자료를 바탕으로
따라갔다.

선비의 육아일기를 읽다

단맛 쓴맛 매운맛 더운맛 다 녹인 18년 사랑 김찬웅 쓰고 옮김

사대부 할아버지가 손자를 키우면서 쓴
조선 최초의 육아일기 『양아록』

조선 초 사대부였던 이문건은 유배지에서 손자를 직접 기르며 무려 17년 동안 육아 과정에서 일어난 소소한 일들을 기록으로 남겼다. 손자의 탯줄을 끊어주면서부터 돌잔치를 치르고, 병간호를 하며 공부를 가르치는 등 아이를 키우느라 맺힌 한 방울 한 방울의 땀이 이 책에 고스란히 배어 있다. 자식 넷과 아내를 먼저 떠나보낸 쓸쓸함과 대가 끊어질지도 모른다는 불안감이 이 사나이를 억척스러운 가정주부의 모습으로 다시 태어나게 한 것이다. 하지만 아이가 큰 인물이 되길 바라는 욕심보다는 문장을 잘 배우고 건강하기만을 바라는 소박한 마음만을 품어, 오늘날 부모들로 하여금 스스로를 경계하게 한다.

고구려, 전쟁의 나라

7백 년의 동업과 경쟁 서영교 지음

이익과 생존을 향한 고구려의 인간 경영은
숨이 막힐 정도로 냉철했다!

박사학위 논문을 묶은 『나당전쟁사 연구─약자가 선택한 전쟁』으로 2006년 학술원 우수도서를 수상할 정도로, 국내 최고의 전쟁사 전문가인 서영교 박사는 지난 10여 년간의 치밀한 연구를 이 책 한 권에 녹여냈다. 수렵민족인 고구려가 주변 유목민들을 살육하고 포섭하는 과정, 중국과의 전쟁에 이들을 동원하면서 강대해지는 모습, 수많은 전쟁의 원인과 전개과정, 거기에 깃든 인간 심리에 대한 명석한 해석과 묘사를 보여준다.